Die Wirksamkeit sozietätsvertraglicher Versorgungsregelungen unter besonderer Berücksichtigung von § 723 Abs. 3 BGB und § 138 BGB

Europäische Hochschulschriften

European University Studies

Publications Universitaires Européennes

Reihe II **Rechtswissenschaft**

Series II Law

Série II Droit

Band/Volume **5915**

Peter Trösser

Die Wirksamkeit sozietätsvertraglicher Versorgungsregelungen unter besonderer Berücksichtigung von § 723 Abs. 3 BGB und § 138 BGB

PL ACADEMIC RESEARCH

Bibliografische Information der Deutschen Nationalbibliothek
Die Deutsche Nationalbibliothek verzeichnet diese Publikation in der Deutschen Nationalbibliografie; detaillierte bibliografische Daten sind im Internet über http://dnb.d-nb.de abrufbar.

Zugl.: Mainz, Univ., Diss., 2016

D 77
ISSN 0531-7312
ISBN 978-3-631-71871-1 (Print)
E-ISBN 978-3-631-71872-8 (E-PDF)
E-ISBN 978-3-631-71873-5 (EPUB)
E-ISBN 978-3-631-71874-2 (MOBI)
DOI 10.3726/b10898

PL Academic Research ist ein Imprint der Peter Lang GmbH.
Peter Lang – Frankfurt am Main · Bern · Bruxelles · New York · Oxford · Warszawa · Wien

Diese Publikation wurde begutachtet.

www.peterlang.com

Inhaltsverzeichnis

Einleitung

Bei Versorgungsregelungen in Gesellschaftsverträgen handelt es sich um Vereinbarungen, wonach in bestimmten Fällen Versorgungsleistungen[1] an die Gesellschafter zu erbringen sind. Vorstellbar sind Versorgungszahlungen für den Fall einer langwierigen Krankheit, wegen Berufsunfähigkeit oder aufgrund des altersbedingten Ausscheidens eines Gesellschafters[2]. Die nachfolgende Arbeit beschränkt sich auf Versorgungsleistungen wegen Ausscheidens aus Altersgründen.

Vor allem bei Sozietäten, in denen sich Angehörige freier Berufe – wie etwa Rechtsanwälte, Steuerberater oder Architekten – zur gemeinschaftlichen Berufsausübung zusammenschließen, sind Versorgungsregelungen grundsätzlich legitim und sinnvoll[3]. Denn sie können für alle Beteiligten einen nicht zu unterschätzenden Mehrwert mit sich bringen, was sich am Beispiel einer Rechtsanwaltssozietät zeigt: Dem jüngeren Sozius[4] wird der Einstieg als gleichberechtigter Gesellschafter in eine renommierte Kanzlei ermöglicht, ohne hierfür ein Eintrittsentgelt zahlen zu müssen. Dabei muss er sich nicht über Jahre hinweg einen eigenen Mandantenstamm aufbauen und kann stattdessen von einem bereits etablierten Netzwerk profitieren. Im Gegenzug wird der ältere Sozius – zumeist auch seine Witwe im Falle seines Todes – für das Alter finanziell abgesichert.

Doch was müssen angehende Sozien beim Vertragsschluss beachten, damit die Rentenklausel, in der der Anspruch auf Versorgungsleistungen geregelt ist, einer rechtlichen Überprüfung standhält? Rechtliche Bedenken gegen eine Versorgungsregelung können sich aus einer Vielzahl von Gesichtspunkten ergeben.

Aus § 723 Abs. 1 S. 1 BGB folgt, dass jeder Gesellschafter die Gesellschaft jederzeit ordentlich kündigen kann, wenn die Gesellschaft auf unbestimmte Zeit eingegangen wurde. Ein befristeter Gesellschaftsvertrag kann gem. § 723 Abs. 1 S. 2 und 3 BGB nur aus wichtigem Grund gekündigt werden. Weder das ordentliche noch das außerordentliche Kündigungsrecht dürfen gem. § 723 Abs. 3 BGB gesellschaftsvertraglich ausgeschlossen oder beschränkt werden. Dem liegt

1 Zum Begriff vgl. unten unter § 1 I 1.

2 Schmid, in: Kraus/Kunz u.a., Sozietätsrecht, 2. Auflage, § 8 Rn. 100; vgl. auch Offermann-Burckart NJW 2014, 434.

3 LG München I NJW 2014, 478, 480.

4 Werden im Folgenden die Begriffe "Sozius" oder "Sozien" verwendet, so werden darunter auch die Sozia verstanden.

der Rechtsgedanke zugrunde, dass die mit der Eingehung eines Gesellschaftsvertrages verbundenen persönlichen oder wirtschaftlichen Bindungen ohne Kündigungsmöglichkeit nicht in Einklang mit der persönlichen Freiheit der Vertragsparteien zu bringen und deshalb unwirksam sind[5]. Dabei kann eine unzulässige Kündigungsbeschränkung auch darin liegen, dass einen Gesellschafter trotz seiner Kündigung weiterhin gesellschaftsvertraglich begründete finanzielle Verpflichtungen treffen und er sich deshalb an einem Ausscheiden aus der Gesellschaft gehindert sieht[6]. Denn das Bewusstsein, trotz einer Kündigung vermögenswerte Leistungen erbringen zu müssen, deren Erwirtschaftung ohne eine Beteiligung an den Gewinnen der Gesellschaft sichergestellt werden müsste, kann einen an sich kündigungswilligen Gesellschafter von der Ausübung seines Kündigungsrechts abhalten[7]. Auch Versorgungsregelungen können einen solchen kündigungsbeschränkenden Effekt entfalten. Dies kann etwa dann der Fall sein, wenn selbst ausgeschiedene Sozien weiterhin persönlich gegenüber Altsozien für deren Rentenansprüche haften müssen[8]. Die Rechtsprechung hat sich in einer Vielzahl von Entscheidungen mit der Frage beschäftigt, unter welchen Voraussetzungen eine kündigungsbeschränkende Versorgungsregelung im Sinne von § 723 Abs. 3 BGB vorliegt[9].

Festzustellen ist, dass sich die Gerichtsentscheidungen teilweise widersprechen, sodass unklar bleibt, welche Kriterien für die Beurteilung der Wirksamkeit von Versorgungsregelungen im Hinblick auf § 723 Abs. 3 BGB herangezogen werden müssen. Mit dem jüngsten Urteil des LG München I[10] zur Wirksamkeit von Versorgungsregelungen ist die Rechtsunsicherheit für betroffene Sozien weiter gestiegen. Das Gericht hat eine bestimmte Versorgungsregelung einer als Gesellschaft bürgerlichen Rechts[11] geführten Anwaltssozietät für nichtig erklärt, während dasselbe Gericht dieselbe Rentenverpflichtung in dem nahezu unveränderten Sozietätsvertrag noch vor 15 Jahren für wirksam hielt[12]. Diese

---

5 BGH NJW 2007, 295, 296; Offermann-Burckart NJW 2014, 434, 435.

6 Sprau, in: Palandt, Bürgerliches Gesetzbuch, 72. Auflage, § 723 Rn. 7.

7 LG München I NJW 2014, 478, 481.

8 Schäfer, in: Münchener Kommentar zum Bürgerlichen Gesetzbuch, Band 5, 6. Auflage, § 723 Rn. 76 mit Verweis auf Fn. 187.

9 BGH DStR 2008, 785 ("Schuldknechtschaftsbeschluss"); BGH DStR 2010, 1898; LG München I, Urteil v. 22.07.1998 – 25 O 6395/98, BeckRS 2013, 18383, Tz. 1.2.1; LG Heidelberg NZG 2009, 1181; LG München I NJW 2014, 478.

10 LG München I NJW 2014, 478.

11 Im Folgenden „GbR".

12 Siehe LG München I, Urteil v. 22.07.1998 – 25 O 6395/98, BeckRS 2013, 18383, Tz. 1.2.1.

Rechtsprechungsänderung zeichnet sich durch einen geänderten Prüfungsmaßstab aus[13].

Darüber hinaus könnte eine Versorgungsregelung ein sittenwidriges Rechtsgeschäft im Sinne von § 138 BGB darstellen. Dabei kommt eine etwaige Sittenwidrigkeit der Versorgungsregelung unter verschiedenen Aspekten in Betracht. Einige wenige Gerichtsentscheidungen haben sich mit der Frage befasst, ob eine Versorgungsregelung ein wucherisches Rechtsgeschäft im Sinne von § 138 Abs. 2 BGB darstellen kann[14]. Von besonderem Interesse ist dabei die Frage, ob und unter welchen Voraussetzungen eine Versorgungsregelung ein auffälliges Missverhältnis zwischen den gegenseitigen gesellschaftsvertraglichen Leistungen im Sinne von § 138 Abs. 2 BGB begründen kann[15]. Klärungsbedürftig ist, ob sich dieser Rechtsprechung klare und einheitliche Beurteilungsmaßstäbe entnehmen lassen.

Wenn die Voraussetzungen des Wuchertatbestandes gem. § 138 Abs. 2 BGB nicht erfüllt sind (z.B. in Ermangelung der oftmals schwierig zu erfüllenden subjektiven Voraussetzungen[16]), könnten Versorgungsregelungen dennoch den Tatbestand des sog. wucherähnlichen Rechtsgeschäfts nach § 138 Abs. 1 BGB erfüllen. Ein wucherähnliches Rechtsgeschäft setzt neben einem auffälligen Missverhältnis von Leistung und Gegenleistung eine verwerfliche Gesinnung des – seinen Vertragspartner – Übervorteilenden voraus[17]. Dabei lässt nach der ständigen Rechtsprechung des BGH[18] die Bejahung eines auffälligen Missverhältnisses zwischen Leistung und Gegenleistung[19] in der Regel einen Schluss auf die oft schwierig zu beweisende subjektive Tatbestandsvoraussetzung des

13 Vgl. hierzu im Einzelnen unten unter § 4 II 3.

14 LG München I, Urteil v. 22.07.1998 – 25 O 6395/98, BeckRS 2013, 18383, Tz. 1.2.2; OLG München NZG 1999, 821, 822; vgl. hierzu auch Römermann NZG 1999, 822.

15 Der Wuchertatbestand des § 138 Abs. 2 BGB setzt u. a. das Vorliegen eines Rechtsgeschäftes voraus, welches auf einen Leistungsaustausch gerichtet ist (sog. Austauschgeschäft). Umstritten ist, ob es sich bei einem Gesellschaftsvertrag um ein Austauschgeschäft handelt; vgl. näher hierzu unten unter § 11 III 1 a.

16 Vgl. hierzu im Einzelnen unten unter § 11 I 3.

17 Sack/Fischinger, in Staudinger, BGB, Buch 1, Neubearbeitung 2011, § 138 Rn. 277.

18 BGHZ 98, 174, 178 (Ratenkreditvertrag); BGH NJW 1995, 1019, 1022 (Finanzierungsleasingvertrag); 2001, 1127 (Grundstückskauf); BGH WM 2008, 967, 970 (Verkauf eines PKW-Stellplatzes); BGH NJW 2012, 2723; vgl. auch Ellenberger, in: Palandt, Bürgerliches Gesetzbuch, 72. Auflage, § 138 Rn. 34a.

19 In diesem Zusammenhang verwendet der BGH mittlerweile die Begriffe „auffälliges Missverhältnis“, „grobes, besonders krasses Missverhältnis“, „auffälliges, grobes Missverhältnis“ und „besonders grobes Missverhältnis“ synonym. Damit gibt es laut

§ 138 Abs. 1 BGB – verwerfliche Gesinnung – zu. Aus diesem Grund wird zu untersuchen sein, inwieweit sich die BGH-Rechtsprechung zum Vorliegen eines besonders groben Missverhältnisses auf gesellschaftsvertragliche Versorgungsregelungen übertragen lässt[20]. Kann beispielweise ein grobes, besonders krasses Missverhältnis bereits dann bejaht werden, wenn der – zugegebenermaßen aufgrund der unsicheren Lebensdauer der Versorgungsberechtigten zum Zeitpunkt des Abschlusses des Gesellschaftsvertrages nicht bestimmbare[21] – Umfang der Rentenverpflichtung die Höhe der Gegenleistung(en) um rund 100% übersteigt?

Des Weiteren kann die Wirksamkeit von Versorgungsregelungen unter dem Aspekt einer sittenwidrigen Freiheitsbeschränkung im Sinne von § 138 Abs. 1 BGB überprüft werden. § 138 Abs. 1 BGB schützt vor sittenwidrigen Einschränkungen des Persönlichkeitsrechts und der wirtschaftlichen Entscheidungsfreiheit[22]. So werden sog. „Knebelungsverträge", welche die geschäftliche Selbständigkeit des Betroffenen gänzlich aufheben, als Verstoß gegen die guten Sitten angesehen[23]. Wenn die Sozien vereinbaren, dass die Jungsozien trotz Ausscheidens weiterhin für die Versorgungsansprüche der Altsozien haften sollen, könnte dies zu einer sittenwidrigen „Knebelung" der Jungsozien führen, weil sich diese von einer Kündigung abgehalten sehen könnten.

Des Weiteren stellt sich die Frage nach der Wirksamkeit von Versorgungsregelungen vor dem Hintergrund des § 134 BGB[24] und § 242 BGB[25].

Die vorliegende Untersuchung beschränkt sich auf Sozietäten, welche in der Rechtsform einer GbR geführt werden, wobei auf eine ausführliche Darstellung der allgemeinen rechtlichen Grundlagen dieses bereits bekannten Gesellschaftstyps verzichtet wird. Dabei wird ein besonderer Schwerpunkt auf die weit verbreiteten Anwaltssozietäten gelegt. Gerade bei Anwälten ist die „traditionelle" Sozietät in der Rechtsform einer GbR noch die häufigste Organisationsform für die Zusammenarbeit, wenngleich sie in Zeiten steigenden internationalen Wettbewerbs nach

---

BGH zwischen diesen Begriffen inhaltlich keinen Unterschied; vgl. BGH NJW 2012, 2723 Tz. 17 und 19 (Kaufvertrag); 2014, 1652 (Grundstückskauf).

20 Jüngst BGH NJW 2014, 1652, zu einem besonders groben Missverhältnis bei einem Grundstückskaufvertrag; vgl. auch BGH NJW 2012, 2099 zu einem besonders groben Missverhältnis bei einem Dienstvertrag.

21 Vgl. näher hierzu unten § 11 III 1 b cc bbb.

22 Vgl. näher hierzu unten unter § 12 I.

23 BGHZ 22, 347, 355; BGH MDR 1974, 1006.

24 Vgl. unten unter §§ 6 ff.

25 Vgl. unten unter § 13.

und nach durch komplexere Organisationsformen (Partnerschaftsgesellschaften, Kapitalgesellschaften etc.) ersetzt wird[26]. Die Arbeit wird zunächst die Begriffe der Versorgungsleistung und der Versorgungsregelung erläutern und anschließend die verschiedenen Möglichkeiten der vertraglichen Gestaltung einer Versorgungsregelung aufzeigen. Im Anschluss daran wird der Frage nachgegangen, ob sich unter Berücksichtigung der oben genannten Normen ein einheitlicher Katalog rechtlicher Anforderungen an die Wirksamkeit von Versorgungsregelungen in Sozietätsverträgen aufstellen lässt. Hierzu wird die einschlägige Rechtsprechung und Literatur ausgewertet und auf den Gegenstand der Untersuchung übertragen. Von entscheidender Bedeutung ist dabei die Frage, wie sich Abweichungen in der Rechtsprechung erklären lassen. Möglicherweise lassen sich diese Unterschiede auf Veränderungen (rechts-)tatsächlicher Verhältnisse zurückführen, wie zum Beispiel auf die Veränderung des Anwaltsmarktes.

Die Ergebnisse dieser Untersuchung sollen einen Leitfaden für die Ausarbeitung oder Überarbeitung von Versorgungsregelungen zur Verfügung stellen. Gerade vor dem Hintergrund der bisherigen, teilweise widersprüchlichen Rechtsprechung stellt es eine Herausforderung dar, einen Sozietätsvertrag so auszugestalten, dass die darin enthaltene Rentenklausel auf keine rechtlichen Bedenken stößt. Ziel der Arbeit ist es, Ansatzpunkte für die Beseitigung der bestehenden Rechtsunsicherheit anzubieten.

---

26 Henssler, in: Henssler/Streck, Handbuch Sozietätsrecht, 2. Auflage, S. 14; Römermann, Entwicklungen und Tendenzen bei Anwaltsgesellschaften, Vorwort S. V. und S. 96/97/194.

1. Teil: Versorgungsregelungen in Sozietätsverträgen

§ 1 Begriff und vertragliche Ausgestaltung der Versorgungsregelung

I. Begriff und Rechtsnatur der Versorgungsregelung

1. Begriff der Versorgungsregelung

Unter einer Versorgungsregelung versteht man ein gesellschaftsvertraglich vereinbartes Rentenversprechen, welches die Sozien für die Zeit nach ihrem altersbedingten Ausscheiden aus der Sozietät finanziell absichern soll[27]. Durch die Gewährung von Versorgungsansprüchen sollen die Altsozien für ihre – meist das gesamte Arbeitsleben dauernde – Auf- und Ausbauleistung „vergütet“ werden[28]. Wenn sich der Rentenanspruch ausschließlich gegen die Sozietät richtet, wird die Alterssicherung aus den fortdauernden Einnahmen der Sozietät finanziert und stellt deshalb eine Art “nachgelagerter Gewinnteilnahme” dar[29]. Je nach vertraglicher Ausgestaltung können aber auch nur die (jüngeren) Sozien, oder Sozietät und Sozien nebeneinander zur Rentenzahlung verpflichtet sein[30].

Da es sich bei Versorgungsregelungen um eine Form der privaten Altersvorsorge handelt, fallen diese unter die dritte Säule des deutschen Drei-Säulen-Modells der Altersvorsorge, wenngleich sie nicht zu den klassischen privaten Vorsorgemaßnahmen, wie etwa private Lebens- oder Rentenversicherungen, zählen[31].

27 Römermann NJW 2007, 297; Offermann-Burckart NJW 2014, 434.

28 Vgl. Offermann-Burckart NJW 2014, 434.

29 LG München I NJW 2014, 478, 480; siehe auch Römermann NJW 2007, 297.

30 Näher hierzu unten unter § 1 II.

31 Die erste Säule bildet die Regelalterssicherung, z. B. die gesetzliche Rentenversicherung. Die zweite Säule setzt sich aus der ergänzenden erwerbsbasierten Alterssicherung zusammen (hauptsächlich betriebliche Altersvorsorge). Die dritte Säule bildet schließlich die private Altersvorsorge, wie etwa private Lebens- oder Rentenversicherung, Investmentfonds-Anteile, Aktien, Immobilien etc. Wegen der umfangreichen staatlichen Förderung der Altersvorsorge wird das „Drei-Säulen-Modell“ zunehmend durch das „Drei-Schichten-Modell“ abgelöst, vgl. hierzu http://www.rente.com/altersarmut/versorgungsluecke/drei-schichten-modell (abgerufen am 11. September 2014).

2. Rechtsnatur der Versorgungsregelung

Versorgungsregelungen sind schuldrechtliche Vereinbarungen zwischen den Sozien, auf die neben den allgemeinen Regelungen des Bürgerlichen Gesetzbuchs über das Zustandekommen und die Wirksamkeit von Rechtsgeschäften – wie etwa die §§ 134,138 BGB – auch die allgemeinen schuldrechtlichen Vorschriften Anwendung finden. Für Versorgungsregelungen gelten keine gesetzlichen Formvorschriften, sodass sie formfrei gültig sind, vgl. § 125 S. 1 BGB.

In der Regel werden Versorgungsregelungen mit in den Gesellschaftsvertrag aufgenommen[32]. In diesem Zusammenhang stellt sich die Frage, ob die rentenverpflichteten Sozien ein Leistungsverweigerungsrecht gem. § 320 Abs. 1 S. 1 BGB gegenüber dem Versorgungsanspruch eines ehemaligen Sozius geltend machen können, wenn dieser seinerseits gegen gesellschaftsvertragliche Verpflichtungen verstoßen hat. Das OLG München beschäftigte sich in seiner Entscheidung vom 18.02.1999[33] mit der Frage, ob die an sich rentenverpflichteten Jungsozien einer Anwaltssozietät ihre Rentenleistung nach § 320 Abs. 1 S. 1 BGB verweigern durften, weil nach der Pensionierung des versorgungsberechtigten Altsozius eine wichtige Mandantin, deren mehrheitlich beteiligter Gesellschafter und gleichzeitig Mitgeschäftsführer der versorgungsberechtigte Altsozius war, das Mandatsverhältnis mit der Sozietät gekündigt hatte. Die beiden beklagten Jungsozien hatten dem versorgungsberechtigten Altsozius vorgeworfen, diese Mandantin (als deren Mehrheitsgesellschafter durch Ausübung seiner Stimmrechte im Rahmen eines entsprechenden Gesellschafterbeschlusses oder als deren Mitgeschäftsführer[34]) dazu veranlasst bzw. nicht daran gehindert zu haben, das Mandatsverhältnis zu beenden, und damit gegen die gesellschaftsvertraglich bestehende Verpflichtung, bei ihm nach seiner Pensionierung vorstellig werdende Mandanten an die Sozietät zu verweisen, verstoßen zu haben. Das Gericht versagte den beklagten Jungsozien eine Berufung auf § 320 Abs. 1 S. 1 BGB, weil es in dem Verhalten des versorgungsberechtigten Altsozius keinen Verstoß gegen seine gesellschaftsvertraglichen Verpflichtungen erblickte[35]. Zu der Frage, ob es

---

32 Versorgungsregelungen können aber auch (außerhalb des Gesellschaftsvertrages) in separaten Versorgungsvereinbarungen getroffen werden, vgl. hierzu LG Heidelberg NZG 2009, 1181.

33 OLG München NZG 1999, 821, 822. Zum vollständigen Sachverhalt vgl. unten unter § 4 II 1.

34 Der Gesellschaftsvertrag der Mandantin lag dem Autor nicht vor, sodass nicht erkennbar war, ob der Altsozius in seiner Eigenschaft als Mehrheitsgesellschafter oder als Mitgeschäftsführer auf die Kündigung des Mandatsverhältnisses Einfluss nehmen konnte.

35 A.A. Römermann NZG 1999, 822, 823.

sich bei einem Gesellschaftsvertrag überhaupt um einen gegenseitigen Vertrag im Sinne von § 320 Abs. 1 S. 1 BGB handelt, äußerte sich das Gericht allerdings nicht.

Die Einrede des nichterfüllten Vertrages würde voraussetzen, dass es sich bei einem Gesellschaftsvertrag nach § 705 BGB um einen „gegenseitigen Vertrag" im Sinne von § 320 Abs. 1 S. 1 BGB handelt. Das Leistungsverweigerungsrecht nach § 320 Abs. 1 S. 1 BGB ist auf Leistungen beschränkt, welche in demselben Vertrag synallagmatisch miteinander verknüpft sind, d.h. in einem Austausch- oder Gegenseitigkeitsverhältnis stehen[36]. Ein Austauschgeschäft liegt vor, wenn die eine Partei ihre Leistung gerade deshalb erbringt, um von der anderen Partei etwas als Gegenleistung zu erhalten („*do ut des*")[37].

Ob man bei einem Gesellschaftsvertrag von einem „gegenseitigen Vertrag" und von „gegenseitigen Leistungen" sprechen kann, ist umstritten. Wenngleich die Rechtsprechung den Gesellschaftsvertrag lange Zeit als gegenseitigen Vertrag eingeordnet hat[38], lehnt die wohl herrschende Meinung in der neueren Literatur bei einer mehr als zweigliedrigen GbR die Einstufung des Gesellschaftsvertrages als gegenseitigen Vertrag ab[39]. Zur Begründung wird ausgeführt, dass die Gesellschafter ihre Leistungen in erster Linie nicht erbringen würden, um die Leistungen der übrigen Gesellschafter zu erlangen, sondern vielmehr zur Förderung des gemeinsamen Zwecks[40]. Es käme zu einer Lähmung der Gesellschaft, wenn alle Gesellschafter aufgrund der Säumnis eines Mitgesellschafters ihre Beitragsleistungen verweigern

---

36 Emmerich, in: Münchener Kommentar zum Bürgerlichen Gesetzbuch, Band 2, 6. Auflage, § 320 Rn. 22f; Otto, in: Staudinger, BGB, Buch 2, Neubearbeitung 2009, § 320 Rn. 15.

37 Otto/Schwarze, in: Staudinger, BGB, Buch 2, Neubearbeitung 2009, Vorbem. zu §§ 320–326 Rn. 5.

38 RGZ 112, 280, 283 (betr. OHG); BGH NJW 1951, 308 (betr. GbR); offen lassend BGH WM 1959, 53, 54 (betr. OHG). Trotz der Einordnung als „gegenseitiger Vertrag" hat der BGH jedoch nie die §§ 320 ff. BGB auf Gesellschaftsverträge angewendet.

39 Westermann, in: Erman, BGB, Band I, 13. Auflage, § 705 Rn. 43; Ulmer, in: Münchener Kommentar zum Bürgerlichen Gesetzbuch, Band 5, 6. Auflage, § 705 Rn. 163/168; Sprau, in: Palandt, Bürgerliches Gesetzbuch, 72. Auflage, § 705 Rn. 13; differenzierend Habermeier, in: Staudinger, BGB, Buch 2, Dreizehnte Bearbeitung 2003, § 706 Rn. 18 (Habermeier unterscheidet zwischen dem Beitragsverhältnis, welches den §§ 320 ff. BGB unterfalle, und dem den §§ 320 ff. BGB nicht unterliegenden Gesellschaftsverhältnis).

40 Hadding/Kießling, in: Soergel, BGB, 13. Auflage, § 705 Rn. 44; Westermann, in: Erman, BGB, Band I, 13. Auflage, § 705 Rn. 43; Ulmer/Schäfer, in: Münchener Kommentar zum Bürgerlichen Gesetzbuch, Band 5, 6. Auflage, § 705 Rn. 168.

könnten[41]. Hingegen hält die h.L. Gesellschaftsverträge einer zweigliedrigen GbR für gegenseitige Verträge im Sinne der §§ 320 ff. BGB, da sich hier die Leistungen in einem gegenseitigen Abhängigkeitsverhältnis gegenüberstünden und Dritte von der Geltendmachung der Rechte aus den §§ 320 ff. BGB nicht betroffen seien[42].

Von einer Minderheitsmeinung im Schrifttum wird hingegen vertreten, dass eine Anwendung des § 320 BGB dann in Betracht komme, wenn der Gesellschaftsvertrag keine Vorleistungspflicht vorsehe, sondern bestimmte Leistungen wechselseitig und gleichzeitig zu erfüllen seien[43].

Der herrschenden Literaturauffassung ist zwar darin beizupflichten, dass es sich bei einem Gesellschaftsvertrag (einer mehr als zweigliedrigen GbR) nicht um ein typisches Austauschverhältnis handelt, bei welchem die Gesellschafter ihre Beitragsleistungen um einer Gegenleistung willen erbringen. Vielmehr dienen die Beiträge in erster Linie der Erreichung des gemeinsamen Zwecks. Allerdings darf nicht verkannt werden, dass die Gesellschafter letztlich ihre auf die Förderung des Gesellschaftszwecks gerichteten Leistungen doch nur deshalb erbringen, um damit ihre eigenen persönlichen oder wirtschaftlichen Interessen zu verfolgen[44]. Die Gesellschafter leisten ihre Beiträge gerade deshalb, um zusammen mit den Beiträgen der Mitgesellschafter die Zweckerreichung der Gesellschaft und damit ihren eigenen wirtschaftlichen Erfolg herbeizuführen (z.B. durch die Gewinnbeteiligung)[45].

Darüber hinaus bestehen Gesellschaftsverträge nicht nur aus gegenseitigen Beitragsleistungen. Vielmehr werden weitere Vereinbarungen getroffen, die nach dem Willen der Gesellschafter in einem Abhängigkeitsverhältnis stehen sollen. Gerade bei sozietätsvertraglich begründeten Versorgungsleistungen handelt es sich um Leistungen, welche die Jungsozien versprechen, um im Gegenzug dafür – meist ohne Zahlung eines Eintrittspreises – in den Genuss der Vorteile einer gut funktionierenden Sozietät zu gelangen.

Deshalb ist mit der Minderheitsmeinung davon auszugehen, dass bei einem Gesellschaftsvertrag von einem „gegenseitigen Vertrag“ gesprochen werden kann. Um eine vollständige Lähmung der Gesellschaft aufgrund einer wechelseitigen

---

41 Sprau, in: Palandt, Bürgerliches Gesetzbuch, 72. Auflage, § 705 Rn. 13.

42 Hadding/Kießling, in: Soergel, BGB, 13. Auflage, § 705 Rn. 44 m.w.N.

43 Hüttemann, Leistungsstörungen bei Personengesellschaften, S. 70/71; zustimmend Gsell, in: Soergel, BGB, 13. Auflage, § 320 Rn. 40.

44 Vgl. Hohendorf, Das Individualwucherstrafrecht nach dem ersten Gesetz zur Bekämpfung der Wirtschaftskriminalität von 1976, S. 81.

45 Vgl. auch Weber, Buchwertabfindungsklauseln in Gesellschaftsverträgen von Personengesellschaften, S. 80.

Verweigerung der Beitragsleistungen zu verhindern und damit den Besonderheiten von Gesellschaftsverträgen Rechnung zu tragen, könnte man mit *Hüttemann*[46] eine Einschränkung des Leistungsverweigerungsrechts dahingehend vornehmen, dass nur derjenige Gesellschafter sich auf § 320 Abs. 1 S. 1 BGB berufen darf, der durch ein Angebot des eigenen Beitrags aktiv daran mitwirkt, die nicht leistungswilligen Mitgesellschafter in Annahme- und Schuldnerverzug zu setzen. Im Übrigen – also wenn es sich um andere gesellschaftsvertragliche Leistungen als Beitragsleistungen handelt – dürfte eine Berufung auf § 320 Abs. 1 S. 1 BGB regelmäßig unproblematisch sein. Denn in diesen Fällen handelt es sich bei den verweigerten Leistungen um solche, welche nicht unmittelbar der Förderung des gemeinsamen Zwecks dienen, sodass eine Gefährdung der Zweckerreichung nicht droht. So verhält es sich etwa auch bei Versorgungsleistungen, welche als bloße „Nebenleistungen" nicht essentiell für den Gesellschaftszweck sind. Daher können Jungsozien Rentenleistungen unter Berufung auf § 320 Abs. 1 S. 1 BGB verweigern, wenn ein Altsozius seinerseits gegen eine gesellschaftsvertragliche Pflicht verstoßen hat[47].

II. Vertragliche Ausgestaltung von Versorgungsregelungen

Für (angehende) Sozien gibt es eine Vielzahl von Möglichkeiten, wie Versorgungsregelungen vertraglich ausgestaltet werden können. Von besonderer Bedeutung sind dabei die Regelungen über die Person des Rentenberechtigten und des Rentenverpflichteten, das Renteneintrittsalter sowie die Höhe und Dauer der Versorgungsleistungen.

1. Person des Rentenberechtigten und des Rentenverpflichteten

a) Person des Rentenberechtigten

aa) Sozienrente

In erster Linie sehen die Versorgungsregelungen vor, dass jeder Sozius ab dem Zeitpunkt seiner Pensionierung anstelle seines Anspruchs auf Gewinnbeteiligung einen Anspruch auf Zahlung einer lebenslangen Rente in einer bestimmten Höhe hat[48]. Es kann aber auch vereinbart werden, dass nur bestimmte Sozien in den Genuss von Versorgungsleistungen kommen[49]. In solchen Fällen entsteht der

46 Hüttemann, Leistungsstörungen bei Personengesellschaften, S. 93 f.

47 Vgl. auch Römermann NZG 1999, 822, 823.

48 LG München I NJW 2014, 478.

49 Schmid, in: Kraus/Kunz u.a., Sozietätsrecht, 2. Auflage, § 8 Rn. 106.

Anspruch meist frühestens nach einer gewissen Dauer der Sozietätszugehörigkeit, etwa nach 10 Jahren[50]. Hiermit soll sichergestellt werden, dass ein Sozius im Extremfall nicht schon nach einem Tag Sozietätszugehörigkeit aufgrund eines Versorgungsfalles Anspruch auf eine lebenslange Rente erhält, sondern sich diese erst als "Gegenleistung" für entsprechende Beiträge zur Förderung des gemeinsamen Zwecks verdient.

Dabei kann die Versorgungsregelung eine Rente auch dann vorsehen, wenn ein Sozius schon vor dem Erreichen seines Renteneintrittsalters aus der Sozietät ausscheidet. Beispielsweise kann vereinbart werden, dass ein Sozius, der wegen Berufsunfähigkeit oder Dauererkrankung vor Erreichen des Renteneintrittsalters (z.B. 65. Lebensjahr) aus der Sozietät ausscheidet, einen Rentenanspruch mit der Maßgabe erhält, dass die Versorgungsleistung für jedes Jahr, um das er vor Vollendung des Renteneintrittsalters ausgeschieden ist, um eine gewisse Prozentzahl verringert ist[51]. Unüblich ist es hingegen, dass ein Sozius selbst dann Versorgungsleistungen erhalten soll, wenn er gem. §§ 723 Abs. 1 S. 2 und 3, 737 BGB von den übrigen Sozien aus wichtigem Grund, etwa wegen einer vorsätzlichen oder grob fahrlässigen Verletzung einer wesentlichen vertraglichen Pflicht (§ 723 Abs. 1 S. 3 Nr. 1 Alt. 1 BGB), von der Sozietät ausgeschlossen wird. Denn mit den Versorgungsleistungen sollen die Sozien dafür belohnt werden, dass sie während ihrer aktiven Zeit in vertragstreuer Weise einen wesentlichen Anteil zum Auf- und Ausbau der Sozietät beigetragen haben[52]. Eine Verletzung einer wesentlichen vertraglichen Pflicht wird sicherlich dann bejaht werden können, wenn ein Sozius es ohne zwingenden Grund unterlässt, gewinnträchtige Mandate bzw. Verträge mit Kunden anzunehmen oder nicht gewinnbringende Mandate bzw. Verträge mit Kunden abzulehnen. Ein solcher Fall wäre etwa gegeben,

---

50 Vgl. § 15 Abs. 1 des Mustervertrags des Deutschen Anwaltvereins (im Folgenden: „DAV") für örtliche Sozietäten, einsehbar unter http://anwaltverein.de/downloads/Ratgeber/Mustervertrag-fuer-oertliche-sozietaet.pdf (abgerufen am 12. September 2014) und § 18 Abs. 1 des Mustervertrags des DAV für überörtliche Sozietäten, einsehbar unter http://anwaltverein.de/downloads/Ratgeber/Mustervertrag-fuer-eine-ueberoertliche-Sozietaet1.pdf (abgerufen am 13. September 2014); allgemein Schmid, in: Kraus/Kunz u.a., Sozietätsrecht, 2. Auflage, § 8 Rn. 111.

51 Vgl. § 15 Abs. 3 des Mustervertrags des DAV für örtliche Sozietäten, einsehbar unter http://anwaltverein.de/downloads/Ratgeber/Mustervertrag-fuer-oertliche-sozietaet.pdf (abgerufen am 12. September 2014) und § 18 Abs. 3 des Mustervertrags des DAV für überörtliche Sozietäten, einsehbar unter http://anwaltverein.de/downloads/Ratgeber/Mustervertrag-fuer-eine-ueberoertliche-Sozietaet1.pdf (abgerufen am 13. September 2014).

52 Offermann-Burckart NJW 2014, 434.

wenn ein Sozietätsmitglied immer wieder Mandate annimmt, welche nicht einmal kostendeckend sind, oder gewinnbringende Mandate ablehnt, für deren Bearbeitung er selbst oder ein anderes Sozietätsmitglied fachlich geeignet ist[53].

bb) Hinterbliebenenrente

Regelmäßig werden auch die Ehepartner der Sozien und ggf. auch deren minderjährige Kinder durch die Vereinbarung einer Hinterbliebenenrente finanziell abgesichert. Solche Regelungen sehen vor, dass der Ehepartner eines verstorbenen Sozius einen unmittelbaren Rentenanspruch erhält. Bei dieser Regelung handelt es sich um einen echten Vertrag zugunsten Dritter nach § 328 Abs. 1 BGB, der durch den Tod des Sozius aufschiebend befristet ist, § 158 Abs. 1 BGB[54].

Grundsätzlich müssen sich die Sozien bei der Ausgestaltung der Witwen- bzw. Witwerrente bewusst sein, dass eine zu großzügige Regelung auf Dauer zu untragbaren finanziellen Belastungen führen kann. Denn die steigende Lebenserwartung auch der Ehepartner sowie die Ungewissheit über die Lebensdauer kann letztlich zu einer ausufernden Versorgungshaftung der Jungsozien führen[55]. In der Folge können die persönlich haftenden Sozien finanziell überfordert oder die Existenz der Sozietät gefährdet werden. Auf der anderen Seite stellt es ein nachvollziehbares Interesse der Sozien dar, dass deren Ehepartner für den Todesfall finanziell abgesichert sind. Vor diesem Hintergrund ist es sinnvoll, anstelle eines völligen Ausschlusses lediglich eine Beschränkung der Witwen- bzw. Witwerrente vorzusehen[56].

Es gibt verschiedene Modelle, die Witwen- bzw. Witwerrente zu beschränken. Beispielsweise kann die Höhe der Witwen- bzw. Witwerrente nach dem Alter des hinterbliebenen Ehepartners gestaffelt werden. So sah der Sozietätsvertrag einer Rechtsanwaltsgesellschaft bürgerlichen Rechts, der jüngst Gegenstand eines Urteils des LG München I[57] war, vor, dass die Ehefrau eines (während seiner aktiven Zeit oder nach seiner Pensionierung) verstorbenen Sozius ab dem vierten

53 Schmid, in: Kraus/Kunz u.a., Sozietätsrecht, 2. Auflage, § 5 Rn. 37.

54 Hier handelt es sich um eine Befristung, da der Eintritt des Todes des Sozius gewiss ist. Im Gegensatz dazu ist der Eintritt einer Bedingung (z.B. das Bestehen einer Prüfung) ungewiss; vgl. zur Unterscheidung zwischen Befristung und Bedingung Hromadka NJW 1994, 911.

55 Schmid, in: Kraus/Kunz u.a., Sozietätsrecht, 2. Auflage, § 8 Rn. 112.

56 Sehr zurückhaltend Schmid, in: Kraus/Kunz u.a., Sozietätsrecht, 2. Auflage, § 8 Rn. 112 ff.

57 LG München I NJW 2014, 478; vgl. zu demselben Sozietätsvertrag OLG München NZG 1999, 821.

Kalendermonat nach seinem Tod[58] vom vollendeten 40. bis zum vollendeten 50. Lebensjahr die Hälfte, und ab ihrem vollendeten 50. Lebensjahr bis zu ihrem Tod Dreiviertel der vereinbarten Rente ihres Ehepartners erhalten sollte.

Andere Modelle machen die Höhe der Witwen- bzw. Witwerrente davon abhängig, zu welchem Zeitpunkt ein Sozius verstirbt. So sehen manche Sozietätsverträge höhere Rentenansprüche der Witwen bzw. Witwer eines verstorbenen Sozius vor, wenn dieser nach seinem altersbedingten Ausscheiden verstirbt, während für den Fall des Todes nach seinem berufsunfähigkeitsbedingten Ausscheiden oder gar zu aktiven Zeiten eine geminderte Witwen- bzw. Witwerrente vorgesehen ist[59].

Nur ganz vereinzelt lassen sich Versorgungsregelungen finden, nach denen Witwen bzw. Witwer den vollen Versorgungsanspruch der Sozien erhalten[60].

Darüber hinaus ist es denkbar, die Witwen- bzw. Witwerrente zeitlich bis zum Erreichen eines bestimmten Lebensalters zu befristen oder eine Höchstgrenze für sämtliche Leistungen dieser Art zu vereinbaren (z. B. auf 15–20% des Jahresgewinns der Sozietät)[61].

Daneben kann der Sozietätsvertrag auch eine Waisenrente vorsehen, wenn ein verstorbener Sozius keine(n) versorgungsberechtigte(n) Witwe / Witwer hinterlässt bzw. die Witwe / der Witwer ihren / seinen Versorgungsanspruch verliert[62]. Auch hier gilt aus Gründen der Überschaubarkeit der Haftung, dass in

---

58 In den ersten drei Monaten sollte die Ehefrau zunächst einen Anspruch auf die ihrem verstorbenen Ehemann zustehende Vorabausschüttung haben.

59 Vgl. § 16 Abs. 1 S. 1 und 2 iVm. § 15 Abs. 3 des Mustervertrags des DAV für örtliche Sozietäten, einsehbar unter http://anwaltverein.de/downloads/Ratgeber/Mustervertrag-fuer-oertliche-sozietaet.pdf (abgerufen am 12. September 2014) und § 19 Abs. 1 S. 2 iVm. § 18 Abs. 3 des Mustervertrags des DAV für überörtliche Sozietäten, einsehbar unter http://anwaltverein.de/downloads/Ratgeber/Mustervertrag-fuer-eine-ueberoertliche-Sozietaet1.pdf (abgerufen am 13. September 2014); siehe auch Sozietätsvertrag einer Rechtsanwaltsgesellschaft bürgerlichen Rechts, welcher Gegenstand eines Urteils des LG Heidelberg NZG 2009, 1181, war.

60 Vgl. Sozietätsvertrag einer Rechtsanwaltsgesellschaft bürgerlichen Rechts, der Gegenstand einer Entscheidung des BGH DStR 2008, 785, war; hingegen nur 50% nach einem Sozietätsvertrag einer Rechtsanwaltsgesellschaft bürgerlichen Rechts, der Gegenstand einer Entscheidung des BGH NJW 2007, 295, war, wobei sich der Entscheidung nicht die weiteren Bedingungen der Witwen- bzw. Witwerrente entnehmen lassen.

61 Vgl. Schmid, in: Kraus/Kunz u. a., Sozietätsrecht, 2. Auflage, § 8 Rn. 113, der sogar zu einer Beschränkung der Witwen- bzw. Witwerrente auf „echte soziale Notfälle“ rät.

62 Der Verlust des Versorgungsanspruchs kann etwa für den Fall der Wiederverheiratung der Witwe / des Witwers vorgesehen werden, vgl. § 16 Abs. 1 S. 3 des Mustervertrags

den Sozietätsvertrag Beschränkungen der Waisenrente aufgenommen werden sollten. Es können alle Waisen oder nur bestimmte Waisen als versorgungsberechtigte Personen vorgesehen werden. So kann z.B. ein Rentenanspruch allein zugunsten der in Ausbildung befindlichen Waisen vereinbart werden[63]. Darüber hinaus gelten die zu der Witwen- bzw. Witwerrente getroffenen Ausführungen über die Beschränkungsmöglichkeiten entsprechend für die Waisenrente.

b) Person des Rentenverpflichteten

Wer für die Rentenansprüche der Altsozien haftet, ergibt sich in erster Linie aus dem Gesellschaftsvertrag.

aa) Haftungssituation vor Anerkennung der (Teil-)Rechtsfähigkeit der GbR

Viele ältere, vor der letzten Jahrtausendwende geschlossene Sozietätsverträge sehen vor, dass die Gesellschafter zur Rentenzahlung verpflichtet sind[64]. Dies hängt damit zusammen, dass zum Zeitpunkt der Vertragsschlüsse die Rechtsfähigkeit der GbR noch nicht höchstrichterlich anerkannt war[65] und deshalb nach der früher herrschenden individualistischen Theorie[66] nicht die Gesellschaft, sondern die Gesellschafter in ihrer gesamthänderischen Verbundenheit für die Verbindlichkeiten hafteten sollten.

---

des DAV für örtliche Sozietäten, einsehbar unter http://anwaltverein.de/downloads/Ratgeber/Mustervertrag-fuer-oertliche-sozietaet.pdf (abgerufen am 12. September 2014) und § 19 Abs. 1 S. 3 des Mustervertrags des DAV für überörtliche Sozietäten, einsehbar unter http://anwaltverein.de/downloads/Ratgeber/Mustervertrag-fuer-eine-ueberoertliche-Sozietaet1.pdf (abgerufen am 12. September 2014).

63 Vgl. § 16 Abs. 2 des Mustervertrags des DAV für örtliche Sozietäten, einsehbar unter http://anwaltverein.de/downloads/Ratgeber/Mustervertrag-fuer-oertliche-sozietaet.pdf (abgerufen am 13. September 2014) und § 19 Abs. 1 S. 4 des Mustervertrags des DAV für überörtliche Sozietäten, einsehbar unter http://anwaltverein.de/downloads/Ratgeber/Mustervertrag-fuer-eine-ueberoertliche-Sozietaet1.pdf (abgerufen am 13. September 2014). Die Verträge sehen zudem vor, dass die Waisen noch nicht das 27. Lebensjahr vollendet haben dürfen. Allerdings können auch andere Altersgrenzen festgelegt werden.

64 BGH DStR 2010, 1898 (Gesellschaftsvertrag einer als Partnerschaftsgesellschaft organisierten Rechtsanwaltssozietät aus dem Jahre 1964); LG München I, Urteil v. 22.07.1998 – 25 O 6395/98, BeckRS 2013, 18383, und LG München I NJW 2014, 478 (Sozietätsvertrag einer Rechtsanwaltsgesellschaft bürgerlichen Rechts aus dem Jahre 1997).

65 Die Rechtsfähigkeit der (Außen-)GbR ist erst seit BGH BB 2001, 374 anerkannt.

66 Vgl. hierzu Stürner, in: Jauernig, BGB, 12. Auflage, § 705 Rn. 1.

Selbst wenn in den älteren Sozietätsverträgen[67] eine Haftung der Gesellschaft vereinbart wurde, musste man nach der früheren Rechtslage eine Haftung der Gesellschafter annehmen. Denn der Begriff der "Gesellschaft" bezog sich nach der individualistischen Theorie auf die Gesellschafter in ihrer gesamthänderischen Verbundenheit[68].

bb) Haftungssituation nach Anerkennung der (Teil-)Rechtsfähigkeit der GbR

aaa) Haftung der Sozietät

Seit der bahnbrechenden Entscheidung des BGH vom 29.01.2001[69] wird die (Außen-)GbR mehrheitlich als rechtsfähig angesehen, soweit sie durch die Teilnahme am Rechtsverkehr Rechte und Pflichten begründet. Dies hat zur Folge, dass nunmehr die Sozietät selbst für Versorgungsverbindlichkeiten mit dem Gesellschaftsvermögen, dessen Trägerin allein die Sozietät ist, haftet[70].

Der Sozietätsvertrag kann vorsehen, dass allein die Sozietät gegenüber den Altsozien für deren Rentenansprüche haftet und die Sozien die Versorgungslasten im Innenverhältnis zur Sozietät mit tragen. Einen solchen Fall hatte das LG Heidelberg im Jahre 2009 zu entscheiden[71]. Nach dem der Entscheidung zugrunde liegenden Sozietätsvertrag einer Rechtsanwaltssozietät verpflichtete sich die Sozietät, einem bestimmten Altsozius (W) ein garantiertes Ruhegehalt von jährlich DM 180.000,00 zu zahlen. Im Falle des Ablebens des W sollte dessen Witwe eine Rente in Höhe von 60% des dem W zustehenden Ruhegehalts von der Sozietät erhalten. Eine persönliche Haftung der Jungsozien gegenüber W bzw. im Falle seines Ablebens gegenüber dessen Witwe wurde nicht vereinbart. Stattdessen sah der Sozietätsvertrag vor, dass die Sozien gegenüber der Sozietät anteilig in Höhe ihrer Beteiligung für die Versorgungszahlungen an den W bzw. im Falle

---

67 Vgl. BGH NJW 2007, 295 (Sozietätsvertrag einer Rechtsanwaltsgesellschaft bürgerlichen Rechts aus dem Jahre 1989); BGH DStR 2008, 785 (Datum des Abschlusses des Rechtsanwaltssozietätsvertrages unklar, aber Abschluss vor 2001); LG Heidelberg NZG 2009, 1181 (Datum des Abschlusses des Rechtsanwaltssozietätsvertrages unklar, aber Abschluss vor 2001).

68 Sprau, in: Palandt, Bürgerliches Gesetzbuch, 72. Auflage, § 705 Rn. 24.

69 BGH BB 2001, 374.

70 BGHZ 146, 341, 343, 344; vgl. auch Saenger, Gesellschaftsrecht, 2. Auflage, § 3 Rn. 52; Grunewald, Gesellschaftsrecht, 9. Auflage, § 1 Rn. 58. Die Sozietät soll nach LG München I NJW 2014, 478, 480 seit der Anerkennung der (Teil-)Rechtsfähigkeit der GbR selbst dann für Rentenzahlungen in Anspruch genommen werden können, wenn der Sozietätsvertrag lediglich Rentenansprüche gegen die Sozien vorsieht.

71 LG Heidelberg NZG 2009, 1181.

seines Ablebens an dessen Witwe mithaften. Bevor der beklagte Jungsozius kündigungsbedingt aus der klagenden Sozietät ausschied, regelten die Sozien die Modalitäten seines Ausscheidens in einer speziellen Ausscheidensvereinbarung. Unter anderem sollte hiernach eine anteilige Mitverpflichtung des Beklagten für die Versorgungszahlungen der Sozietät an die Witwe des zwischenzeitlich verstorbenen W auch nach seinem Ausscheiden bestehen bleiben, und zwar entsprechend seiner Beteiligung an der Sozietät in Höhe von 25,5%.

Damit bezog sich die Haftungsregelung allein auf das Innenverhältnis zwischen den Sozien und der Sozietät und begründete einen Sozialanspruch der Sozietät gegen die Sozien, dessen Höhe sich nach der jeweiligen Beteiligung richtete. Ein unmittelbarer Rentenanspruch des W bzw. seiner Witwe gegen die Sozien wurde hierdurch nicht begründet.

Der Abschluss der Vereinbarung anlässlich des Ausscheidens des Beklagten wirft die berechtigte Frage auf, ob es sich bei dem Anspruch der Sozietät gegen den Beklagten weiterhin um einen Sozialanspruch oder vielmehr um einen Anspruch gegenüber einem außenstehenden Dritten handelt. Denn nur bei Vorliegen eines Sozialanspruchs könnten neben der Gesellschaft selbst (durch deren Geschäftsführer) auch die Sozien im eigenen Namen auf Leistung in das Gesellschaftsvermögen (*actio pro socio*) klagen[72].

Bei Sozialansprüchen handelt es sich um Ansprüche der Gesellschaft gegen die Gesellschafter, welche aus dem Gesellschaftsverhältnis, insbesondere dem Gesellschaftsvertrag, herrühren[73]. Hierzu zählen etwa Ansprüche auf Beitragsleistungen oder Ansprüche auf Schadensersatz bei pflichtwidriger Geschäftsführung[74]. Da die Mitgliedschaft des Beklagten mit dem Ausscheiden aus der Sozietät endete, konnte der Regressanspruch der Sozietät seine Rechtsgrundlage nicht mehr in dem Gesellschaftsverhältnis haben. Vielmehr folgte der Anspruch der Sozietät ausschließlich aus der separaten, von der Mitgliedschaft des Beklagten unabhängigen Ausscheidensvereinbarung. Dementsprechend führte das LG Heidelberg aus, dass es im Falle des Vorliegens einer Ausscheidensvereinbarung, welche die persönliche Haftung des ausscheidenden Gesellschafters für Rentenverpflichtungen regele, nicht mehr auf eine etwaige gesellschaftsvertragliche Regelung ankomme, da die Verbindlichkeit auf eine neue Rechtsgrundlage gestellt worden sei[75].

72 Saenger, Gesellschaftsrecht, 2. Auflage, § 3 Rn. 165.
73 Saenger, Gesellschaftsrecht, 2. Auflage, § 3 Rn. 164.
74 Wandt, Das Innenrecht der (teil-)rechtsfähigen BGB-Gesellschaft, S. 141 m.w.N.
75 LG Heidelberg NZG 2009, 1181, 1182.

bbb) Persönliche Haftung der Sozien

Daneben können die Sozien auch im Außenverhältnis gegenüber den Altsozien für deren Rentenansprüche haften. Allerdings muss man bei der Herleitung der persönlichen Haftung der Sozien einige Besonderheiten beachten. Diese zeigen sich anhand eines Sozietätsvertrags einer im Jahre 1997 gegründeten Rechtsanwaltsgesellschaft bürgerlichen Rechts, der schon zweimal Gegenstand eines Rechtsstreits vor dem LG München I war[76]. Darin hieß es, dass pensionierte Gesellschafter gegen die verbleibenden Gesellschafter einen Anspruch auf lebenslange Rente haben. Das LG München I urteilte in seiner jüngeren Entscheidung vom 04.03.2013, dass sich der Rentenanspruch wegen der geänderten Rechtsprechung zur Außenrechtsfähigkeit einer GbR nunmehr zumindest auch gegen die Sozietät richte[77]. Die persönliche Haftung der Gesellschafter leitete das Gericht jedoch nicht etwa aus § 128 S. 1 HGB analog ab[78]. Dies wurde damit begründet, dass es sich bei der Rentenverpflichtung um eine Sozialverbindlichkeit handele,

76 LG München I, Urteil v. 22.07.1998 – 25 O 6395/98, BeckRS 2013, 18383; LG München I NJW 2014, 478.

77 LG München I NJW 2014, 478, 480.

78 Nach der mittlerweile herrschenden Akzessorietätstheorie führt das rechtsgeschäftliche Handeln eines vertretungsberechtigten Gesellschafters zunächst allein zu einer Verpflichtung der Gesellschaft, was jedoch automatisch zu einer daran angelehnten, d.h. akzessorischen Haftung der Gesellschafter führt; vgl. Gummert, in: Münchener Handbuch des Gesellschaftsrechts, Band 1, 4. Auflage, § 18 Rn. 9. Überwiegend wird die akzessorische GbR-Gesellschafterhaftung auf eine analoge Anwendung von § 128 HGB gestützt (vgl. hierzu mittlerweile auch der BGH in BGHZ 146, 341, 358; Schmidt, Gesellschaftsrecht, 4. Auflage, § 60 III 2; Ulmer/Schäfer, in: Münchener Kommentar zum Bürgerlichen Gesetzbuch, Band 5, 5. Auflage, § 714 Rn. 36), während andere Vertreter der Akzessorietätstheorie auf das Wesen der Gesamthand abstellen (vgl. Flume, Allgemeiner Teil des Bürgerlichen Rechts I/1, § 16 IV 3). Allerdings ist die Analogie zu § 128 HGB vorzugswürdig. Denn die Analogievoraussetzungen liegen durchaus vor, insbesondere das Erfordernis der Regelungslücke, da die §§ 705 ff. BGB wegen ihres mittlerweile überholten Ansatzes (Behandlung der Gesamthand als Sondervermögen) auf eine Regelung betreffend die Mithaftung der Gesellschafter verzichtet haben, eine solche jedoch aus Gläubigerschutzgesichtspunkten wie im Recht der OHG erforderlich ist; vgl. auch Ulmer/Schäfer, in: Münchener Kommentar zum Bürgerlichen Gesetzbuch, Band 5, 5. Auflage, § 714 Rn. 36. Hingegen wurde nach der früher herrschenden und mittlerweile wohl überholten Doppelverpflichtungslehre die persönliche Haftung der GbR-Gesellschafter daraus abgeleitet, dass der vertretungsberechtigte Gesellschafter Rechtsgeschäfte gleichzeitig im Namen der Gesellschaft und der Gesellschafter abschließt; vgl. noch BGHZ 136, 254, 258 f.; Westermann, in: Erman, BGB, Band I, 10. Auflage, § 714 Rn. 10.

ohne näher zu erläutern, warum das Vorliegen einer Sozialverbindlichkeit einer akzessorischen Gesellschafterhaftung analog § 128 S. 1 HGB entgegenstand. Vielmehr betonte das Gericht, dass sich die persönliche Haftung der Gesellschafter allein aus dem Wortlaut der Versorgungsregelung ergebe.

Dem ist im Ergebnis beizupflichten. Der Umstand, dass es sich bei der Versorgungsverbindlichkeit der Sozietät um eine Sozialverbindlichkeit, d.h. eine Verbindlichkeit der Gesellschaft gegenüber den Gesellschaftern, handelt, steht aus zwei Gründen einer akzessorischen Gesellschafterhaftung analog § 128 S. 1 HGB entgegen.

(1) Fehlende Tatbestandsmäßigkeit

Eine akzessorische Gesellschafterhaftung würde voraussetzen, dass es sich bei einer Versorgungsverpflichtung der Gesellschaft um eine Verbindlichkeit im Sinne von § 128 S. 1 HGB handelt[79].

Grundsätzlich gilt, dass Sozialverbindlichkeiten, die ihren Grund im Gesellschaftsverhältnis haben, schon gar nicht unter den Begriff der Verbindlichkeit im Sinne von § 128 S. 1 HGB fallen, weil eine persönliche Haftung der Gesellschafter dazu führen würde, dass die Gesellschafter über ihre zugesagten Einlagen hinaus weitere Beiträge für die Gesellschaft leisten müssten, was zu einem Verstoß gegen das Belastungsverbot nach § 707 BGB führen würde[80]. Umstritten ist allerdings, ob hiervon wiederum eine Ausnahme gemacht wird, wenn es sich um eine Verbindlichkeit gegenüber bereits ausgeschiedenen Gesellschaftern handelt. Diskutiert wird dies insbesondere im Zusammenhang mit Abfindungsansprüchen ausscheidender Gesellschafter.

Nach einer Ansicht in der Literatur sei der ausgeschiedene Gesellschafter hinsichtlich seines Abfindungsanspruchs wie ein Dritter zu behandeln, sodass hierfür die im Außenverhältnis geltenden Haftungsregelungen, insbesondere § 128 S. 1 HGB, herangezogen werden könnten[81]. Die Rechtsprechung lehnt hingegen

---

79 Vgl. zur hier vertretenen Ansicht, dass die persönliche Haftung der GbR-Gesellschafter aus § 128 HGB analog folgt, bereits oben in Fn. 78.

80 BGH NJW 1962, 1863, 1864; BHG NJW-RR 1989, 866; vgl. auch zur OHG Hillmann, in: HGB, Band 1, 3. Auflage, § 128 Rn. 11. Von § 128 S. 1 HGB erfasst sind hingegen Drittansprüche, also Ansprüche der Gesellschafter aus Lieferungen, Leistungen, Vermietungen oder Verpachtungen an die Gesellschaft; vgl. Schmidt, in: Münchener Kommentar zum Handelsgesetzbuch, Band 2, 2. Auflage, § 128 Rn. 12. Vgl. näher zum Belastungsverbot nach § 707 BGB unten unter § 1 II 1 b bb bbb (2).

81 Schmidt, in: Münchener Kommentar zum Handelsgesetzbuch, Band 2, 2. Auflage, § 131 Rn. 128 (betr. OHG).

eine persönliche Haftung der Gesellschafter einer GbR für Abfindungsansprüche ausscheidender Gesellschafter nach § 128 S. 1 HGB analog ab[82].

In Bezug auf Abfindungsansprüche sprechen die besseren Argumente für die in der Literatur vertretene Auffassung. Abfindungsansprüche setzen das ersatzlose Ausscheiden eines Gesellschafters aus der Gesellschaft voraus[83]. Folglich kann eine Abfindung schon begrifflich nur derjenige fordern, der nicht mehr Mitglied der Gesellschaft ist. Deshalb sind grundsätzlich die für das Verhältnis der Gesellschaft zu außenstehenden Dritten geltenden Haftungsregelungen anzuwenden. Diese Überlegungen können allerdings nicht ohne Weiteres auf Versorgungsansprüche von Altsozien übertragen werden. Denn häufig sehen die Sozietätsverträge vor, dass die Zugehörigkeit eines Sozius zur Sozietät durch seinen Eintritt in den Ruhestand nicht berührt wird[84]. Der Eintritt in den Ruhestand beendet die Mitgliedschaft eines pensionierten Altsozius in der Regel gerade nicht. Deshalb sind die Versorgungsleistungen nicht an außenstehende Dritte, sondern an Mitglieder der Sozietät, die sich lediglich aus ihrer aktiven Tätigkeit zurückgezogen haben, zu entrichten.

Darüber hinaus spricht der Umstand, dass Versorgungsansprüche als eine Art nachgelagerter Gewinnbeteiligung verstanden werden[85], gegen die analoge Anwendbarkeit von § 128 S. 1 HGB. Denn die Gewinnbeteiligung findet ihren Grund im Gesellschaftsverhältnis und stellt ein an die Mitgliedschaft geknüpftes Vermögensrecht der Gesellschafter dar (§§ 721, 722 BGB). Auch deshalb können Versorgungsverbindlichkeiten nicht unter den Verbindlichkeitsbegriff im Sinne von § 128 S. 1 HGB fallen[86].

(2) Belastungsverbot nach § 707 BGB

Selbst wenn man Versorgungsverbindlichkeiten als Verbindlichkeiten im Sinne von § 128 S. 1 HGB ansieht, wird man letztlich doch aufgrund eines Verstoßes gegen das Belastungsverbot nach § 707 BGB eine akzessorische Haftung der

---

82 OLG Frankfurt NZG 2005, 712.

83 Ulmer/Schäfer, in: Münchener Kommentar zum Bürgerlichen Gesetzbuch, Band 5, 5. Auflage, § 738 Rn. 14; Mecklenbrauck BB 2000, 2001.

84 Vgl. § 14 Abs. 3 S. 1 des Mustervertrags des DAV für örtliche Sozietäten, einsehbar unter http://anwaltverein.de/downloads/Ratgeber/Mustervertrag-fuer-oertliche-sozietaet.pdf (abgerufen am 12. September 2014) und § 17 Abs. 3 S. 1 des Mustervertrags des DAV für überörtliche Sozietäten, einsehbar unter http://anwaltverein.de/downloads/Ratgeber/Mustervertrag-fuer-eine-ueberoertliche-Sozietaet1.pdf (abgerufen am 13. September 2014).

85 LG München I NJW 2014, 478, 480.

86 Vgl. Saenger, Gesellschaftsrecht, 2. Auflage, § 3 Rn. 166.

Sozien analog § 128 S. 1 HGB ablehnen müssen. Aus dem Belastungsverbot folgt, dass die Gesellschafter im Innenverhältnis weder zur Erhöhung der vertraglich vereinbarten Beiträge noch zum Ausgleich verminderter Einlagen verpflichtet sind. Sinn und Zweck dieser Vorschrift ist der Schutz der Gesellschafter vor unüberschaubaren, die versprochene Einlage übersteigenden finanziellen Belastungen[87]. Dabei schützt § 707 BGB auch vor mittelbaren Beitragserhöhungen. Eine persönliche Haftung der Gesellschafter für Sozialverbindlichkeiten, zu denen auch Versorgungsverbindlichkeiten gehören[88], würde einer solchen mittelbaren Nachschusspflicht gleichkommen[89]. Denn die Gesellschafter wären – wirtschaftlich gesehen – zu vertraglich nicht vereinbarten Nachschüssen verpflichtet, deren Umfang sich durch die vielen Unsicherheitsfaktoren (z.B. unvorhersehbare Lebenserwartung der Altsozien bzw. der Hinterbliebenen, etc.) nicht abschätzen ließe. Die aus § 707 BGB folgende Beitragsbeschränkung würde unterlaufen[90].

(3) Zwischenergebnis

Eine persönliche Haftung der Sozien für Versorgungsverbindlichkeiten der Sozietät ergibt sich nicht bereits akzessorisch aus § 128 S. 1 HGB analog[91]. Sofern man eine akzessorische Haftung der Sozien nicht schon mangels Tatbestandsmäßigkeit ablehnt, wird man zumindest wegen des aus § 707 BGB folgenden Belastungsverbots zu diesem Ergebnis kommen müssen.

Vielmehr muss die persönliche Haftung der Sozien ausdrücklich oder konkludent im Sozietätsvertrag vereinbart worden sein. Hiergegen bestehen keine rechtlichen Bedenken[92]. Denn die Beitragsbeschränkung nach § 707 BGB kann durch den Gesellschaftsvertrag abbedungen werden[93]. Daran ändert sich nichts, wenn auch (kündigungsbedingt) ausgeschiedene Gesellschafter für Versorgungsverbindlichkeiten haften sollen, da die Parteien das Innenverhältnis frei untereinander regeln können[94].

---

87 BGH NJW 1962, 1863, 1864; BHG NJW-RR 1989, 866.

88 LG München I NJW 2014, 478, 480.

89 Sprau, in: Palandt, Bürgerliches Gesetzbuch, 72. Auflage, § 707 Rn. 2; Saenger, Gesellschaftsrecht, 2. Auflage, § 3 Rn. 167.

90 Saenger, Gesellschaftsrecht, 2. Auflage, § 3 Rn. 167.

91 LG Köln, Urteil vom 22.09.2005 – 2 O 95/03.

92 LG Köln, Urteil vom 22.09.2005 – 2 O 95/03.

93 Sprau, in: Palandt, Bürgerliches Gesetzbuch, 72. Auflage, § 707 Rn. 3; Saenger, Gesellschaftsrecht, 2. Auflage, § 3 Rn. 167.

94 LG München I NJW 2014, 478, 480.

ccc) Modalitäten der persönlichen Haftung der Sozien

Die im Sozietätsvertrag vereinbarte persönliche Versorgungshaftung der Jungsozien kann unterschiedlich ausgestaltet sein. Dabei ist zwischen der persönlichen Haftung im Verhältnis zu den Altsozien und der persönlichen Haftung im Verhältnis der Jungsozien untereinander zu unterscheiden. Des Weiteren kann die persönliche Haftung als primäre oder subsidiäre Haftung ausgestaltet sein oder auf sonstige Weise beschränkt werden.

(1) Haftung im Außenverhältnis

Die Jungsozien können gegenüber den Altsozien für deren Rentenansprüche als Gesamtschuldner (§ 421 BGB) oder nur als Teilschuldner (§ 420 BGB) haften. Da es sich bei der Versorgungsleistung um eine teilbare Leistung handelt, zu deren Erbringung sich die Sozien in der Regel gemeinschaftlich verpflichten, haften die Sozien in Ermangelung einer ausdrücklichen oder konkludenten Vereinbarung nach der Auslegungsregelung des § 427 BGB als Gesamtschuldner. Insoweit ist die Auslegungsregelung des § 427 BGB zugunsten einer Gesamtschuld gegenüber der Auslegungsregelung nach § 420 BGB zugunsten einer Teilschuld *lex specialis*[95].

Sofern eine Gesamtschuld vorliegt, können die versorgungsberechtigten Altsozien gem. § 421 S. 1 BGB von jedem Jungsozius die volle Versorgungsleistung verlangen. Wenn der Sozietätsvertrag hingegen eine Teilschuld vorsieht, hat jeder Jungsozius nur den auf ihn entfallenden Teil (z.B. entsprechend der Größe seiner Beteiligung) der Rentenleistung zu erbringen[96]. Die Summe der teilweisen Versorgungsleistungen ergibt dann die Gesamtversorgungsleistung. Anders als bei der Gesamtschuld kann sich ein rentenberechtigter Altsozius bei Zahlungsunfähigkeit eines Jungsozius nicht an die anderen Jungsozien wenden, sondern trägt das Zahlungsrisiko eines jeden Jungsozius[97]. Da diese Risikoverteilung wohl nur recht selten im Interesse der Altsozien liegt, dürfte die Vereinbarung einer Teilschuld in Sozietätsverträgen die Ausnahme darstellen[98].

(2) Haftung im Innenverhältnis

Für den Fall einer Gesamtschuld kann der Sozietätsvertrag Regelungen für die Haftung im Innenverhältnis enthalten, also darüber, wie die Sozien im Verhältnis zueinander für die Rentenansprüche der Altsozien haften; vgl. § 426 Abs. 1 S. 1

---

95 Böttcher, in: Erman, BGB, Band I, 14. Auflage, § 427 Rn. 1.
96 Gebauer, in: Soergel, BGB, 13. Auflage, § 421 Rn. 21.
97 Gebauer, in: Soergel, BGB, 13. Auflage, § 421 Rn. 21.
98 Vgl. auch Gebauer, in: Soergel, BGB, 13. Auflage, § 421 Rn. 21.

BGB. Ein in der Praxis durchaus sinnvolles Modell ist die Vereinbarung einer Innenhaftung entsprechend der Höhe der jeweiligen Beteiligung der Sozien.

(3) Primäre oder subsidiäre Haftung

Wenn Sozietät und Jungsozien nebeneinander für die Rentenansprüche haften, stellt sich die Frage, an wen sich ein rentenberechtigter Altsozius zunächst halten muss. Wurde eine primäre Haftung der Jungsozien gegenüber den Altsozien vereinbart, müssen sich die Altsozien nicht erst auf das Gesellschaftsvermögen verweisen lassen, bevor sie die Jungsozien selbst in Anspruch nehmen. Vielmehr können sie sich unmittelbar an die Jungsozien wenden. Andersherum müssen die Altsozien ihren Anspruch bei Vereinbarung einer subsidiären Haftung der Jungsozien zunächst gegenüber der Sozietät geltend machen. Allerdings bedeutet dies nicht, dass die Jungsozien erst dann in Anspruch genommen werden können, wenn die Altsozien die Gesellschaft zunächst verklagt und die Zwangsvollstreckung in das Gesellschaftsvermögen erfolglos betrieben haben; vielmehr genügt es für die Inanspruchnahme der Jungsozien, wenn die Sozietät keine für die Rentenleistung freiverfügbaren Mittel aufweisen kann[99]. Mangels ausdrücklicher Vereinbarung wird man durch ergänzende Vertragsauslegung gem. §§ 133, 157 BGB ermitteln müssen, ob eine primäre oder eine subsidiäre Haftung der Jungsozien vereinbart wurde. Nach der Rechtsprechung kann eine subsidiäre Haftung der Jungsozien im Wege der ergänzenden Vertragsauslegung gem. §§ 133, 157 BGB bejaht werden, wenn sich aus dem Vertragstext ergibt, dass die Rentenzahlungspflicht an die Stelle des Gewinnausschüttungsanspruchs tritt[100]. Dies wird damit begründet, dass sich Gewinnausschüttungsansprüche vorrangig gegen die Gesellschaft richteten (und aus dem Gesellschaftsvermögen zu entrichten seien), sodass den Gewinnausschüttungsanspruch ersetzende Rentenansprüche ebenfalls primär gegen die Gesellschaft gerichtet seien[101].

(4) Sonstige Haftungsbeschränkungen

Die Versorgungshaftung der Jungsozien kann im Außenverhältnis gegenüber den Altsozien auf verschiedene Weise beschränkt werden. Sie kann zum einen der Höhe nach durch Vereinbarung einer Teilschuld (z.B. entsprechend

99 Vgl. zum Regressanspruch eines OHG-Gesellschafters gegen seine Mitgesellschafter bei Leistung an einen Gesellschaftsgläubiger nach § 128 HGB Roth, in: Baumbach/Hopt, Handelsgesetzbuch, 36. Auflage, § 128 Rn. 27.

100 LG München I NJW 2014, 478, 480.

101 LG München I NJW 2014, 478, 480.

der jeweiligen Größe der Beteiligung) beschränkt werden[102] . Zudem kann die Versorgungshaftung zeitlich beschränkt werden. So kann der Sozietätsvertrag vorsehen, dass die Versorgungshaftung der Jungsozien auf die Dauer ihrer Mitgliedschaft in der Sozietät beschränkt ist oder – wenn die Versorgungshaftung auch nach dem Ausscheiden fortbesteht – mit Ablauf einer bestimmten Zeit (z.B. 10 Jahre) nach dem Ausscheiden endet.

Darüber hinaus kommt für die Jungsozien eine Haftungsbeschränkung *pro rata temporis* ihrer Mitgliedschaft in Betracht. Auf diese Weise ließe sich der Umfang der Versorgungshaftung des jeweiligen Jungsozius in Abhängigkeit von der Dauer seiner Sozietätszugehörigkeit bestimmen[103].

cc) Zwischenergebnis

Sofern im Sozietätsvertrag die Sozietät als Rentenverpflichtete genannt ist, wird nicht bereits analog § 128 S. 1 HGB eine akzessorische Haftung der Sozien gegenüber den Altsozien begründet. Denn die Versorgungsverpflichtung der Sozietät stellt eine Sozialverbindlichkeit dar, welche nicht unter den Verbindlichkeitsbegriff des § 128 S. 1 HGB fällt[104]. Zudem ist wegen des Belastungsverbots nach § 707 BGB eine akzessorische Haftung der Sozien für Sozialverbindlichkeiten ausgeschlossen[105]. Zur Begründung einer persönlichen Haftung der Sozien ist vielmehr eine entsprechende Regelung im Sozietätsvertrag erforderlich[106].

Die Modalitäten der persönlichen Haftung der Jungsozien können in verschiedenster Weise ausgestaltet sein[107].

Wenn die persönliche Haftung der Jungsozien auch nach ihrem Ausscheiden aus der Sozietät fortbestehen soll, stellt sich die Frage, ob eine solche Regelung

---

102 Vgl. hierzu bereits oben unter § 1 II 1 b bb ccc (1).

103 Vgl. näher hierzu unten unter § 4 IV 5 b bb.

104 Vgl. oben unter § 1 II 1 b bb bbb (1).

105 Vgl. oben unter § 1 II 1 b bb bbb (2).

106 Vgl. etwa § 8 eines Rechtsanwaltssozietätsvertrages, welcher Gegenstand der Entscheidung BGH DStR 2008, 785, war:
1. (…)
a) (1) Scheiden D, S oder B nach § 7 Nr. 4 aus, zahlt Ihnen die Sozietät lebenslang jeweils eine Versorgung in Höhe des Gehalts eines Richters der Besoldungsgruppe R 2, Stufe 4, ohne Ortszuschlag, (Stand Januar 6.377,76 DM), aufgerundet auf volle 100 DM. (2)…
b) Für diese Verpflichtungen haften die Sozien gesamtschuldnerisch, soweit sie nicht gemäß § 7 Ziffer 4 ausgeschieden sind.
2. (…)

107 Vgl. zu den Ausgestaltungsmöglichkeiten der Gesellschafter im Einzelnen bereits oben unter § 1 II 1 b bb ccc.

eine Kündigungsbeschränkung gem. § 723 Abs. 3 BGB darstellt[108]. Dies ergibt sich aus der Überlegung, dass ein Gesellschafter von einer Kündigung abgehalten werden könnte, weil er über Jahrzehnte hinweg Versorgungsleistungen erbringen müsste, welche er ohne eine Mitgliedschaft in der Sozietät möglicherweise nicht erwirtschaften könnte[109]. Auf diese Frage wird im 2. Teil näher eingegangen.

2. *Renteneintrittsalter*

Das Renteneintrittsalter müssen die Sozien im Sozietätsvertrag selbst festlegen. Denn für Angehörige freier Berufe gelten keine festen Altersgrenzen für die Beendigung ihrer beruflichen Tätigkeit[110]. So können Sozietätsverträge vorsehen, dass jeder Sozius mit Vollendung des 60. Lebensjahres berechtigt und mit Vollendung des 70. Lebensjahres verpflichtet ist, in den Ruhestand zu treten[111]. Denkbar ist auch eine Vereinbarung, wonach die Sozien mit Erreichen eines bestimmten Höchstalters automatisch, d.h. unabhängig von einer Erklärung gegenüber den übrigen Sozien, in den Ruhestand eintreten[112]. Angehende Sozien können sich auch an dem durchschnittlichen Renteneintrittsalter in Deutschland orientieren, welches im Jahr 2012 bei Männern bei 61,2 Jahren und bei Frauen bei 61 Jahren lag[113].

Solche sozietätsvertraglichen Höchstaltersgrenzen könnten allerdings gegen das Benachteiligungsverbot nach den §§ 7 Abs. 1, 1 AGG verstoßen, wonach Beschäftigte nicht wegen des Alters benachteiligt werden dürfen[114]. Allerdings

---

108 Vgl. bereits oben in der Einleitung.

109 LG München I NJW 2014, 478, 481; vgl. auch Offermann-Burckart NJW 2014, 434, 436.

110 Schmid, in: Kraus/Kunz u.a., Sozietätsrecht, 2. Auflage, § 8 Rn. 103.

111 Nr. III.1. eines Sozietätsvertrags einer Rechtsanwaltsgesellschaft bürgerlichen Rechts, der Gegenstand der Entscheidungen LG München I, Urteil v. 22.07.1998 - 25 O 6395/98, BeckRS 2013, 18383, und LG München I NJW 2014, 478, war.

112 Vgl. § 14 Abs. 1 des Mustervertrags des DAV für örtliche Sozietäten, einsehbar unter http://anwaltverein.de/downloads/Ratgeber/Mustervertrag-fuer-oertliche-sozietaet.pdf (abgerufen am 12. September 2014) und § 17 Abs. 1 des Mustervertrags des DAV für überörtliche Sozietäten, einsehbar unter http://anwaltverein.de/downloads/Ratgeber/Mustervertrag-fuer-eine-ueberoertliche-Sozietaet1.pdf (abgerufen am 12. September 2014).

113 http://www.faz.net/aktuell/wirtschaft/wirtschaftspolitik/renteneintrittsalter-deutsche-gehen-immer-spaeter-in-rente-12269394.html (abgerufen am 25. September 2014; Zahlen für das Jahr 2013 lagen zu diesem Zeitpunkt noch nicht vor).

114 Zu den Rechtsfolgen eines Verstoßes gegen § 7 Abs. 1 AGG (am Beispiel der Altersbenachteiligung von Organmitgliedern einer Kapitalgesellschaft) vgl. Lutter BB 2007, 725.

handelt es sich bei Sozien einer Freiberufler-Sozietät nicht um Beschäftigte im Sinne des AGG, da sie weder Arbeitnehmer gem. § 6 Abs. 1 S. 1 Nr. 1 AGG noch Auszubildende nach § 6 Abs. 1 S. 1 Nr. 2 AGG noch wirtschaftlich unselbständige Personen im Sinne von § 6 Abs. 1 S. 1 Nr. 3 AGG sind[115]. Der persönliche Anwendungsbereich ist dennoch eröffnet, da nach § 6 Abs. 3 AGG die Vorschriften des 2. Abschnitts des AGG (zu welchem § 7 AGG gehört) für Selbständige und Organmitglieder, insbesondere Geschäftsführer und Geschäftsführerinnen und Vorstände, entsprechend gelten, soweit es die Bedingungen für den Zugang zur Erwerbstätigkeit sowie den beruflichen Aufstieg betrifft. Dabei fallen unter den Begriff der Selbständigen auch Sozien einer Freiberufler-Sozietät (z.B. einer Kanzlei)[116]. Auch der sachliche Anwendungsbereich nach § 2 AGG, welcher für Selbständige und Organmitglieder gem. § 6 Abs. 3 AGG auf den Schutz vor Benachteiligungen in Bezug auf die Bedingungen für den Zugang zur Erwerbstätigkeit und den beruflichen Aufstieg beschränkt ist (§ 2 Abs. Nr. 1 AGG), ist eröffnet. Denn vom *Zugang* zur Erwerbstätigkeit wird nicht nur die erstmalige Aufnahme, sondern vielmehr auch die Aufrechterhaltung / Fortsetzung einer Tätigkeit erfasst[117]. Dabei betrifft die Festlegung einer sozietätsvertraglichen Höchstaltersgrenze, deren Erreichen einen Sozius zum Austritt aus der Sozietät zwingt, gerade die Fortsetzung der Tätigkeit der Sozien in der Sozietät. Eine Höchstaltersgrenze enthält namentlich auch eine Benachteiligung wegen des Alters im Sinne der §§ 7 Abs. 1, 1 AGG, da diejenigen Sozien, welche diese Altersgrenze erreicht haben, im Gegensatz zu denjenigen Sozien, die unterhalb dieser Altersgrenze liegen, bei sonst gleichen Umständen aus der Sozietät ausscheiden müssen und sich insoweit nicht mehr beruflich betätigen dürfen[118]. Allerdings ist die sozietätsvertragliche Festlegung einer Höchstaltersgrenze in der Regel gem. § 10 AGG gerechtfertigt. Da mittlerweile die meisten Freiberufler Mitglied in einem Versorgungswerk sind[119], dessen Satzung mit Erreichen einer bestimmten

115 Vgl. näher zum Beschäftigtenbegriff des AGG Bauer/Krieger, AGG, 4. Auflage, § 6 Rn. 5ff.

116 Schlachter, in: Erfurter Kommentar zum Arbeitsrecht, 14. Auflage, AGG § 6 Rn. 6; vgl. auch Reufels, Altersgrenzen für Partner in Anwaltssozietäten, Beitrag im ArbRB-Blog vom 09.07.2012, einsehbar unter http://www.arbrb.de/blog/2012/07/09/alters grenzen-fur-partner-in-anwaltssozietaten/ (abgerufen am 9. Januar 2016).

117 BGH NZA 2012, 797; vgl. auch Schlachter, in: Erfurter Kommentar zum Arbeitsrecht, 14. Auflage, AGG § 2 Rn. 4.

118 Vgl. anhand des Beispiels von Altersgrenzen für Organmitglieder einer GmbH Lutter BB 2007, 725, 726.

119 Siehe bereits ausführlich oben unter § 2 I.

Altersgrenze einen Anspruch auf eine lebenslange Altersrente vorsieht[120], sind sozietätsvertraglich vorgesehene Altersgrenzen, die dem jeweiligen Renteneintrittsalter der Versorgungswerke entsprechen, gem. § 10 S. 3 Nr. 5 AGG zulässig. In den Fällen, in denen ein Sozius keinem Versorgungswerk angehört oder in denen sozietätsvertraglich eine unter dem Renteneintrittsalter der Versorgungswerke liegende Altersgrenze vereinbart wurde, ist die Altersgrenze dennoch gem. § 10 S. 1 AGG zulässig, wenn sie objektiv, angemessen und durch ein legitimes Ziel gerechtfertigt ist. Legitime Ziele können z.B. die Nachwuchsförderung oder die Sicherstellung der körperlichen oder geistigen Leistungsfähigkeit sein[121]. So verfolgt z.B. die Festlegung einer Altersgrenze für Partner einer Anwaltskanzlei das legitime Ziel, die Ausübung der Rechtsberatungstätigkeiten denjenigen vorzubehalten, die körperlich (der Rechtsanwaltsberuf bringt einen großen Stressfaktor mit sich) und geistig den hohen Anforderungen dieses Berufs standhalten können[122]. Die Wahl der Altersgrenze muss darüber hinaus erforderlich und angemessen sein (vgl. § 10 S. 2 AGG)[123].

Um einen weicheren Übergang in den Ruhestand zu ermöglichen und weiterhin die Erfahrungen älterer Sozien für die Sozietät nutzen zu können, kann den älteren Sozien auch die Möglichkeit eingeräumt werden, ab einem bestimmten Alter anstelle des endgültigen Ausscheidens bei reduzierter Arbeitsleistung weiterzuarbeiten[124].

3. *Höhe und Dauer der Versorgungsleistungen*

a) *Höhe der Versorgungsleistungen*

Für die Vereinbarung über die Höhe der Versorgungsleistungen gibt es eine Reihe von Gestaltungsmodellen. Zum einen können sich die Sozien eines Quoten- oder Punktesystems bedienen, bei dem an Brutto- oder Nettoumsätze der Sozietät angeknüpft wird[125]. So kann vereinbart werden, dass die Altsozien einen bestimmten Prozentsatz des jeweiligen Jahresbrutto- oder -nettoumsatzes

120 Vgl. z.B. § 10 Abs. 1 der Satzung des Versorgungswerks der rheinland-pfälzischen Rechtsanwaltskammern (Stand 11. Februar 2014), wonach Mitglieder des Versorgungswerkes, welche im Jahr 1972 oder später geboren sind, mit Vollendung des 67. Lebensjahres Anspruch auf eine lebenslange Altersrente haben.

121 Lutter BB 2007, 725, 727; Bauer/Krieger, AGG, 4. Auflage, § 10 Rn. 39a.

122 Vgl. z.B. auch Bauer/Krieger, AGG, 4. Auflage, § 10 Rn. 39a zum öffentlich bestellten und vereidigten Sachverständigen.

123 Vgl. näher hierzu Lutter BB 2007, 725, 728.

124 Schmid, in: Kraus/Kunz u.a., Sozietätsrecht, 2. Auflage, § 8 Rn. 104.

125 Schmid, in: Kraus/Kunz u.a., Sozietätsrecht, 2. Auflage, § 8 Rn. 110.

als Versorgungsleistung beanspruchen können. Darüber hinaus kann sich die Versorgungsleistung an den Honoraren orientieren, welche infolge der von dem Altsozius (in einer bestimmten Zeitspanne) vor seinem Ausscheiden betreuten Mandate weiterhin eingehen[126]. Oftmals richten sich die Sozietätsverträge nach der Beamtenversorgung, d.h. dem Ruhegehalt der Beamten nach dem Beamtenversorgungsgesetz des Bundes bzw. nach den Beamtenversorgungsgesetzen der Länder, soweit diese von ihrer Gesetzgebungskompetenz für die Versorgung der Landesbeamten Gebrauch gemacht haben; vgl. Art. 74 Abs. 1 Nr. 27, 125a Abs. 1 S. 2 GG, § 108 Abs. 1 BeamtVG[127]. So kann in einem Rechtsanwaltssozietätsvertrag vorgesehen werden, dass als Bemessungsgrundlage für die Versorgungsleistung das jeweilige Ruhegehalt eines verheirateten, kinderlosen (vorsitzenden) Richters am Gericht der höchsten Besoldungs- und Dienstaltersstufe einschließlich Zuschläge, Zulagen und Gratifikationen, jedoch ohne Beihilfen, gelten soll[128].

Versorgungsbezüge können sich allerdings auch an der Besoldung von aktiven Beamten bemessen, wie ein Beispiel eines Sozietätsvertrages einer bayerischen Rechtsanwaltssozietät zeigt[129]. Nach diesem Sozietätsvertrag hatten pensionierte Sozien Anspruch auf ein Ruhegehalt in Höhe des Bruttogehalts eines Bayerischen Justizamtmanns in München, verheiratet, ohne Kind, ein Dienstjahr, wobei sich die Versorgungsleistung bei Veränderungen dieses Bruttogehalts entsprechend anpassen sollte.

---

126 Schmid, in: Kraus/Kunz u.a., Sozietätsrecht, 2. Auflage, § 8 Rn. 110.

127 Folgende Bundesländer haben ein eigenes Beamtenversorgungsgesetz erlassen: Baden-Württemberg, Bayern, Bremen, Hamburg, Hessen, Niedersachsen, Nordrhein-Westfalen, Saarland, Schleswig-Holstein (Stand: Oktober 2014).

128 Vgl. § 15 Abs. 2 des Mustervertrags des DAV für örtliche Sozietäten, einsehbar unter http://anwaltverein.de/downloads/Ratgeber/Mustervertrag-fuer-oertliche-sozietaet.pdf (abgerufen am 12. September 2014) und § 18 Abs. 2 des Mustervertrags des DAV für überörtliche Sozietäten, einsehbar unter http://anwaltverein.de/downloads/Ratgeber/Mustervertrag-fuer-eine-ueberoertliche-Sozietaet1.pdf (abgerufen am 13. September 2014). Vgl. auch §§ 18, 19 eines Rechtsanwaltssozietätsvertrages, welcher Gegenstand der Entscheidung BGH NJW 2007, 295 war. Danach sollten sich die Versorgungsbezüge an der Beamtenversorgung eines Beamten der Besoldungsstufe A 14, 2. Dienstaltersstufe, orientieren. In einem anderen Sozietätsvertrag einer Rechtsanwaltssozietät, welcher Gegenstand der Entscheidung BGH DStR 2008, 785 war, wurde ein Ruhegehalt in Höhe eines R2-Gehalts vereinbart.

129 Vgl. LG München I NJW 2014, 478.

Wiederum andere Sozietätsverträge setzen für jeden Sozius individuell ein festes jährliches Ruhegehalt fest[130].

Allerdings können die vertraglich zugesicherten Rentenleistungen für eine Sozietät beziehungsweise für die aktiven Sozien schnell zu hoch werden. Gerade bei mehreren versorgungsberechtigten Sozien kann dies dazu führen, dass persönlich haftende Jungsozien finanziell überfordert werden oder gar die Existenz der Sozietät gefährdet wird[131]. Aus diesem Grund ist es – schon allein zur Vermeidung rechtlicher Bedenken gegen die Wirksamkeit von Versorgungsregelungen[132] – sinnvoll, dass im Sozietätsvertrag eine absolute Höchstgrenze vereinbart wird, welche sich an der Größe der jeweiligen Sozietät orientiert. In der Regel wird dafür eine prozentuale Höchstgrenze des Jahresgewinns für ein Kalender- oder Geschäftsjahr gewählt. Beispielsweise kann die Verpflichtung der Sozietät zur Zahlung aller Versorgungsrenten für ein Kalenderjahr auf 15% des Jahresgewinns der Sozietät begrenzt werden[133].

Darüber hinaus empfiehlt es sich, eine Regelung in den Sozietätsvertrag aufzunehmen, wonach der Versorgungsanspruch nur besteht, solange und soweit keine andere berufliche Tätigkeit aufgenommen wird. Dies gilt insbesondere für Fälle, in denen ein verhältnismäßig niedriges Renteneintrittsalter vereinbart wurde (z.B. 60–65 Jahre)[134].

---

130 Vgl. Sozietätsvertrag einer Rechtsanwaltssozietät, welcher Gegenstand der Entscheidung LG Heidelberg NZG 2009, 1181, war (DM 180.000,00 p.a.).

131 Vgl. auch Schmid, in: Kraus/Kunz u.a., Sozietätsrecht, 2. Auflage, § 8 Rn. 111.

132 Vgl. ausführlich zu den etwaigen rechtlichen Schranken von Versorgungsregelungen unten im 2.–5. Teil.

133 Vgl. § 17 Abs. 1 iVm. Fn. 28 des Mustervertrags des DAV für örtliche Sozietäten, einsehbar unter http://anwaltverein.de/downloads/Ratgeber/Mustervertrag-fuer-oertliche-sozietaet.pdf (abgerufen am 12. September 2014) und § 20 Abs. 1 iVm. Fn. 41 des Mustervertrags des DAV für überörtliche Sozietäten, einsehbar unter http://anwaltverein.de/downloads/Ratgeber/Mustervertrag-fuer-eine-ueberoertliche-Sozietaet1.pdf (abgerufen am 13. September 2014). Vgl. auch §§ 18, 19 eines Rechtsanwaltssozietätsvertrages, welcher Gegenstand der Entscheidung BGH NJW 2007, 295 war, wonach die Versorgungsbezüge ein Drittel des jährlichen Reinerlöses der Sozietät nicht übersteigen dürfen; vgl. ferner Schmid, in: Kraus/Kunz u.a., Sozietätsrecht, 2. Auflage, § 8 Rn. 111.

134 Schmid, in: Kraus/Kunz u.a., Sozietätsrecht, 2. Auflage, § 8 Rn. 111.

b) Dauer der Versorgungsleistungen

aa) Dauer des Rentenanspruchs

Da Versorgungsleistungen die Altersversorgung der Altsozien gewährleisten sollen, sehen die Sozietätsverträge regelmäßig einen lebenslangen Rentenanspruch vor[135].

bb) Dauer der Rentenverpflichtung

Auf der anderen Seite stellt sich die Frage, wie lange vor allem die Jungsozien persönlich gegenüber den Altsozien für deren Rentenansprüche haften müssen[136]. Die Dauer der Rentenverpflichtung kann von rechtlicher Relevanz für die Beurteilung der Wirksamkeit einer Versorgungsregelung sein[137].

So können die Sozien eine Regelung in den Vertragstext aufnehmen, welche eine zeitliche Beschränkung der Zahlungsverpflichtung vorsieht[138]. Wenn dies allerdings – wie in den meisten Fällen – gesellschaftsvertraglich nicht ausdrücklich geregelt ist, könnte allein über eine ergänzende Vertragsauslegung eine zeitliche Begrenzung der Haftung angenommen werden.

aaa) Anzuwendende Auslegungsgrundsätze

Fraglich ist zunächst, welche Grundsätze bei der Bestimmung einer zeitlichen Begrenzung einer Versorgungshaftung im Wege der ergänzenden Vertragsauslegung anwendbar sind.

Es ist allgemein anerkannt, dass eine planwidrige Vertragslücke bei GbR-Gesellschaftsverträgen grundsätzlich durch ergänzende Vertragsauslegung gem. §§ 133, 157 BGB gefüllt wird, da eine Vertragsergänzung anhand von dispositivem Gesetzesrecht oftmals nicht den Gestaltungswillen der Gesellschafter trifft[139]. Dabei erfolgt

---

135 Vgl. § 15 Abs. 1 des Mustervertrags des DAV für örtliche Sozietäten, einsehbar unter http://anwaltverein.de/downloads/Ratgeber/Mustervertrag-fuer-oertliche-sozietaet.pdf (abgerufen am 12. September 2014) und § 18 Abs. 1 des Mustervertrags des DAV für überörtliche Sozietäten, einsehbar unter http://anwaltverein.de/downloads/Ratgeber/Mustervertrag-fuer-eine-ueberoertliche-Sozietaet1.pdf (abgerufen am 13. September 2014).

136 Die Frage nach der Dauer der Haftung der Sozietät wird in dieser Arbeit nicht behandelt.

137 Vgl. LG München I NJW 2014, 478, 480; vgl. näher hierzu unten unter § 4 IV 5.

138 Vgl. bereits oben unter § 1 II 1 b bb ccc (4).

139 BGH NJW 1979, 1705, 1706; vgl. auch Westermann, in: Erman, BGB, Band I, 14. Auflage, § 705 Rn. 36; Sprau, in: Palandt, Bürgerliches Gesetzbuch, 73. Auflage, § 705 Rn. 14; Grunewald ZGR 1995, 68, 70, 71; Varachia, in: Schwerdtfeger, Fachanwaltskommentar

die Lückenfüllung durch Ermittlung des mutmaßlichen oder hypothetischen Parteiwillens. Es ist danach zu fragen, was die Parteien bei angemessener Abwägung ihrer Interessen nach Treu und Glauben als redliche Parteien vereinbart hätten, wenn sie den vertraglich nicht geregelten Fall bedacht hätten[140]. Anknüpfungspunkt hierfür ist nach herrschender Meinung der wirkliche Wille der Gesellschaftsgründer unter Berücksichtigung der Systematik und des Sinnzusammenhangs des Vertrages, selbst wenn der Wortlaut des Gesellschaftsvertrages dem entgegensteht[141].

Nur in bestimmten Fällen kann eine objektive, an dem Wortlaut des Vertragstextes orientierte Auslegung geboten sein. Hiernach findet der wirkliche Wille der Gesellschaftsgründer nur insoweit Berücksichtigung, als dieser sich im Wortlaut des Gesellschaftsvertrages widerspiegelt[142]. Umstritten ist, wann ein solcher Ausnahmefall vorliegt.

Die herrschende Meinung stellt grundsätzlich auf die Rechtsform der betreffenden Gesellschaft ab. Während bei Personengesellschaften auf den wirklichen Willen der Gesellschafter abzustellen sei[143], sei die objektive Auslegung auf formbedürftige Verbände mit körperschaftlicher Struktur (Verein, GmbH, Aktiengesellschaft etc.) beschränkt[144]. Ausnahmsweise könne allerdings auch bei Personengesellschaften eine objektive Auslegung geboten sein. *Westermann*[145] nimmt einen solchen Ausnahmefall aus Gründen der Rechtssicherheit insbesondere bei einer auf gelegentliche oder regelmäßige Gesellschafterwechsel angelegten GbR an. Da die hinzutretenden Gesellschafter von den Vorstellungen der Gründer nichts wüssten, könne der Vertrag nur so verstanden werden, wie ihn jeder Dritte verstehen müsste[146].

Gesellschaftsrecht, 2. Auflage, S. 1137. Im Falle der Bestimmung der Dauer der Rentenverpflichtung eines Jungsozius steht jedoch ohnehin kein einschlägiges dispositives Gesetzesrecht zur Verfügung, welches für die Vertragsergänzung herangezogen werden könnte.

140 Ellenberger, in: Palandt, Bürgerliches Gesetzbuch, 72. Auflage, § 157 Rn. 7.

141 Westermann, in: Erman, BGB, Band I, 14. Auflage, § 705 Rn. 34; Grunewald ZGR 1995, 68, 69.

142 Vgl. Grunewald ZGR 1995, 68, 71, 72.

143 BGH NJW 1996, 1678, 1679; Westermann, in: Erman, BGB, Band I, 14. Auflage, § 705 Rn. 34; Ulmer/Schäfer, in: Münchener Kommentar zum Bürgerlichen Gesetzbuch, Band 5, 5. Auflage, § 705 Rn. 171.

144 BGHZ 21, 370, 374; 47, 172, 179/180.

145 Westermann, in: Erman, BGB, Band I, 14. Auflage, § 705 Rn. 34; skeptisch Grunewald ZGR 1995, 68, 73, 74.

146 Vgl. Grunewald ZGR 1995, 68, 72.

Die Gegenmeinung stellt unabhängig von der Rechtsform der Gesellschaft darauf ab, ob die auszulegende Klausel überindividuellen beziehungsweise verbandsrechtlichen, d.h. die Organisation der Gesellschaft (z.B. Verfahrensregeln wie etwa Aufgabenverteilungen, Reglementierungen, Befugnisse etc.) betreffenden Charakter hat[147]. Wenn dies der Fall sei, sei eine objektive Auslegung der Klausel geboten. Nur wenn die Klausel – wie etwa bei BGB-Innengesellschaften – rein individuell ausgestaltet sei, könne auf den wirklichen Willen der Gesellschafter abgestellt werden.

Bei Versorgungsregelungen in Sozietätsverträgen bedarf es keiner Streitentscheidung, da man nach beiden Ansichten zu dem Ergebnis kommt, dass die ergänzende Vertragsauslegung nach objektiven Kriterien zu erfolgen hat. Folgt man der herrschenden Meinung, wird man mit *Westermann* bei Sozietäten ausnahmsweise eine objektivierte Auslegung des Sozietätsvertrages annehmen müssen. Dies wird anhand des Beispiels der Anwaltssozietäten deutlich. Während früher die meisten Sozietätsverträge noch auf eine langfristige Zusammenarbeit ausgerichtet und auf einen festen Gesellschafterkreis angelegt waren, kommt es mittlerweile in Sozietäten jeder Größenordnung regelmäßig zu Partnerwechseln[148]. Dies ist nicht zuletzt dem Wegfall der Singularzulassung[149], der Internationalisierung und der Entstehung von Großkanzleien geschuldet[150]. Dieser Veränderung des Anwaltsmarktes ist dahingehend Rechnung zu tragen, dass unvollständige Versorgungsregelungen nur anhand des Wortlauts des Vertrages vervollständigt werden können. Denn die beitretenden Partner können die von den Gründungsmitgliedern beabsichtigte Reichweite der Versorgungsverpflichtung nicht kennen und dürfen folglich nur insoweit zur Rentenzahlung verpflichtet werden, wie sich dies objektiv aus dem Wortlaut der Klausel im Kontext der Vertragssystematik ableiten lässt. Nur auf diese Weise lässt sich bei regelmäßigen Partnerwechseln eine rechtssichere Bestimmung des Umfangs der Versorgungsverpflichtung treffen, die wegen der – teilweise erheblichen – finanziellen Verpflichtungen unbedingt geboten ist.

---

147 Schmidt, Gesellschaftsrecht, 4. Auflage, S. 90. Im Gegensatz dazu handelt es sich bei individualrechtlichen Klauseln um Vereinbarungen, bei welchen die schuldrechtliche Komponente im Mittelpunkt steht.

148 Noch deutlicher Römermann NJW 2007, 297; näher hierzu unten unter § 4 IV 1 b aa aaa.

149 Vgl. Urteil des BVerfG vom 13. Dezember 2000 – 1 BvR 335/97, in welchem die Singularzulassung (Zulassung von Rechtsanwälten an nur einem Gericht) für verfassungswidrig erklärt wurde.

150 Vgl. Offermann-Burckart NJW 2014, 434, 435.

Zu demselben Ergebnis gelangt man, wenn man der Gegenauffassung folgt. Denn regelmäßig kann Versorgungsregelungen ein überindividueller Charakter zugesprochen werden. Abgesehen von den Fällen, in denen individuelle Versorgungsverpflichtungen für Sozien vereinbart werden (wie zum Beispiel im Rahmen von Ausscheidensvereinbarungen[151]), sehen Sozietätsverträge grundsätzlich allgemein geltende Versorgungsregelungen vor, welche die eintretenden Partner gleichermaßen wie die bereits vorhandenen Partner zu Versorgungsleistungen verpflichten. Darüber hinaus ist es aufgrund des Umstandes, dass die Jungsozien die Rentenverpflichtung gerade im Gegenzug für die Gewährung der Sozietätsmitgliedschaft eingehen, nicht denkbar, dass eine Versorgungsregelung auch außerhalb des Gesellschaftsvertrages hätte getroffen werden können, was ein weiteres Indiz für den überindividuellen Charakter von Versorgungsregelungen ist[152]. Damit sind die meisten Versorgungsregelungen von den Mitgliedern der Sozietät losgelöst und entwickeln mit dem Entstehen der Sozietät rechtliche Eigenständigkeit[153].

bbb) Urteil des LG München I vom 04.03.2013 – 15 O 8167/12[154]

Das LG München I befasste sich jüngst in seinem Urteil vom 04.03.2013[155] mit der Bestimmung der zeitlichen Beschränkung einer Versorgungshaftung im Wege der ergänzenden Vertragsauslegung. In dem zugrunde liegenden Fall begehrte der klagende Sozius (hilfsweise) die Feststellung, dass der kündigungsbedingt aus der gemeinsamen Sozietät ausgeschiedene Beklagte bis zu seinem 60. Lebensjahr zur Rentenzahlung verpflichtet sei. Der Beklagte war der Sozietät im Jahre 2002 als Partner beigetreten.

Der Anwaltssozietätsvertrag sah vor, dass auch kündigungsbedingt ausgeschiedene Gesellschafter weiterhin zur Rentenzahlung an pensionierte Gesellschafter verpflichtet sind. Der Sozietätsvertrag enthielt jedoch keine ausdrückliche zeitliche Beschränkung der Haftung. Allerdings hieß es im Sozietätsvertrag weiter, dass ein pensionierter Gesellschafter in keinem Fall eine Rentenverpflichtung gegenüber

---

151 Vgl. LG Heidelberg NZG 2009, 1181.

152 Vgl. zur GmbH Schwaiger, in: Beck'sches Handbuch der GmbH, 4. Auflage, § 2 Rn. 47.

153 Vgl. auch BGH NJW 1992, 892, 894, der einer Abfindungsregelung in einem GmbH-Vertrag körperschaftlichen Charakter zugesprochen und folglich eine objektivierte Auslegung der Klausel durchgeführt hat. Laut Schmidt, Gesellschaftsrecht, 4. Auflage, S. 90, müsse auch eine Abfindungsklausel in einem Personengesellschaftsvertrag einer objektivierten Auslegung unterliegen.

154 LG München I NJW 2014, 478.

155 LG München I NJW 2014, 478, 480.

anderen Gesellschaftern trug. Jeder Gesellschafter sollte mit Vollendung seines 60. Lebensjahres berechtigt und mit Vollendung seines 70. Lebensjahres verpflichtet sein, sich zur Ruhe zu setzen.

Das Gericht warf die Frage auf, ob die Versorgungsregelung so auszulegen ist, dass die Zahlungsverpflichtung jedenfalls mit Vollendung des 60. Lebensjahres erlischt. Wenngleich das Gericht die Frage letztlich offen ließ, führte es aus, dass viel dafür spreche, dass die Pflicht zur Haftung eines ehemaligen Gesellschafters sich nicht über den Zeitpunkt erstrecken könne, bei dem er sich auch als aktiver Gesellschafter jederzeit einer Rentenzahlung hätte entziehen können[156].

Fraglich ist, ob die Auffassung des Gerichts den oben unter § 1 II 3 b bb aaa dargestellten Auslegungsgrundsätzen entspricht.

Für den entschiedenen Fall ist eine objektivierte ergänzende Vertragsauslegung geboten. Dies folgt zum einen daraus, dass maßgeblicher Zeitpunkt für die ergänzende Vertragsauslegung der Eintrittszeitpunkt des später ausgeschiedenen Sozius war (2002) und bereits zu diesem Zeitpunkt Partnerwechsel – auch in kleineren Sozietäten – keine Seltenheit mehr waren[157]. Man wird also davon ausgehen können, dass es sich auch bei der vom Urteil des LG München I vom 04.03.2013 betroffenen Sozietät um eine von gelegentlichen oder regelmäßigen Gesellschafterwechseln geprägte Gesellschaft handelte, mit der Folge, dass man mit *Westermann* ausnahmsweise eine an dem Wortlaut orientierte ergänzende Auslegung der Versorgungsregelung durchführen muss[158].

Dasselbe gilt, wenn man der Gegenauffassung folgen würde, da die streitgegenständliche Versorgungsregelung überindividuell für jeden (hinzutretenden) Gesellschafter galt. Zwar wurde mit dem beklagten Sozius eine gesonderte Abwicklungsvereinbarung geschlossen[159]. Diese umfasste allerdings nicht die Frage der Rentenzahlungspflicht[160].

---

156 LG München I NJW 2014, 478, 480.

157 Vgl. Römermann NJW 2007, 297; vgl. näher hierzu unten unter § 4 IV 1 b aa aaa.

158 Vgl. näher hierzu bereits oben unter § 1 II 3 b bb aaa.

159 Darin wurde u.a. vereinbart, dass 21 Mandanten angeschrieben und befragt würden, ob sie sich künftig weiterhin von der alten Sozietät oder von dem ausgeschiedenen Sozius in seiner neuen Sozietät beraten lassen möchten. Des Weiteren wurde ausdrücklich festgehalten, dass kein Einvernehmen bezüglich der Rentenzahlungspflicht des ausgeschiedenen Sozius bestehe. Darüber hinaus verzichtete der ausgeschiedene Sozius auf die Teilnahme an Zahlungseingängen auf im Zeitpunkt seines Ausscheidens offene Rechnungen.

160 LG München I NJW 2014, 478, 480.

Zunächst stellt sich die Frage, ob kündigungsbedingt ausgeschiedene Sozien zeitlich unbeschränkt für die Rentenansprüche der Altsozien haften sollten.

Nach dem Wortlaut des Sozietätsvertrages war eine zeitliche Beschränkung der Versorgungshaftung kündigungsbedingt ausgeschiedener Sozien nicht vorgesehen. Fraglich ist allerdings, ob sich im Zusammenhang mit den anderen gesellschaftsvertraglichen Regelungen ein entsprechender Wille der Gründungsmitglieder der Sozietät erkennen ließ.

Nach dem Sozietätsvertrag hatte jeder Sozius mit Vollendung des 60. Lebensjahres ein Wahlrecht, ob er in den Ruhestand geht oder weiterhin aktiv in der Sozietät mitwirkt; spätestens mit Vollendung des 70. Lebensjahres waren die Sozien verpflichtet, in den Ruhestand einzutreten. Pensionierte Gesellschafter waren nach dem Sozietätsvertrag von der Versorgungshaftung befreit. Diese Haftungsbeschränkung sollte dem Umstand Rechnung tragen, dass die Sozien ab dem Renteneintritt nicht mehr über dieselben finanziellen Mittel verfügten, um ihre Versorgungsverbindlichkeiten ohne Weiteres zu erfüllen. Vielmehr sollten sie ihren Ruhestand ohne finanzielle Verpflichtungen gegenüber anderen Sozien angehen können. Mangels entgegenstehender vertraglicher Regelungen kann man objektiv davon ausgehen, dass diese Überlegungen unabhängig von der Mitgliedschaft in der Sozietät gelten sollten. Deshalb sollten auch kündigungsbedingt ausgeschiedene Sozien mit Erreichen des (vertraglich vorgesehenen) Pensionsalters von ihrer Versorgungshaftung befreit sein.

Darüber hinaus ist zu berücksichtigen, dass die Sozien nach dem Sozietätsvertrag für die Dauer von sechs Monaten nach ihrem kündigungsbedingten Ausscheiden keine Mandate von solchen Auftraggebern annehmen durften, die während der letzten zwei Jahre vor dem Ausscheidensdatum zur Klientel der Sozietät gehörten (Mandantenschutzklausel). Wenngleich eine sechsmonatige Sperrfrist verhältnismäßig kurz erscheint, birgt eine derartige Unterbrechung des Mandatsverhältnisses – gerade unter Berücksichtigung des hoch konzentrierten Anwaltsmarktes – die Gefahr des Mandatsverlustes[161]. Zudem wurde die Abfindung der Sozien durch den Sozietätsvertrag im Falle einer Kündigung auf den Buchwert beschränkt. Vor dem Hintergrund der Mandantenschutz- und Buchwertklausel und der damit einhergehenden Vermögensnachteile konnten die Gründungssozien als redliche Parteien eine zeitlich unbeschränkte Versorgungshaftung eines kündigenden Sozius sicherlich nicht gewollt haben.

161 LG München I NJW 2014, 478, 481.

Nachdem nach den vorstehenden Ausführungen eine zeitlich unbeschränkte Versorgungshaftung kündigungsbedingt ausgeschiedener Jungsozien abzulehnen ist, stellt sich die Folgefrage, ab welchem Zeitpunkt die Versorgungshaftung enden sollte.

Der Versorgungsregelung lässt sich weder aus ihrem Wortlaut, noch im Zusammenhang mit den anderen Vertragsregelungen entnehmen, dass – wie das LG München I in seiner Entscheidung vom 04.03.2013[162] wohl annahm – kündigungsbedingt ausgeschiedene Sozien bereits mit 60 Jahren von ihrer Versorgungshaftung befreit werden sollten. Darüber hinaus konnte den kündigungsbedingt ausgeschiedenen Jungsozien nicht ohne Weiteres zulasten der Altsozien unterstellt werden, dass diese bereits mit 60 Jahren in den Ruhestand eintreten. Auf der anderen Seite kann man auch nicht ohne Weiteres davon ausgehen, dass alle kündigungsbedingt ausgeschiedenen Sozien erst mit Vollendung ihres 70. Lebensjahres (zwangsweise) in Rente treten. Um einen gerechten Interessenausgleich herzustellen, bietet es sich deshalb an, auf das in der betreffenden Sozietät zum Zeitpunkt des kündigungsbedingten Ausscheidens vorherrschende durchschnittliche Renteneintrittsalter abzustellen.

ccc) Zwischenergebnis

In Abwesenheit einer ausdrücklich vereinbarten zeitlichen Haftungsbeschränkung ist eine einzelfallabhängige Auslegung der Versorgungsregelung geboten. Regelmäßig wird man dabei eine objektivierte Auslegung vorzunehmen haben, namentlich immer dann, wenn die Versorgungsregelung überindividuellen Charakter hat. Sieht der Sozietätsvertrag – wie in dem der Entscheidung des LG München I vom 04.03.2013 zugrunde liegenden Fall – für pensionierte Sozien die Befreiung von der Rentenzahlungspflicht vor, spricht Vieles dafür, dass auch kündigungsbedingt ausgeschiedene Sozien spätestens mit Erreichen des in der betreffenden Sozietät vorherrschenden durchschnittlichen Renteneintrittsalters von ihrer Rentenzahlungspflicht befreit werden. Für die Bestimmung einer zeitlichen Haftungsbeschränkung sollte die Versorgungsregelung immer im Zusammenhang mit den übrigen sozietätsvertraglichen Regelungen, insbesondere denjenigen für den Fall des Ausscheidens eines Sozius aus der Sozietät, ausgelegt werden.

162 LG München I NJW 2014, 478, 480.

§ 2 Relevanz, Legitimität und Legalität von Versorgungsregelungen

I. Relevanz von Versorgungsregelungen

Mit der Einführung der berufsständischen Versorgungswerke ist im System der Alterssicherung in Deutschland auf der 1. Säule eine weitere Regelalterssicherung für Angehörige freier Berufe hinzugetreten. Die berufsständischen Versorgungswerke in Deutschland zählten im Jahr 2013 insgesamt mehr als 900.000 Personen mit einer Tätigkeit in verkammerten freien Berufen zu ihren Mitgliedern[163].

So zählten die Versorgungswerke der Notare bzw. Rechtsanwälte in Deutschland zum 31. Dezember 2013 rund 166.000 Notare und Rechtsanwälte zu ihren Mitgliedern[164]. Damit war nahezu jeder der bundesweit 7560 Notare[165] und 162.695 Rechtsanwälte[166] Mitglied eines Versorgungswerkes. Inzwischen wird sich hieran nichts geändert haben[167].

Ein ähnliches Bild zeichnet sich auch innerhalb anderer freier Berufe ab[168]. So waren im Jahr 2013 von den bundesweit 470.400 Ärzten[169] insgesamt rund 410.000 Ärzte Mitglieder der Versorgungswerke der Ärzte[170]. In demselben Jahr zählte die Bundesrepublik Deutschland 89.920 Zahnärzte[171], von denen rund 72.000 Mitglied eines Versorgungswerkes für Zahnärzte[172] waren. Von den im Jahr 2013

163 http://www.abv.de/daten-und-fakten.html (abgerufen am 5. März 2015). Diese Zahl umfasst nicht die außerordentlichen Mitglieder der berufsständischen Versorgungswerke (Ingenieure/Psychotherapeuten).

164 Vgl. http://www.abv.de/daten-und-fakten.html (abgerufen am 3. März 2015).

165 Vgl. Notarstatistik der Bundesnotarkammer, einsehbar unter http://bnotk.de/Notar/Statistik/index.php (abgerufen am 3. März 2015). Unter den 7560 Notaren befanden sich 1524 hauptberufliche Notare und rund 6036 Anwaltsnotare.

166 Große Mitgliederstatistik der Bundesrechtsanwaltskammer zum 1.1.2014, einsehbar unter http://www.brak.de/w/files/04_fuer_journalisten/statistiken/grmgstatisitik2014_korr.pdf (abgerufen am 3. März 2015).

167 Vgl. auch Offermann-Burckart NJW 2014, 434, 437.

168 Ausgenommen ist der Berufsstand des Apothekers, da zum Zeitpunkt der Bearbeitung keine verlässlichen Zahlen und Daten erhältlich waren.

169 http://www.bundesaerztekammer.de/downloads/Stat13AbbTab.pdf (abgerufen am 4. März 2015).

170 http://www.abv.de/daten-und-fakten.html (abgerufen am 4. März 2015).

171 Jahrbuch 2014 der Kassenzahnärztlichen Bundesvereinigung, S. 158, einsehbar unter http://www.kzbv.de/statistische-basisdaten.768.de.html (abgerufen am 4. März 2015).

172 http://www.abv.de/daten-und-fakten.html (abgerufen am 4. März 2015).

deutschlandweit registrierten 38.775 Tierärzten[173] zählten die Versorgungswerke für Tierärzte rund 30.000 Tierärzte[174] zu ihren Mitgliedern. Im demselben Zeitraum waren rund 120.000[175] der bundesweit 126.403 Architekten[176] Mitglied eines Versorgungswerkes für Architekten.

Etwas anders stellt sich die Situation allerdings bei den Steuerberatern und Wirtschaftsprüfern dar. Die Versorgungswerke für Steuerberater und Steuerbevollmächtigte und die Versorgungswerke für Wirtschaftsprüfer und Vereidigte Buchprüfer zählten per 31. Dezember 2013 rund 45.000 Mitglieder. Bei deutschlandweit insgesamt 80.946 Steuerberatern bzw. 2.423 Steuerbevollmächtigten[177] und 14.390 Wirtschaftsprüfern bzw. 3.211 Vereidigten Buchprüfern[178] im Jahr 2013 war damit nicht einmal jeder zweite Angehörige dieser Berufsgruppen Mitglied eines Versorgungswerkes.

Diese Daten zeigen, dass die überwiegende Zahl der Freiberufler (und deren Hinterbliebene) über die berufsständischen Versorgungswerke für das Alter abgesichert sind. Vor diesem Hintergrund lässt sich sicherlich nicht leugnen, dass die Relevanz von sozietätsvertraglichen Versorgungsregelungen abgenommen hat[179]. Dennoch stellen Versorgungsregelungen nach wie vor eine attraktive Art der zusätzlichen privaten Altersvorsorge dar. Gerade Sozien, welche eine Sozietät in (lebens-)langer Aufbauarbeit gut am Markt positioniert haben, haben ein berechtigtes Interesse daran, sich dies im Wege einer sozietätsvertraglichen Altersversorgung entlohnen zu lassen.

---

173 Jahresstatistik 2013 der Bundestierärztekammer, in: Deutsches Tierärzteblatt 6/2014, 778 ff., einsehbar unter http://www.bundestieraerztekammer.de/downloads/btk/statistiken/DTBl_06_2014_Statistik.pdf (abgerufen am 5. März 2015).

174 http://www.abv.de/daten-und-fakten.html (abgerufen am 5. März 2015).

175 http://www.abv.de/daten-und-fakten.html (abgerufen am 4. März 2015).

176 Bundesarchitektenkammerstatistik zum 1.1.2014, einsehbar unter http://www.bak.de/w/files/bak/07-daten-und-fakten/architektenbefragungen/bundeskammersta tistik/bundeskammerstatistik-zum-01.01.2014-gesamt.pdf (abgerufen am 4. März 2015).

177 Bundessteuerberaterkammer-Jahresbericht, Berufsstatistik 2013, einsehbar unter https://www.bstbk.de/de/bstbk/berufsstatistik/ (abgerufen am 4. März 2015).

178 Mitgliederstatistik der WPK, Stand 1.1.2015, einsehbar unter http://www.wpk.de/uploads/tx_templavoila/WPK-Statistiken_Januar_2015.pdf (abgerufen am 4. März 2015).

179 Für die Anwaltschaft zustimmend Offermann-Burckart NJW 2014, 434, 437.

II. Legitimität von Versorgungsregelungen

Nach der Rechtsprechung begegnet es grundsätzlich keinen Bedenken, wenn sich ein Altsozius Rentenansprüche für den Fall seines Ausscheidens vorbehält[180]. Vielmehr sei es legitim, dass sich ein Altsozius nach dem Eintritt in den Ruhestand bezüglich etwaiger Ansprüche finanziell absichere. Dies gelte nicht nur für Ansprüche gegen die Sozietät, sondern auch dann, wenn die Gesellschafter persönlich für die Rentenverbindlichkeit haften sollen[181]. Denn es stehe den Gesellschaftern grundsätzlich frei, im Innenverhältnis eine Haftung von (ausgeschiedenen) Gesellschaftern für Sozialverbindlichkeiten zu vereinbaren.

Auch in der Literatur wird die Auffassung vertreten, dass Versorgungsregelungen prinzipiell legitim und zulässig sind[182]. Versorgungsregelungen könnten eine gerechte Lösung darstellen, wenn die fortlaufenden Einnahmen einer (Anwalts-)Sozietät auf den nachwirkenden guten Ruf und die über Jahre hinweg aufgebauten Mandantenkontakte der ausgeschiedenen Altsozien zurückzuführen seien[183]. Im Gegenzug könnten die Altsozien die Früchte einer lebenslangen Aufbauleistung ernten[184].

Den oben genannten Auffassungen ist grundsätzlich zuzustimmen, da Versorgungsregelungen einen gerechten Interessenausgleich schaffen können. Allerdings ergeben sich erhebliche Zweifel an der Legitimität von Versorgungsregelungen, wenn sie in der Rechtswirklichkeit zu einer eindeutigen Verschiebung zulasten der verbleibenden Sozien führen. Denn von einem gerechten Interessenausgleich kann kaum noch die Rede sein, wenn beispielsweise die Umsätze der Sozietät in erheblichem Maße sinken und für diesen Fall keine Anpassung der Versorgungsleistungen vorgesehen ist. Schlimmstenfalls – z.B., wenn sich die Höhe der Versorgungsleistung nicht am Jahresumsatz orientiert – müssen die verbleibenden Sozien unverändert für die Versorgung der Altsozien aufkommen, obwohl sie um ihre eigene wirtschaftliche Existenz bangen müssen[185]. Diese Überlegungen gelten umso mehr, wenn die Sozien auch für Rentenzahlungen an die Hinterbliebenen verstorbener Altsozien aufkommen müssen, welche der Sozietät noch ferner stehen als pensionierte Altsozien[186].

---

180 LG München I NJW 2014, 478, 480.

181 LG München I NJW 2014, 478, 480.

182 Vgl. Römermann NJW 2007, 297; Offermann-Burckart NJW 2014, 434.

183 Römermann NJW 2007, 297.

184 Offermann-Burckart NJW 2014, 434.

185 Vgl. Römermann NJW 2007, 297; Offermann-Burckart NJW 2014, 434.

186 Schmid, in: Sozietätsrecht, 2. Auflage, § 8 Rn. 112.

III. Legalität von Versorgungsregelungen

Nicht nur die Legitimität, sondern vielmehr auch die Legalität von Versorgungsregelungen ist zweifelhaft, wenn ausgeschiedene Sozien persönlich für Versorgungsleistungen in Haftung genommen werden können. In einem solchen Fall stellt sich vor dem Hintergrund einer Vielzahl von Vorschriften des Bürgerlichen Gesetzbuchs die Frage der Wirksamkeit von Versorgungsregelungen.

Zum einen könnte eine von der Sozietätszugehörigkeit unabhängige Rentenhaftung der Sozien eine unzulässige Kündigungsbeschränkung gem. § 723 Abs. 3 BGB darstellen[187]. Denn kündigungswillige Sozien könnten sich gezwungen sehen, Mitglied der Sozietät zu bleiben, weil sie trotz einer Kündigung umfangreiche finanzielle Verpflichtungen in Form von Versorgungsleistungen treffen würden, deren Erwirtschaftung sie ohne Zugehörigkeit zur Sozietät sicherstellen müssten[188].

Daneben könnte eine Versorgungsregelung wegen Verstoßes gegen ein gesetzliches Verbot (hier § 723 Abs. 3 BGB) nach § 134 BGB unwirksam sein[189].

Des Weiteren stellt sich die Frage, ob durch die erheblichen vermögensrechtlichen Verpflichtungen, welchen sich auch ausgeschiedene Sozien ausgesetzt sehen, ein auffälliges Missverhältnis zwischen den gegenseitigen Leistungen begründet werden kann, welches die Sittenwidrigkeit und damit die Nichtigkeit der Versorgungsregelung gem. § 138 BGB zur Folge hat[190].

Schließlich könnte die Versorgungspflicht ausgeschiedener Sozien nach § 242 BGB wegen Verstoßes gegen Treu und Glauben unwirksam sein[191].

Im Folgenden wird die Wirksamkeit von Versorgungsregelungen im Hinblick auf die vorstehenden Vorschriften des Bürgerlichen Gesetzbuchs untersucht.

---

187 Vgl. bereits oben in der Einleitung.

188 LG München I NJW 2014, 478, 481.

189 Vgl. bereits oben in der Einleitung. Näher hierzu unten unter §§ 6–8.

190 Vgl. bereits oben in der Einleitung.

191 Vgl. bereits oben in der Einleitung.

2. Teil: Wirksamkeit von Versorgungsregelungen im Lichte von § 723 Abs. 3 BGB

§ 3 Unzulässige Kündigungsbeschränkungen gem. § 723 Abs. 3 BGB

Gem. § 723 Abs. 3 BGB ist eine Vereinbarung, durch welche das Kündigungsrecht der Gesellschafter ausgeschlossen oder entgegen dieser Vorschrift beschränkt wird, nichtig. Dieses Verbot der Kündigungsbeschränkung[192] gilt sowohl für das ordentliche Kündigungsrecht nach § 723 Abs. 1 S. 1 BGB als auch für das Kündigungsrecht aus wichtigem Grund gem. § 723 Abs. 1 S. 2 und 3 BGB[193]. § 723 Abs. 3 BGB bringt zum Ausdruck, dass die in § 723 Abs. 1 BGB vorgesehenen Kündigungsrechte zwingend sind[194]. Den Gesellschaftern darf nicht die Möglichkeit genommen werden, sich unter den Voraussetzungen des § 723 Abs. 1 BGB von ihren persönlichen und wirtschaftlichen Bindungen mit Wirkung für die Zukunft zu befreien[195]. Ein Verstoß gegen § 723 Abs. 3 BGB führt zur Nichtigkeit der beschränkenden Bestimmung; im Übrigen bleibt die Wirksamkeit des Gesellschaftsvertrags wegen § 139 BGB unberührt[196]. An die Stelle der nichtigen Kündigungsbeschränkung tritt dispositives Recht. Sofern sich allerdings aus dem Gesellschaftszweck oder aus dem Gesellschaftsvertrag ergibt, dass die Gesellschafter eine langfristige Bindung gewollt und nicht mit der Nichtigkeit des Kündigungsausschlusses nach § 723 Abs. 3 BGB gerechnet haben, kann es im Wege der ergänzenden Vertragsauslegung geboten sein, den Vorstellungen der Gesellschafter durch eine zulässige Befristung Rechnung zu tragen[197].

---

192 Nachfolgend umfasst der allgemeine Begriff der Kündigungsbeschränkung auch den vollständigen Ausschluss des Kündigungsrechts.

193 Westermann, in: Erman, BGB, Band I, 14. Auflage, § 723 Rn. 22; von Ditfurth, in: Prütting/Wegen/Weinreich, BGB, 4. Auflage, § 723 Rn. 16 f.; vgl. allerdings Schmidt, Gesellschaftsrecht, 4. Auflage, S. 1759, der der Auffassung ist, dass nur das Recht zur Kündigung aus wichtigem Grund unabdingbar sein sollte.

194 Schmidt, Gesellschaftsrecht, 4. Auflage, S. 1759.

195 BGHZ 50, 316, 322 (betr. Stille Gesellschaft); vgl. auch Ulmer/Schäfer, in: Münchener Kommentar zum Bürgerlichen Gesetzbuch, Band 5, 5. Auflage, § 723 Rn. 61; Saenger, in: Handkommentar zum Bürgerlichen Gesetzbuch, 7. Auflage, § 723 Rn. 7.

196 Von Ditfurth, in: Prütting/Wegen/Weinreich, BGB, 4. Auflage, § 723 Rn. 19.

197 Ulmer/Schäfer, in: Münchener Kommentar zum Bürgerlichen Gesetzbuch, Band 5, 5. Auflage, § 723 Rn. 61; Hadding/Kießling, in: Soergel, BGB, 13. Auflage, § 723 Rn. 55.

I. Beschränkungen des ordentlichen Kündigungsrechts

Nach § 723 Abs. 1 S. 1 BGB kann eine auf unbestimmte Zeit eingegangene Gesellschaft jederzeit gekündigt werden. Dasselbe gilt gem. § 724 BGB für eine auf Lebenszeit geschlossene oder nach dem Ablauf der bestimmten Zeit stillschweigend fortgesetzte Gesellschaft. Die Wirkung einer ordentlichen Kündigung ist abhängig von der Ausgestaltung des Gesellschaftsvertrags. Fehlt eine besondere Regelung, führt die ordentliche Kündigung zur Auflösung der Gesellschaft und Auseinandersetzung des Gesellschaftsvermögens[198]. Ist hingegen eine Vereinbarung über die Fortsetzung der Gesellschaft getroffen worden, scheidet der kündigende Gesellschafter aus und die Gesellschaft wird unter den übrigen Gesellschaftern fortgesetzt; vgl. § 736 Abs. 1 BGB. Die Wirkung der ordentlichen Kündigung kann sofort oder bei Vereinbarung einer Kündigungsfrist erst bei Fristablauf eintreten.

Es gibt eine Vielzahl von denkbaren vertraglichen Gestaltungsmöglichkeiten, die zu einer Beschränkung des Rechts auf ordentliche Kündigung führen können. Dabei sind nicht alle Kündigungsbeschränkungen *per se* unzulässig. Für die Annahme einer unzulässigen Kündigungsbeschränkung im Sinne von § 723 Abs. 3 BGB ist es nicht unbedingt erforderlich, dass diese ausdrücklich im Gesellschaftsvertrag vereinbart wird. Vielmehr genügt es bereits, wenn bestimmte Regelungen das ordentliche Kündigungsrecht faktisch ausschließen oder beschränken.

1. Vereinbarung eines Kündigungsausschlusses

Ein Ausschluss des ordentlichen Kündigungsrechts ist bei unbefristeten, übermäßig langen oder auf Lebenszeit eingegangenen Gesellschaften unwirksam[199]. Einem Kündigungsausschluss gleichgestellt sind solche Vereinbarungen, welche faktisch einem Ausschluss des ordentlichen Kündigungsrechts gleichkommen. So ist eine Vereinbarung, wonach die Wirksamkeit der Kündigung vom Vorliegen bestimmter Gründe abhängig gemacht wird[200], ebenso unwirksam wie eine Regelung, nach der die Kündigung nur aufgrund eines entsprechenden Mehrheitsbeschlusses der Mitgesellschafter wirksam wird[201]. Einem Kündigungsausschluss

---

198 Sprau, in: Palandt, Bürgerliches Gesetzbuch, 74. Auflage, § 723 Rn. 1.

199 Ulmer/Schäfer, in: Münchener Kommentar zum Bürgerlichen Gesetzbuch, Band 5, 5. Auflage, § 723 Rn. 70.

200 Ulmer/Schäfer, in: Münchener Kommentar zum Bürgerlichen Gesetzbuch, Band 5, 5. Auflage, § 723 Rn. 70.

201 BGH NJW 1973, 1602 (betr. KG).

kann es darüber hinaus gleichstehen, wenn der Gesellschaftsvertrag für den Fall der Kündigung keinen Abfindungsanspruch des ausscheidenden Gesellschafters gegen die von den übrigen Gesellschaftern fortgesetzte Gesellschaft vorsieht[202].

2. *Sonstige Kündigungsbeschränkungen*

a) *Zeitliche Beschränkungen*

Das Recht zur ordentlichen Kündigung kann auch in zeitlicher Hinsicht beschränkt werden. Grundsätzlich ist dies zulässig und widerspricht nicht § 723 Abs. 3 BGB. So kann bei einer auf unbestimmte Zeit abgeschlossenen Gesellschaft die ordentliche Kündigung für eine bestimmte Zeit ausgeschlossen werden, ohne dass hierin eine unzulässige Kündigungsbeschränkung nach § 723 Abs. 3 BGB liegen muss[203]. Beispielsweise kann der besondere Gesellschaftszweck eine gewisse zeitliche Bindung der Gesellschafter erfordern[204]. So kann etwa der Zusammenschluss mehrerer Architekten zu einer GbR anlässlich eines großen Bauprojekts eine mittel- oder langfristige Bindung der Architekten erfordern, weil jeder einzelne einen unverzichtbaren Beitrag zum Erfolg des Bauprojekts liefert. Sofern die Gesellschafter die Dauer ihrer Bindung an die Gesellschaft überschauen und sich mit ihren wirtschaftlichen Dispositionen darauf einstellen können, begegnet ein zeitlicher Ausschluss des Kündigungsrechts keinen Bedenken[205].

Ähnlich verhält es sich bei der Befristung der Gesellschaft (in diesem Fall wäre das ordentliche Kündigungsrecht ausgeschlossen und es verbleibt das außerordentliche Kündigungsrecht; vgl. § 723 Abs. 1 S. 2 und 3 BGB) oder der Vereinbarung einer verhältnismäßig langen Kündigungsfrist. Ein Umkehrschluss aus § 723 Abs. 1 S. 2 BGB ergibt, dass eine vertragliche Befristung der Gesellschaft (unter Ausschluss des ordentlichen Kündigungsrechts) grundsätzlich nicht gegen § 723 Abs. 3 BGB verstößt[206]. Bedenken ergeben sich dann, wenn Befristungen der Gesellschaft oder Kündigungsfristen zu einer überlangen Bindung an die Gesellschaft

---

202 Ulmer/Schäfer, in: Münchener Kommentar zum Bürgerlichen Gesetzbuch, Band 5, 5. Auflage, § 723 Rn. 70/76; vgl. näher hierzu unten unter § 3 I 2 b bb.

203 BGHZ 10, 91, 98.

204 Reuter, Privatrechtliche Schranken der Perpetuierung von Unternehmen, S. 281 und 283; Wiedemann, Gesellschaftsrecht, Band I, S. 399; a. A. Ulmer/Schäfer, in: Münchener Kommentar zum Bürgerlichen Gesetzbuch, Band 5, 5. Auflage, § 723 Rn. 64.

205 BGHZ 50, 316, 322.

206 Ulmer/Schäfer, in: Münchener Kommentar zum Bürgerlichen Gesetzbuch, Band 5, 5. Auflage, § 723 Rn. 64.

führen, sodass der insoweit eingreifende Ausschluss der ordentlichen Kündigung faktisch zur Unkündbarkeit der Gesellschaft innerhalb des für den Kündigungswilligen überschaubaren zeitlichen Rahmens führt[207]. Dies wird man in der Regel annehmen können, wenn die Gesellschaft auf Lebenszeit befristet ist und erst recht dann, wenn die Befristung der Gesellschaft (deutlich) über die Lebenserwartung der Gesellschafter hinausgeht[208].

Die Rechtsfolge ist Nichtigkeit der Vereinbarung, wobei man eine auf überlange Zeit befristete Gesellschaft als auf unbestimmte Zeit geschlossen ansehen oder die überlange Befristung im Wege der ergänzenden Vertragsauslegung auf ein erträgliches Maß reduzieren muss[209].

b) *Mittelbare Kündigungsbeschränkungen*

Von den unmittelbar wirkenden Kündigungsbeschränkungen (z.B. vertraglicher Ausschluss des Kündigungsrechts bei unbefristeten Gesellschaftsverträgen; Vereinbarung einer überlangen Kündigungsfrist etc.) müssen die mittelbaren Kündigungsbeschränkungen unterschieden werden. Letztere zeichnen sich dadurch aus, dass ein an sich kündigungswilliger Gesellschafter nicht mehr frei entscheiden kann, ob er von seinem Kündigungsrecht Gebrauch macht oder nicht, weil die Kündigung bestimmte Vermögensnachteile für den Kündigenden mit sich bringt[210]. Durch die Einbeziehung mittelbarer Kündigungsbeschränkungen in den Anwendungsbereich des § 723 Abs. 3 BGB wird eine Umgehung des Beschränkungsverbots verhindert.

---

207 Westermann, in: Erman, BGB, Band I, 14. Auflage, § 723 Rn. 22; Gummert, in: Münchener Handbuch des Gesellschaftsrechts, Band 1, 3. Auflage, § 21 Rn. 42; Schmidt, Gesellschaftsrecht, 4. Auflage, S. 1759.

208 Westermann, in: Erman, BGB, Band I, 14. Auflage, § 723 Rn. 22; von Ditfurth, in: Prütting/Wegen/Weinreich, BGB, 4. Auflage, § 723 Rn. 17; vgl. hingegen Gersch BB 1977, 871, 874, der bereits bei einer Bindung von 30 Jahren eine unzulässige Kündigungsbeschränkung annimmt; ähnlich auch BGH NJW 2007, 295, 296, der bei einer Anwaltssozietät in einem Kündigungsausschluss für 30 Jahre einen Verstoß gegen § 723 Abs. 3 BGB angenommen hat.

209 Westermann, in: Erman, BGB, Band I, 14. Auflage, § 723 Rn. 22; von Ditfurth, in: Prütting/Wegen/Weinreich, BGB, 4. Auflage, § 723 Rn. 19.

210 Ulmer/Schäfer, in: Münchener Kommentar zum Bürgerlichen Gesetzbuch, Band 5, 5. Auflage, § 723 Rn. 76; Hadding/Kießling, in: Soergel, BGB, 13. Auflage, § 723 Rn. 65.

aa) Vertragsstrafe

Beispielsweise führt die Vereinbarung einer Vertragsstrafe für den Fall der Kündigung zu einem indirekten Zwang zum Kündigungsverzicht[211]. Die Höhe der Vertragsstrafe ist dabei unerheblich[212]. Einer kündigungsbeschränkenden Vertragsstrafe sind die Fälle vergleichbar, in welchen der Kündigende einen Geldbetrag als Austritts-, Abfindungs- oder Abstandszahlung an die Gesellschaft leisten muss[213].

bb) Abfindungsausschluss

Eine unzulässige mittelbare Kündigungsbeschränkung wird insbesondere dann angenommen, wenn die Gesellschafter beim Abschluss des Gesellschaftsvertrags den Ausschluss einer Abfindung für den Fall des kündigungsbedingten Ausscheidens aus der fortgesetzten Gesellschaft vereinbaren[214]. Entgegen einer Literaturansicht[215] stellt ein Abfindungsausschluss auch dann einen Verstoß gegen § 723 Abs. 3 BGB dar, wenn der ausscheidende Gesellschafter seine Beteiligung ohne (oder gegen eine geringfügige) Vermögenseinlage erhalten hat, da es keinen Sozietätsanteil „zweiter Klasse" gibt[216]. Allerdings ist ein Abfindungsausschluss zulässig, wenn die Gesellschaft einen rein ideellen Zweck verfolgt, da die Gesellschafter in einem solchen Fall keine Vermögensinteressen verfolgen und deshalb selbst der vollständige Ausschluss einer Abfindung einen etwaigen Kündigungswillen eines Gesellschafters nicht beschränken kann[217].

---

211 Habermeier, in: Staudinger, BGB, Buch 2, Dreizehnte Bearbeitung 2003, § 723 Rn. 21; Hadding/Kießling, in: Soergel, BGB, 13. Auflage, § 723 Rn. 65.

212 RGZ 61, 328, 329; Ulmer/Schäfer, in: Münchener Kommentar zum Bürgerlichen Gesetzbuch, Band 5, 5. Auflage, § 723 Rn. 73.

213 Hadding/Kießling, in: Soergel, BGB, 13. Auflage, § 723 Rn. 65.

214 Ulmer/Schäfer, in: Münchener Kommentar zum Bürgerlichen Gesetzbuch, Band 5, 5. Auflage, § 723 Rn. 76.

215 Ulmer/Schäfer, in: Münchener Kommentar zum Bürgerlichen Gesetzbuch, Band 5, 5. Auflage, § 723 Rn. 76; Westermann, in: Erman, BGB, Band I, 11. Auflage, § 723 Rn. 23; Flume, Allgemeiner Teil des Bürgerlichen Rechts I/1, § 12 III; Hadding/Kießling, in: Soergel, BGB, 13. Auflage, § 723 Rn. 62.

216 Römermann NJW 2007, 297. Vgl. näher hierzu unten unter § 4 IV 3 a.

217 Ulmer/Schäfer, in: Münchener Kommentar zum Bürgerlichen Gesetzbuch, Band 5, 5. Auflage, § 723 Rn. 76; Westermann, in: Erman, BGB, Band I, 11. Auflage, § 723 Rn. 23.

cc) Vereinbarungen über die Höhe des Abfindungsanspruchs

aaa) Allgemeines

Nach der herrschenden Meinung führt zu Recht auch eine Beschränkung der Höhe des gesetzlichen Abfindungsanspruchs nach § 738 Abs. 1 S. 2 BGB, wonach die Abfindung im Falle der Kündigung ohne sachlichen Grund für die Differenzierung nach ungünstigeren Maßstäben errechnet wird als in den sonstigen Fällen der Auflösung, zu einem Verstoß gegen § 723 Abs. 3 BGB[218]. Eine solche Abfindungsklausel kann einen Gesellschafter ernsthaft an der Ausübung seines Kündigungsrechts hindern, da er in den anderen Fällen der Auflösung einen höheren Auseinandersetzungsbetrag fordern könnte.

Darüber hinaus sind übermäßige Beschränkungen des Abfindungsanspruchs unzulässig, wenn diese dazu geeignet sind – insbesondere wegen eines erheblichen Missverhältnisses zwischen dem vertraglich vereinbarten Wert und dem wirklichen Wert -, den Kündigungswillen eines Gesellschafters ernstlich zu beeinträchtigen[219].

bbb) Buchwertabfindung

Die Frage nach einem Verstoß gegen § 723 Abs. 3 BGB stellt sich insbesondere dann, wenn in Abweichung von § 738 Abs. 1 S. 2 BGB eine Buchwertabfindung vereinbart wurde. In diesem Fall erhält der ausscheidende Gesellschafter lediglich den Nominalwert seiner Beteiligung zuzüglich des Anteils an etwaigen Guthaben auf Kapital- oder Rücklagenkonten[220].

(1) Prüfungsmaßstab

Grundsätzlich sind Buchwertklauseln zulässig, wenn sie von Sachgründen getragen werden, d.h. seitens der Gesellschaft bzw. der verbleibenden Gesellschafter ein schützenswertes Interesse an einer Verkürzung des Abfindungsanspruchs besteht[221]. So können etwa Schwierigkeiten bei der Berechnung des wahren

---

218 Habermeier, in: Staudinger, BGB, Buch 2, Dreizehnte Bearbeitung 2003, § 723 Rn. 21; Schäfer, in: Münchener Kommentar zum Bürgerlichen Gesetzbuch, Band 5, 6. Auflage, § 723 Rn. 72.

219 BGH NZG 2006, 425; 2008, 623, 626; BGH NJW 1985, 192, 193 (betr. KG); 1993, 2101, 2102 (betr. OHG); vgl. auch Sprau, in: Palandt, Bürgerliches Gesetzbuch, 74. Auflage, § 723 Rn. 7; Ulmer NJW 1979, 81, 82, 83.

220 Schäfer, in: Münchener Kommentar zum Bürgerlichen Gesetzbuch, Band 5, 6. Auflage, § 738 Rn. 63.

221 Hadding/Kießling, in: Soergel, BGB, 13. Auflage, § 738 Rn. 47.

Anteilswerts ein berechtigtes Interesse begründen, den Abfindungsanspruch auf den Buchwert zu beschränken[222]. Insbesondere bei Freiberufler-Sozietäten ergeben sich im Rahmen der Ertragswertmethode Schwierigkeiten bei der Ermittlung nachhaltiger erzielbarer Zukunftserträge, weil diese zumeist stark an die Person des Freiberuflers und dessen Beziehungen zu den einzelnen Mandanten[223] und weniger an die sonst üblichen materiellen oder immateriellen Vermögensgegenstände (z.B. Büro- oder Praxisausstattung; bekannte Marken etc.) gekoppelt sind[224]. Wegen dieser Personengebundenheit ist der Ertragswert von Sozietäten regelmäßig weniger nachhaltig als bei den übrigen erwerbswirtschaftlichen GbRs[225]. Des Weiteren können Buchwertabfindungen legitim sein, wenn sich die – teilweise enormen, auch gegenüber den Hinterbliebenen verstorbener Altsozien bestehenden – Rentenverpflichtungen nur durch eine Beschränkung des Abfindungsanspruchs erfüllen lassen[226]. In solchen Fällen dient die Buchwertabfindung dem Schutz der Gesellschaft vor zu hohem Kapitalabfluss[227].

Sachlich gerechtfertigte Buchwertklauseln verstoßen jedoch gleichwohl gegen § 723 Abs. 3 BGB, wenn der wahre Anteilswert und der Buchwert so weit auseinander liegen, dass der mit der Kündigung einhergehende Vermögensverlust für den kündigungswilligen Gesellschafter unzumutbar ist[228]. Umgekehrt ist die Vereinbarung einer Buchwertabfindung immer dann zulässig, wenn die Differenz zwischen dem realen wirtschaftlichen Wert und dem Buchwert des Anteils so gering ist, dass sich der kündigungswillige Gesellschafter nicht zu einer Fortsetzung der Mitgliedschaft gezwungen sieht[229]. Eine prozentuale Wertgrenze zur Bestimmung eines gegen § 723 Abs. 3 BGB verstoßenden erheblichen Missverhältnisses zwischen der buchwertmäßigen Abfindung und dem wirklichen Wert des Anteils ist vom BGH noch

222 Westermann, in: Erman, BGB, Band I, 13. Auflage, § 738 Rn. 16.

223 Der Begriff „Mandant“ wird in dieser Untersuchung als Sammelbegriff für die Klientel von Freiberufler-Sozietäten (Patienten von Ärztesozietäten, Kunden von Architektensozietäten, etc.) verwendet.

224 Hadding/Kießling, in: Soergel, BGB, 13. Auflage, § 738 Rn. 34; Schäfer, in: Münchener Kommentar zum Bürgerlichen Gesetzbuch, Band 5, 6. Auflage, § 738 Rn. 66.

225 Schäfer, in: Münchener Kommentar zum Bürgerlichen Gesetzbuch, Band 5, 6. Auflage, § 738 Rn. 66.

226 OLG München NZG 1999, 821; vgl. auch Westermann, in: Erman, BGB, Band I, 13. Auflage, § 738 Rn. 16.

227 Sprau, in: Palandt, Bürgerliches Gesetzbuch, 74. Auflage, § 738 Rn. 7.

228 Hadding/Kießling, in: Soergel, BGB, 13. Auflage, § 723 Rn. 62.

229 BGH NJW 1985, 192, 193; OLG Naumburg NZG 2001, 658; vgl. auch Westermann, in: Erman, BGB, Band I, 11. Auflage, § 723 Rn. 23.

nicht abschließend festgelegt worden[230]. Vielmehr muss eine einzelfallbezogene, umfassende Bewertung der gegenseitigen, rechtlich schützenswerten Interessen vorgenommen werden[231]. Nach gängiger Praxis ist allerdings ein Abfindungswert von unter 50% des wahren Anteilswertes in der Regel unzulässig[232].

Für die Beurteilung der Nichtigkeit einer Abfindungsbeschränkung ist mittlerweile entscheidend, dass die kündigungsbeschränkende Wirkung bereits zum Zeitpunkt des Vertragsschlusses vorliegt, während erst später eintretende Wertunterschiede zwischen gesetzlicher Abfindung und Buchwertabfindung keinen Verstoß gegen § 723 Abs. 3 BGB zur Folge haben[233]. Im letzteren Fall sind die übrigen Sozien jedoch nach § 242 BGB daran gehindert, sich gegenüber dem Kündigenden auf die übermäßige Abfindungsbeschränkung zu berufen[234].

(2) Berechnung des wahren Anteilswertes

(a) Allgemeine Berechnungsmethoden

Nach § 738 Abs. 1 S. 2 BGB soll dem Ausscheidenden dasjenige gezahlt werden, was er bei der Auseinandersetzung erhalten würde, wenn die Gesellschaft zur Zeit seines Ausscheidens aufgelöst worden wäre. Mithin richtet sich der

---

230 Vgl. BGH NJW 1973, 651, 652, wonach ein vertraglicher Abfindungsanspruch von nur 20% des gesetzlichen Abfindungsanspruchs rechtliche Bedenken aufwerfe (betr. OHG). Ulmer/Schäfer, in: Münchener Kommentar zum Bürgerlichen Gesetzbuch, Band 5, 5. Auflage, § 723 Rn. 52, schlagen vor, dass erst bei einer Unterschreitung von zwei Dritteln des wirklichen Anteilswerts eine unzulässige Kündigungsbeschränkung angenommen werden könne.

231 Hadding/Kießling, in: Soergel, BGB, 13. Auflage, § 738 Rn. 47.

232 BGH NZG 2006, 426 (Abfindungsanspruch nur knapp 30% des Liquidationswertes); BGH NJW 1989, 2685 (betr. KG: Abfindungsanspruch nur 50% des Buchwerts des Anteils); 1993, 2101 (betr. OHG: Buchwertabfindung nur 10% des wahren Anteilswerts); 1993, 3193 (betr. KG: Buchwertabfindung nur 48% der nach dem Verkehrswert ermittelten Abfindung). Vgl. auch Hadding/Kießling, in: Soergel, BGB, 13. Auflage, § 723 Rn. 62.

233 BHG NJW 1993, 3193; Ulmer/Schäfer, in: Münchener Kommentar zum Bürgerlichen Gesetzbuch, Band 5, 5. Auflage, § 723 Rn. 76. Die überholte Rechtsprechung des BGH stellte noch auf den Kündigungszeitpunkt ab und ging damit von der Möglichkeit einer nachträglich eintretenden Unwirksamkeit aus; vgl. BGH NJW 1985, 192, 193. Allerdings können bei der Beurteilung der kündigungsbeschränkenden Wirkung einer Versorgungsregelung auch nachträgliche Änderungen der tatsächlichen Verhältnisse zu berücksichtigen sein; vgl. näher hierzu unten unter § 4 IV 1 b aa bbb.

234 Schäfer, in: Münchener Kommentar zum Bürgerlichen Gesetzbuch, Band 5, 6. Auflage, § 723 Rn. 76.

gesetzliche Abfindungsanspruch nach dem wahren Anteilswert, der sich nach dem wirtschaftlichen Wert der Mitgliedschaft zum Zeitpunkt des Ausscheidens bestimmt[235]. In einem ersten Schritt ist dabei der Wert des Gesellschaftsvermögens insgesamt zu bestimmen, um anschließend in einem zweiten Schritt die wertmäßige Beteiligung des Ausscheidenden am Gesamtgesellschaftsvermögen auszurechnen[236]. Für die Bestimmung des Werts des Gesellschaftsvermögens stehen dabei vor allem zwei unterschiedliche Berechnungsmethoden zur Verfügung, auf welche allerdings nur überblicksartig eingegangen werden kann: Die Substanzwertmethode und die Ertragswertmethode.

Nach der Substanzwertmethode wird der Gesamtwert der einzelnen materiellen und immateriellen Vermögensgegenstände der Gesellschaft bestimmt. Bei unternehmerisch tätigen GbRs wird in die Wertermittlung insbesondere auch der Geschäfts- und Firmenwert (sog. „Good Will") einbezogen, welcher sich bei freiberuflichen Sozietäten im Wesentlichen aus dem Wert der Mandantenbeziehungen ergibt[237]. Entgegen dem Wortlaut von § 738 Abs. 1 S. 2 BGB ist bei der Wertermittlung des wahren Anteils eines aus einer fortgesetzten Gesellschaft ausscheidenden Gesellschafters nicht von Liquidationswerten, sondern von Fortführungswerten (fiktiver Verkauf des Unternehmens als Einheit) auszugehen[238].

Bei der Ertragswertmethode werden die nachhaltig erzielbaren Zukunftserträge auf der Grundlage der ordentlichen Erträge und Aufwendungen der letzten Geschäftsjahre geschätzt[239]. Bei unternehmerisch tätigen GbRs ist dies in der Regel der Ertragswert der werbend fortgesetzten GbR[240], welcher bei freiberuflichen

---

235 Hadding/Kießling, in: Soergel, BGB, 13. Auflage, § 738 Rn. 20.

236 Hadding/Kießling, in: Soergel, BGB, 13. Auflage, § 738 Rn. 25.

237 Westermann, in: Erman, BGB, 14. Auflage, § 738 Rn. 17. Laut BRAK-Ausschuss „Bewertung von Anwaltskanzleien" ist der so ermittelte Kanzleiwert dem Wesen nach etwas anderes als der Geschäfts- bzw. Firmenwert von gewerblich tätigen GbRs. Der Geschäftswert eines gewerblich tätigen Unternehmens beruhe auf einer durch sachliche Maßnahmen und Aufwendungen besonders geförderten Leistungsfähigkeit des Betriebes, während der Kanzleiwert stark an die Persönlichkeiten der Sozien gebunden sei und sich mit dem Ausscheiden eines Sozius rasch verflüchtigen könne; vgl. BRAK-Mitteilungen 2009, 268, 269 m.w.N.

238 Hadding/Kießling, in: Soergel, BGB, 13. Auflage, § 738 Rn. 30.

239 Westermann, in: Erman, BGB, 11. Auflage, § 738 Rn. 5; Ulmer/Schäfer, in: Münchener Kommentar zum Bürgerlichen Gesetzbuch, Band 5, 5. Auflage, § 738 Rn. 24; zur Ermittlung der nachhaltigen erzielbaren Zukunftserträge vgl. Hadding/Kießling, in: Soergel, BGB, 13. Auflage, § 738 Rn. 32.

240 Von Ditfurth, in: Prütting/Wegen/Wienreich, BGB, 4. Auflage, § 738 Rn. 11.

Sozietäten vor allem die aufgrund der vorhandenen Mandantenbeziehungen zu erwartenden Einnahmen einschließt[241]. Dieser Betrag wird sodann unter Anwendung eines Kapitalisierungszinsfußes auf den Bewertungszeitpunkt abgezinst und zum Ertragswert kapitalisiert[242]. Der Ertragswert stellt letztlich die Summe der (mit einem angemessenen Kapitalisierungszinsfuß auf den Bewertungsstichtag abgezinsten) Zukunftserträge bei unterstellter unbegrenzter Lebensdauer des Unternehmens dar[243].

Die Ertragswertmethode wird bei erwerbswirtschaftlich tätigen Gesellschaften mittlerweile zu Recht bevorzugt, da im wirtschaftlichen Verkehr weniger die Substanz als vielmehr der erzielbare Nutzen eines Unternehmens von Bedeutung ist[244].

(b) Spezialfall: Anwaltssozietät

Für die Bewertung von Anwaltssozietäten empfiehlt der BRAK-Ausschuss „Bewertung von Anwaltskanzleien“ hingegen aus Vereinfachungsgründen die sog. Umsatzmethode[245]. Danach setzt sich der Wert einer Kanzlei aus dem Substanzwert (Büroeinrichtung, ausstehende Forderungen etc.) und dem „eigentlichen Kanzleiwert“ (dem sog. „Good Will“, d.h. dem Wert der Mandantenbeziehungen) zusammen[246]. Für die Bestimmung des eigentlichen Kanzleiwertes wird zunächst eine Bemessungsgrundlage aus den zusammengerechneten und bereinigten[247] Umsätzen der letzten drei Kalenderjahre vor dem Kalenderjahr des Bewertungsfalles (wobei das letzte Kalenderjahr doppelt gezählt wird, weil sich auf diese Weise die positive oder negative Entwicklung der Kanzlei in jüngster Zeit ausdrücke) ermittelt[248]. Die Bemessungsgrundlage ist schließlich mit einem von den Umständen des Einzelfalls abhängigen, d.h. je nach den besonderen beruflichen

---

241 Westermann, in: Erman, BGB, 14. Auflage, § 738 Rn. 17.

242 Westermann, in: Erman, BGB, 13. Auflage, § 738 Rn. 5a; Hülsmann ZIP 2001, 450, 451.

243 Hülsmann ZIP 2001, 450, 451, 452.

244 BGHZ 116, 359, 371 (betr. GmbH); Hadding/Kießling, in: Soergel, BGB, 13. Auflage, § 738 Rn. 32; vgl. auch Hülsmann ZIP 2001, 450.

245 BRAK-Mitteilungen 2009, 268, 269 m.w.N.

246 Siehe näher hierzu BRAK-Mitteilungen 2009, 268, 269.

247 Der Umsatz wird von solchen außerordentlichen Erträgen bereinigt, die weniger auf die normale Anwaltstätigkeit zurückzuführen sind, sondern Ausfluss der Persönlichkeit oder einer außerordentlichen Tätigkeit des Kanzleiinhabers sind (z.B. Einnahmen als Insolvenzverwalter, Mediator oder Mitglied eines Schiedsgerichts etc.); vgl. hierzu BRAK-Mitteilungen 2009, 268, 270.

248 Siehe näher hierzu BRAK-Mitteilungen 2009, 268, 269.

Verhältnissen und der Marktsituation variierenden, Berechnungsfaktor, der in der Regel zwischen 0,3 und 1,0 liegt, zu multiplizieren[249]. Anschließend ist in einem zweiten Schritt der jeweilige Beteiligungswert nach dem entsprechenden Prozentsatz, mit dem der Sozius an der Sozietät beteiligt ist, auszurechnen.

dd) Versorgungsklauseln

Auch gesellschaftsvertragliche Versorgungsklauseln können mittelbare Kündigungsbeschränkungen beinhalten. Dies gilt insbesondere für Rentenverpflichtungen, welche den Sozien erhebliche finanzielle Belastungen auferlegen und trotz einer ordentlichen Kündigung unverändert fortbestehen[250]. In einem solchen Fall stellt sich die Frage, ob die Versorgungsklausel geeignet ist, an sich kündigungswillige Gesellschafter von der Ausübung ihres ordentlichen Kündigungsrechts abzuhalten. Denn ein kündigungsbedingt ausscheidender Gesellschafter könnte sich langfristig erheblichen finanziellen Verbindlichkeiten ausgesetzt sehen, deren Erwirtschaftung er ohne eine Beteiligung an der Gesellschaft unter Umständen nicht gewährleisten kann[251].

II. Beschränkungen des außerordentlichen Kündigungsrechts

Auch das außerordentliche Kündigungsrecht nach § 723 Abs. 1 S. 2 und 3 BGB darf nach § 723 Abs. 3 BGB weder vertraglich ausgeschlossen noch derart beschränkt werden, dass ein kündigungswilliger Gesellschafter bei Vorliegen eines wichtigen Grundes von der unverzüglichen Auflösung beziehungsweise – beim Bestehen einer Fortsetzungsklausel – von dem unverzüglichen Ausscheiden aus der Gesellschaft abgehalten wird[252]. So stellen Vereinbarungen, welche die außerordentliche Kündigung an bestimmte Fristen binden oder Kündigungstermine

---

249 Für die Bestimmung des Berechnungsfaktors kommt es auf die jeweiligen Umstände des Einzelfalls an. Den Berechnungsfaktor senkende Merkmale können z.B. das Bestehen der Kanzlei seit weniger als zehn Jahren oder das hohe Alter des Kanzleiinhabers sein. Ausnahmsweise kann sogar ein Berechnungsfaktor von 0 zur Anwendung kommen, wenn eine Kanzlei aufgrund von Krankheit oder aufgrund zerrütteter Verhältnisse längere Zeit nicht mehr betrieben wurde. Den Berechnungsfaktor erhöhende Merkmale können z.B. bejaht werden, wenn die Kanzlei länger als zehn Jahre existiert, die Kanzlei einen besonderen Ruf genießt oder der Klientenkreis besonders weit gestreut ist. Zu weiteren wertbestimmenden Faktoren siehe BRAK-Mitteilungen 2009, 268, 270, 271.

250 LG München I NJW 2014, 478, 479; Offermann-Burckart NJW 2014, 434, 435.

251 LG München I NJW 2014, 478, 481; vgl. näher hierzu unten unter § 3.

252 LG München I NJW 2014, 478, 479.

vorsehen, unzulässige Beschränkungen des außerordentlichen Kündigungsrechts dar[253].

1. *Vereinbarungen über den wichtigen Grund*

Auch Vereinbarungen über einen die außerordentliche Kündigung rechtfertigenden wichtigen Grund können einen Verstoß gegen § 723 Abs. 3 BGB darstellen. Dabei entspricht es der einhelligen Rechtsauffassung, dass die positive Festsetzung eines wichtigen Grundes zulässig ist, da es sich hierbei um eine Kündigungserleichterung handelt[254]. Nicht abschließend lässt sich hingegen die Frage beantworten, wie eine noch zulässige Konkretisierung von einer vertraglich vereinbarten Einschränkung der wichtigen Gründe abzugrenzen ist. Da dies nicht Gegenstand der vorliegenden Untersuchung ist, werden nachfolgend nur die Grundsätze umrissen, die man bei der Beurteilung dieses Fragenkomplexes beachten sollte. Keine Einschränkung im vorgenannten Sinne stellt nach der herrschenden Meinung die vertragliche Konkretisierung der wichtigen Gründe dar, weil es sich hierbei lediglich um klarstellende Vereinbarungen handele, welche Unsicherheiten bei der Beurteilung eines wichtigen Grundes beseitigen würden[255]. Allerdings dürfen die Konkretisierungen nur der Beschreibung eines wichtigen Grundes dienen, indem sie etwa die wesentlichen Pflichtverletzungen nach § 723 Abs. 1 S. 3 Nr. 1 BGB aufzählen und umschreiben. Sobald jedoch die Konkretisierung zu einer Erschwerung der außerordentlichen Kündigung führt, indem sie beispielsweise den Tatbestand eines an sich wichtigen Grundes derart einschränkt, dass für dessen Bejahung kaum Platz bleibt, liegt eine unzulässige Kündigungsbeschränkung vor[256].

---

253 Ulmer/Schäfer, in: Münchener Kommentar zum Bürgerlichen Gesetzbuch, Band 5, 5. Auflage, § 723 Rn. 74; Westermann, in: Erman, BGB, Band I, 11. Auflage, § 723 Rn. 24.

254 Ulmer/Schäfer, in: Münchener Kommentar zum Bürgerlichen Gesetzbuch, Band 5, 5. Auflage, § 723 Rn. 75; Westermann, in: Erman, BGB, Band I, 11. Auflage, § 723 Rn. 24.

255 RG JW 1938, 521, 522 f. (betr. Stille Gesellschaft); Ulmer/Schäfer, in: Münchener Kommentar zum Bürgerlichen Gesetzbuch, Band 5, 5. Auflage, § 723 Rn. 75 mit Verweis auf Fn. 180; Westermann, in: Erman, BGB, Band I, 11. Auflage, § 723 Rn. 24; vgl. auch Schäfer, in: Staub, HGB, Band 3, 5. Auflage, § 133 Rn. 70 (betr. die vertragliche Klarstellung für das Vorliegen eines Auflösungsgrundes bei einer OHG).

256 Vgl. auch RG JW 1938, 521, 522: Eine gesellschaftsvertragliche Bestimmung, wonach im Falle einer langandauernden Krankheit oder des Todes eines Gesellschafters die Umwandlung in einen neuen Gesellschaftsvertrag möglich ist, sei unzulässig, wenn

Umgekehrt sind Regelungen, welche bestimmte Umstände *per se*, d.h. unabhängig von ihrem einzelfallbezogenen Gewicht, als wichtigen Grund ausschließen, nichtig[257]. Vereinbarungen darüber, was nicht als wichtiger Grund gelten soll, können deshalb nur dann zulässig sein, wenn sie die Berücksichtigung der Gesamtumstände des jeweiligen Einzelfalls zulassen und nicht ausschließen, dass im Einzelfall unzumutbare Umstände zu einer Kündigung aus wichtigem Grund berechtigen[258].

2. *Mittelbare Kündigungsbeschränkungen*

Selbstverständlich gelten für die außerordentliche Kündigung auch die zur ordentlichen Kündigung getroffenen Ausführungen über mittelbare Kündigungsbeschränkungen[259]. Dies gilt insbesondere für solche Vereinbarungen, welche nachteilige wirtschaftliche Folgen für den Kündigenden mit sich bringen und damit die Entschließungsfreiheit des an sich kündigungswilligen Gesellschafters ernstlich beeinflussen, wie z. B. die bereits unter § 3 I 2 b cc und dd angesprochenen vertraglichen Abfindungsansprüche oder Versorgungsverpflichtungen von kündigungsbedingt ausscheidenden Sozien.

§ 4 Unzulässige Kündigungsbeschränkung durch Versorgungsregelung

Wie bereits erwähnt, können auch gesellschaftsvertraglich vereinbarte Versorgungsregelungen eine kündigungsbeschränkende Wirkung entfalten. Dies gilt namentlich für die Fälle, in denen der Gesellschaftsvertrag eine fortbestehende persönliche Haftung kündigungsbedingt ausscheidender Gesellschafter vorsieht. Die Literatur erkennt zwar dieses Problem, hat sich damit aber bisher noch kaum auseinandergesetzt[260]. Hingegen lassen sich in der Rechtsprechung eine Vielzahl

---

dadurch gleichzeitig das Recht auf außerordentliche Kündigung trotz besonderer Umstände des Einzelfalls ausgeschlossen werde (betr. Stille Gesellschaft); vgl. auch von Ditfurth, in: Prütting/Wegen/Weinreich, BGB, 4. Auflage, § 723 Rn. 16; Ulmer/Schäfer, in: Münchener Kommentar zum Bürgerlichen Gesetzbuch, Band 5, 5. Auflage, § 723 Rn. 75.

257 Westermann, in: Erman, BGB, Band I, 14. Auflage, § 723 Rn. 24.

258 Westermann, in: Erman, BGB, Band I, 14. Auflage, § 723 Rn. 24; Ulmer/Schäfer, in: Münchener Kommentar zum Bürgerlichen Gesetzbuch, Band 5, 5. Auflage, § 723 Rn. 75.

259 Vgl. oben unter § 3 I 2 b.

260 Am ausführlichsten Offermann-Burckart NJW 2014, 434 ff.; vgl. – allerdings sehr knapp -Westermann, in: Erman, BGB, Band I, 14. Auflage, § 723 Rn. 22; Sprau, in:

von Entscheidungen finden, welche sich mit der Wirksamkeit von Versorgungsregelungen in Anwaltssozietätsverträgen im Lichte von § 723 Abs. 3 BGB befassen[261]. Deshalb werden im Folgenden zunächst die wichtigsten Gerichtsentscheidungen und die darin entwickelten Grundsätze dargestellt. Anschließend folgt im Speziellen eine Darstellung zweier Urteile des LG München I[262], welche sich mit ein und derselben Versorgungsklausel auseinandersetzen, letztlich aber zu unterschiedlichen Ergebnissen gelangen. Hierbei sollen insbesondere die unterschiedlichen Ansätze der beiden Urteile hervorgehoben werden. Im Anschluss daran wird der Meinungsstand in der Rechtsliteratur erläutert. Darauf folgt eine kritische Besprechung der zuvor dargelegten Grundsätze unter besonderer Berücksichtigung der beiden Urteile des LG München I, um schließlich mögliche Lösungsansätze für eine interessengerechte Wirksamkeitsprüfung sozietätsvertraglicher Versorgungsregelungen nach § 723 Abs. 3 BGB anzubieten. Wenngleich sich die Gerichtsentscheidungen mit Versorgungsregelungen in Anwaltssozietätsverträgen befassen, so gelten die darin aufgestellten Grundsätze in gleicher Weise für andere, als GbR organisierte Freiberufler-Sozietäten[263]. Auf Besonderheiten bei Anwaltssozietäten wird besonders hingewiesen.

I. Die bisherige Rechtsprechung

1. BGH, Beschluss vom 18.02.2008 – II ZR 88/07 („Schuldknechtschaftsbeschluss")[264]

In dieser Entscheidung machte der BGH Ausführungen zu der Wirksamkeit einer Versorgungsregelung in einem Gesellschaftsvertrag einer als GbR organisierten Anwaltssozietät.

In dem Gesellschaftsvertrag wurde vereinbart, dass die drei Altsozien nach ihrem altersbedingten Ausscheiden – und nach ihrem Tod ihre Ehefrauen – lebenslang ein R 2 – Gehalt bezahlt bekommen sollten, während die zwischenzeitlich

Palandt, Bürgerliches Gesetzbuch, 72. Auflage, § 723 Rn. 7; Hadding/Kießling, in: Soergel, BGB, 13. Auflage, § 723 Rn. 65.

261 BGH DStR 2008, 785 ("Schuldknechtschaftsbeschluss"); BGH DStR 2010, 1898; OLG München NZG 1999, 821; LG München I, Urteil v. 22.07.1998 – 25 O 6395/98, BeckRS 2013, 18383, Tz. 1.2.1; LG Heidelberg NZG 2009, 1181; LG München I NJW 2014, 478.

262 LG München I, Urteil v. 22.07.1998 – 25 O 6395/98, BeckRS 2013, 18383; LG München I NJW 2014, 478.

263 BGH NJW 1994, 796, 797.

264 BGH DStR 2008, 785.

neu eingetretenen Sozien (welche kein Eintrittsgeld zahlen mussten) selbst für ihre Altersversorgung aufkommen mussten. Für die Versorgungsverbindlichkeit der Sozietät sollten die Sozien gesamtschuldnerisch haften (§ 8 des Gesellschaftsvertrages). § 8 des Gesellschaftsvertrages sah hingegen keine Regelung für die persönliche Haftung der Sozien im Falle eines kündigungsbedingten Ausscheidens aus der Sozietät vor. Im Falle der Kündigung war die Mitnahme von Mandanten nicht möglich.

Als zahlreiche Jungsozien bereits nach sehr kurzer Zeit gegenüber der Sozietät kündigten, obwohl der Gesellschaftsvertrag die ordentliche Kündigung für die Dauer von 30 Jahren ausschloss, verklagten die drei Altsozien die – ihrer Ansicht nach rechtwidrig[265] – ausgeschiedenen Jungsozien auf Zahlung der monatlichen Altersrente. Das LG Köln[266] gab der Klage statt und verurteilte die Beklagten, als Gesamtschuldner lebenslang Versorgungsleistungen an die Kläger zu zahlen. Das Gericht argumentierte, dass die Regelung des § 8 des Sozietätsvertrages dahingehend auszulegen sei, dass auch kündigungsbedingt (vor Ablauf der vorgesehenen 30-jährigen Sozietätszugehörigkeit) ausgeschiedene Sozien weiter für die Versorgungsansprüche der Altsozien hafteten. Die (gesamtschuldnerische) Haftung ausgeschiedener Sozien verstoße nicht gegen § 723 Abs. 3 BGB. Wenngleich das Gericht offen ließ, ob § 723 Abs. 3 BGB bei der in Rede stehenden Haftung überhaupt anwendbar ist, führte es weiter aus, dass jedenfalls deshalb keine unzulässige Kündigungsbeschränkung vorliege, weil die Beklagten im Innenverhältnis unter den anderen Gesamtschuldnern Ausgleich verlangen könnten und deshalb – wirtschaftlich gesehen – jeder einzelne monatlich nur für einen Bruchteil des Versorgungsanspruchs aufkommen müsse.

Auf die Berufung der Beklagten hob das OLG Köln[267] das Urteil des LG Köln auf und wies die Klage ab. Das OLG Köln kam nach seiner Auslegung des § 8 des Sozietätsvertrages zu dem Ergebnis, dass die von den Beklagten übernommene gesamtschuldnerische Haftung für die Versorgungsverbindlichkeiten der Sozietät mit dem Ausscheiden aus der Sozietät geendet habe. Auf die Frage nach einer unzulässigen Kündigungsbeschränkung gem. § 723 Abs. 3 BGB ging das OLG Köln nicht mehr ein.

---

265 Auf die Frage der Rechtswidrigkeit der Kündigungen aufgrund des 30-jährigen Kündigungsausschlusses wird hier nicht näher eingegangen. Gleichwohl sei angemerkt, dass der BGH den Kündigungsausschluss wohl für rechtswidrig hielt; vgl. BGH DStR 2008, 785, 786.

266 LG Köln, Urteil vom 22.09.2005 - 2 O 95/03.

267 OLG Köln, Urteil vom 14.03.2007 - 6 U 7/06.

Der BGH wies die Nichtzulassungsbeschwerde mit der Begründung zurück, dass keine Zulassungsgründe im Sinne von § 543 Abs. 2 ZPO vorlägen. Ergänzend führte der BGH aus, dass zwar zugunsten der Altsozien unterstellt werden könne, dass ungeachtet des Umstands, dass der Wortlaut des § 8 des Gesellschaftsvertrages nichts dafür hergebe, eine persönliche Haftung ausgeschiedener Sozien von den Parteien beabsichtigt gewesen sei. Allerdings verstoße eine solche Regelung gegen das Verbot der Kündigungsbeschränkung gem. § 723 Abs. 3 BGB[268]. Denn die Sozien könnten sich selbst von einer Kündigung aus wichtigem Grund abgehalten sehen, wenn sie auch nach ihrem Ausscheiden über Jahrzehnte hinweg persönlich gegenüber den Altsozien beziehungsweise deren Witwen haften müssten, ohne an den Gewinnen der Sozietät beteiligt zu sein. Dies stelle eine Art „lebenslanger Schuldknechtschaft" dar, was mit dem unverzichtbaren Kündigungsrecht der Sozien unvereinbar sei.

Wegen der vorgenannten Formulierung des BGH erhielt diese Entscheidung ihren Namen „Schuldknechtschaftsbeschluss".

2. *BGH, Beschluss vom 21.06.2010 – II ZR 133/09*[269]

In seinem Beschluss vom 21.06.2010 – II ZR 133/09 – äußerte sich der BGH[270] zu der Wirksamkeit einer Versorgungsregelung einer als Partnerschaftsgesellschaft organisierten Anwaltssozietät.

Die beklagten Rechtsanwälte waren gegen Zahlung eines Eintrittsgeldes als Partner in die seit 1964 bestehende Kanzlei aufgenommen worden. Die Versorgungsregelungen des Sozietätsvertrages sahen Versorgungsansprüche der Altsozien gegen die Sozietät vor. Dabei sollten die beiden Beklagten vom ersten Tag an die Versorgungslasten entsprechend ihrem jeweiligen Gewinnanteil persönlich mit tragen, und zwar auch in der Zeit nach einem kündigungsbedingten Ausscheiden aus der Sozietät. Zudem wurde die Abfindung für den Fall des Ausscheidens auf den Buchwert des Anteils beschränkt. Der Sozietätsvertrag enthielt keine Mandantenschutzklausel.

Nachdem die Beklagten schon nach kurzer Zeit aus der Sozietät ausgeschieden waren, machte die Sozietät mit einer Klage unter Berufung auf einen Verlustausgleichsanspruch ein negatives Auseinandersetzungsguthaben geltend. Denn die Klägerin hatte die künftigen Versorgungsverpflichtungen als Rückstellung auf der Passivseite der Auseinandersetzungsbilanz eingestellt, sodass sich eine

268 BGH DStR 2008, 785, 786.
269 BGH DStR 2010, 1898.
270 BGH DStR 2010, 1898.

negative Differenz zwischen dem Abfindungsbetrag und dem anteiligen Wert der Rückstellungen für die künftige Altersversorgung der Partner ergab.

Das LG München I[271] erließ daraufhin gem. § 304 Abs. 1 ZPO ein Teilurteil, in welchem es die Klage dem Grunde nach für gerechtfertigt erklärte. Insbesondere stellten die Versorgungsrückstellungen zulasten der Beklagten keine unzulässige Kündigungsbeschränkung im Sinne von § 723 Abs. 3 BGB dar. Das Gericht argumentierte, dass es sich bei dem Sozietätsvertrag um eine auf Lebensdauer angelegte Vertragskonstruktion handele, die in zulässiger Weise auch die Altersversorgung der Altsozien sichern solle. Als Ausgleich für die Versorgungsbelastung erhielten die Jungsozien die Möglichkeit der Teilhabe an einer renommierten Kanzlei, über deren Netzwerk sie Mandanten gewinnen könnten und deren Mitnahme nach einem Ausscheiden nicht beschränkt sei. Darüber hinaus handele es sich um ein von Anwälten ausgearbeitetes Vertragswerk, durch welches sich die betroffenen Jungsozien bewusst auf eine langfristige Bindung an die Kanzlei eingelassen hätten.

Auf die Berufung der Beklagten hob das OLG München[272] das Teilurteil auf und verwies die Sache nach § 538 Abs. 2 S. 1 Nr. 1 ZPO an das LG München I zurück. Zur Begründung führte das OLG München aus, dass der Rechtsstreit über den Grund nicht entscheidungsreif gewesen sei. Nach Ansicht des OLG München sei die von der Klägerin vertretene Interpretation der Versorgungsregelung, wonach die Versorgungsverpflichtung in der Auseinandersetzungsbilanz zu passivieren sei, in Verbindung mit der Buchwertabfindung nach § 723 Abs. 3 BGB unwirksam. Denn hierdurch könnten sich Partner von einer Kündigung selbst aus wichtigem Grund abgehalten sehen. Aufgrund der Einstellung der Versorgungsrückstellungen in die Auseinandersetzungsbilanz werde der Abfindungsanspruch der Sozien so sehr beschränkt, dass ihre Entschließungsfreiheit zum Zeitpunkt der beabsichtigten Kündigung „unvertretbar" eingeengt werde. Auch wenn es sich vorliegend – anders als im Schuldknechtschaftsbeschluss des BGH – nicht um eine unmittelbare Haftung ausgeschiedener Sozien (gegenüber den versorgungsberechtigten Altsozien) handele, führe die Berücksichtigung von Pensionsrückstellungen in der Auseinandersetzungsbilanz dazu, dass ausgeschiedene Sozien für die Versorgungsansprüche in der vollen Höhe und sofort mit ihrem Anteil hafteten. Darüber hinaus sei der Umstand, dass es sich um ein von Anwälten ausgearbeitetes Vertragswerk handele, nicht zu berücksichtigen,

271 LG München I, Urteil vom 15.10.2008 – 20 O 9306/05.
272 OLG München, Urteil vom 12.05.2009 – 18 U 5218/08.

da wegen des zwingenden Charakters des § 723 Abs. 3 BGB „unvertretbare" Kündigungsbeschränkungen nicht freiwillig vereinbart werden könnten.

Der BGH wies die Nichtzulassungsbeschwerde der Klägerin mangels Vorliegens von Zulassungsgründen nach § 543 Abs. 2 ZPO zurück. Der BGH fügte seinem Zurückweisungsbeschluss den Hinweis hinzu, dass viel für die Annahme spreche, dass die Versorgungsregelung in der von den Klägern vertretenen Interpretation (Bilanzierung der (künftigen) Versorgungsverpflichtung als Rückstellung auf der Passivseite der Auseinandersetzungsbilanz) eine unzulässige Kündigungsbeschränkung nach § 723 Abs. 3 BGB darstelle[273].

3. *LG Heidelberg, Urteil vom 18.08.2009 – 2 O 147/09*[274]

Das LG Heidelberg[275] musste in einem Rechtsstreit über die Wirksamkeit einer Versorgungsvereinbarung zwischen den Gesellschaftern einer als GbR organisierten Rechtsanwaltssozietät entscheiden.

Der beklagte Rechtsanwalt trat im Jahre 1992 in die klagende Rechtsanwaltssozietät ein. Noch im selben Jahr trafen der Beklagte und die übrigen Sozien eine Vereinbarung, welche u.a. eine Alters- und Hinterbliebenenversorgung enthielt. § 15 Abs. 2 der Vereinbarung verpflichtete die Sozietät, einem bestimmten Altsozius (W) ein festes Ruhegehalt von DM 180.000,00 p.a. zu zahlen, während nach § 16 der Vereinbarung die Witwe des W im Falle seines Ablebens eine Rente in Höhe von 60 % des ihm zustehenden Ruhegehalts bekommen sollte. Der letzte unter Beteiligung des Beklagten geschlossene Sozietätsvertrag aus dem Jahr 2003 sah vor, dass auch ausgeschiedene Sozien anteilig in Höhe ihrer Beteiligung für die Rentenverpflichtungen der Sozietät mithaften (§ 12 Abs. 5 des Sozietätsvertrages).

W schied im Jahr 1994 altersbedingt aus der Sozietät aus und verstarb im Jahr 2000. Seit seinem Tod zahlte die Sozietät an seine im Jahr 1924 geborene Witwe aufgrund der Versorgungsvereinbarung monatlich eine Witwenrente in Höhe von EUR 4.601,64.

Der Beklagte schied zum 31.12.2004 kündigungsbedingt aus der Sozietät aus. Die Modalitäten seines Ausscheidens wurden in einer Auseinandersetzungsvereinbarung festgelegt, wobei § 4 der Vereinbarung eine Regelung zu der Versorgungspflicht des Beklagten enthielt. Danach wurde der Beklagte mit Wirkung zum 01.01.2005 aus seiner persönlichen Haftung für die Versorgungspflicht

---

273 BGH DStR 2010, 1898, 1899.

274 LG Heidelberg NZG 2009, 1181.

275 LG Heidelberg NZG 2009, 1181.

gegenüber einem anderen Altsozius (I) und dessen Ehefrau entlassen. Hingegen sollte seine anteilige Mithaftung (25,5%) für die Versorgungszahlungen an die Witwe des W auch für die Zeit ab dem 01.01.2005 bestehen bleiben. Eine zeitliche Beschränkung der persönlichen Haftung des Beklagten wurde nicht vorgesehen.

Nachdem der Beklagte aufgrund der Ausscheidensvereinbarung zunächst bis einschließlich Mai 2008 EUR 1173,42 an die Sozietät zahlte, stellte der Beklagte ab Juni 2008 seine Zahlungen ein und berief sich zur Begründung auf den Schuldknechtschaftsbeschluss des BGH vom 18.02.2008[276].

Das LG Heidelberg gab der Klage der Sozietät statt. Das Gericht bejahte einen Anspruch der Klägerin gegen den Beklagten auf Zahlung seines Versorgungsanteils nach § 4 der Auseinandersetzungsvereinbarung in Verbindung mit § 12 Abs. 5 des Sozietätsvertrages. Hiernach sei der Beklagte trotz seines Ausscheidens verpflichtet, gegenüber der Sozietät anteilig in Höhe seiner letzten Beteiligung (25,5%) für die Versorgungsleistungen an die Witwe des W einzustehen. Die Nachhaftung des Beklagten stelle keine unzulässige Kündigungsbeschränkung im Sinne von § 723 Abs. 3 BGB dar, weil sich dieser im Hinblick auf die Nachhaftung nicht von einer Kündigung abgehalten sehen könne.

Das LG Heidelberg argumentierte, dass die Beurteilung, ob eine Versorgungregelung gegen § 723 Abs. 3 BGB verstoße, im Wege einer Gesamtbetrachtung der in dem Sozietätsvertrag getroffenen Regelungen vorgenommen werden müsse[277]. Dabei seien insbesondere auch anderweitige Kompensationsmöglichkeiten zu berücksichtigen.

So sei die persönliche Haftung des Beklagten (bis zum 01.01.2005) auf den Rentenanspruch des Altsozius I (und seiner Ehefrau) und der Witwe des W beschränkt worden (§ 9 des Sozietätsvertrages). Darüber hinaus sei – im Unterschied zu dem Sozietätsvertrag in dem Schuldknechtschaftsbeschluss des BGH – keine gesamtschuldnerische, sondern lediglich eine anteilige Haftung entsprechend der Beteiligung des Beklagten vereinbart worden. Zusätzlich sei die Haftung dadurch begrenzt, dass der Beklagte für Rentenverpflichtungen, welche erst nach seinem Ausscheiden fällig werden, nur nach Maßgabe eines bestimmten Haftungsschlüssels einstehen müsse. Außerdem sei gerade im Hinblick auf die fortlaufende persönliche Haftung des Beklagten eine Abfindung in Höhe des 2,5-fachen des durchschnittlichen Monatsumsatzes multipliziert mit dem Prozentsatz seiner Beteiligung vereinbart worden.

276 Siehe oben unter § 4 I 1.
277 LG Heidelberg NZG 2009, 1181.

Schließlich führte das Gericht aus, dass es im vorliegenden Fall ohnehin nicht entscheidungserheblich auf eine Gesamtwürdigung des Sozietätsvertrages ankomme, weil die anteilige Rentenhaftung des Beklagten auf der Auseinandersetzungsvereinbarung beruhe. Hierdurch sei die Haftung des Beklagten auf eine neue, unabhängig vom Sozietätsvertrag zu beurteilende Rechtsgrundlage gestellt worden. Die Parteien hätten die Rechtsfolgen des Ausscheidens des Beklagten mit der Auseinandersetzungsvereinbarung abweichend von der ursprünglichen Versorgungsvereinbarung geregelt und vollzogen, sodass für die Berücksichtigung einer etwaigen, aus dem Sozietätsvertrag folgenden Kündigungsbeschränkung kein Raum bleibe[278].

4. Vermeintlicher Widerspruch

Die vorgenannten Gerichtsentscheidungen zeigen, dass die Rechtsprechung Versorgungsregelungen, wonach kündigungsbedingt ausgeschiedene Sozien weiterhin persönlich für die Versorgungsansprüche der Altsozien haften, unter dem Aspekt einer mittelbaren Kündigungsbeschränkung gem. § 723 Abs. 3 BGB überprüft[279]. Im Kern geht es dabei um die Frage, ob diese Nachhaftung die Entschließungsfreiheit eines kündigungswilligen Sozius ernsthaft beeinträchtigen kann.

Allerdings scheint es so, als hätten die Gerichte unterschiedliche Prüfungsmaßstäbe angewendet.

Der BGH hat in seinem Schuldknechtschaftsbeschluss[280] die Unwirksamkeit der streitgegenständlichen Versorgungsregelung nach § 723 Abs. 3 BGB mit der Begründung bejaht, dass die ausscheidenden Jungsozien über Jahrzehnte hinweg erheblichen finanziellen Verbindlichkeiten gegenüberstünden, welche sie ohne Beteiligung an den Gewinnen der Sozietät bedienen müssten. Der BGH stellte damit allein auf den Aspekt einer langfristigen Nachhaftung ohne Gewinnbeteiligung ab. Weitere Prüfungskriterien nannte der BGH nicht.

Auch in seinem Beschluss vom 21.06.2010 – II ZR 133/09 – ging der BGH[281] von der Unwirksamkeit der nachwirkenden Versorgungsregelung aus, ohne dies jedoch näher zu begründen. Insbesondere blieb unerwähnt, dass die Jungsozien nur anteilig entsprechend ihres jeweiligen Gewinnanteils hafteten. Darüber hinaus

---

278 LG Heidelberg NZG 2009, 1181, 1182.

279 Zu dem Begriff der mittelbaren Kündigungsbeschränkung vgl. oben unter § 3 I 2 b und § 3 II 2.

280 BGH DStR 2008, 785.

281 BGH DStR 2010, 1898.

ging der BGH auch nicht auf den Umstand ein, dass die Abfindung im Falle der Kündigung auf den Buchwert beschränkt und die Mitnahme von Mandanten zugelassen wurde.

Hingegen machte das LG Heidelberg in seiner Entscheidung vom 18.08.2009[282] deutlich, dass eine Beeinträchtigung des Kündigungswillens eines Gesellschafters nicht allein aufgrund des Umstands, dass eine Nachhaftung für Versorgungsverbindlichkeiten vereinbart wurde, angenommen werden könne. Vielmehr nahm das Gericht eine umfassende Gesamtbetrachtung aller in dem konkreten Sozietätsvertrag getroffenen Regelungen unter besonderer Berücksichtigung anderweitiger Kompensationsmöglichkeiten vor. Von Bedeutung waren für das Gericht etwaige Haftungsbeschränkungen (z.B. anteilige Haftung anstelle einer gesamtschuldnerischen Haftung, Haftung nach Maßgabe eines bestimmten Haftungsschlüssels etc.) sowie die Höhe der Abfindung. Hingegen war es für das Gericht unerheblich, dass es sich um ein von Rechtskundigen ausgearbeitetes Vertragswerk handelte, auf welches sich die Beteiligten bewusst einließen[283].

Ein Vergleich dieser Gerichtsentscheidungen wirft mithin die Frage auf, ob schon allein die Begründung einer Nachhaftung für Versorgungsansprüche von Altsozien zur Unwirksamkeit einer Versorgungsregelung nach § 723 Abs. 3 BGB führt oder ob es vielmehr einer umfassenden, einzelfallbezogenen Gesamtschau der sozietätsvertraglichen Regelungen bedarf.

5. *Stellungnahme*

Das LG Heidelberg sah in seiner Gesamtbetrachtungsmethodik keinen Widerspruch zum Schuldknechtschaftsbeschluss des BGH[284]. Der Entscheidung des BGH lasse sich nicht entnehmen, dass bereits der bloße Umstand der Nachhaftung trotz Ausscheidens zur Unwirksamkeit nach § 723 Abs. 3 BGB führen solle. Es habe bereits vor dem Schuldknechtschaftsbeschluss der Rechtsprechung des BGH entsprochen, dass bei der Beurteilung einer Versorgungsregelung nach § 723 Abs. 3 BGB eine Gesamtbetrachtung vorzunehmen sei und insbesondere anderweitige Kompensationsmöglichkeiten zu berücksichtigen seien. Durch den Schuldknechtschaftsbeschluss habe der BGH seine bisherige Rechtsprechung nicht ändern wollen.

282 LG Heidelberg NZG 2009, 1181.

283 A.A. LG München I, Urteil vom 15.10.2008 – 20 O 9306/05.

284 LG Heidelberg NZG 2009, 1181.

Hingegen ging das OLG München[285] davon aus, dass der BGH in seinem Schuldknechtschaftbeschluss weder darauf abgestellt habe, ob die Jungsozien als Gesamtschuldner oder bloß anteilig hafteten, noch darauf abgestellt habe, ob die ausgeschiedenen Jungsozien Mandanten mitnehmen konnten[286]. Im Ergebnis nahm das OLG München damit an, dass allein die Vereinbarung einer Nachhaftung ohne Gewinnbeteiligung für den BGH ausgereicht habe, um eine kündigungsbeschränkende Wirkung der Versorgungsregelung nach § 723 Abs. 3 BGB zu bejahen.

Allerdings hat der BGH in einer älteren Entscheidung[287] keine Bedenken gegen die in der Vorinstanz ergangenen Entscheidungen des LG München I[288] und des OLG München[289], in welchen zur Beurteilung der Unwirksamkeit einer Versorgungsregelung nach § 723 Abs. 3 BGB auf eine Gesamtschau aller im Sozietätsvertrag enthaltenen Regelungen abgestellt wurde, erhoben und die Annahme der Revision verweigert. Aus diesem Grund kann mit dem LG Heidelberg angenommen werden, dass der BGH gerade auch die Methodik der Gesamtbetrachtung aller konkreten Umstände des Einzelfalls im Rahmen der Prüfung des § 723 Abs. 3 BGB befürwortet. Zwar spricht für die Ansicht des OLG München, dass der BGH in seinem jüngeren Schuldknechtschaftsbeschluss weder auf etwaige Haftungsbeschränkungen noch auf die Höhe der Abfindung bzw. die Möglichkeit der ungehinderten Mandantenmitnahme einging. Auch in seinem jüngsten Beschluss vom 21.06.2010 – II ZR 133/09 ließ der BGH unerwähnt, dass die Beklagten die von Ihnen während ihrer Mitgliedschaft in der Sozietät betreuten Mandanten mitnehmen durften und damit eine nachwirkende Teilhabe am Good Will der Sozietät, welche zu eigenen Gewinnen der ausgeschiedenen Sozien führte, gewährleistet war. Allerdings hat der BGH nur deshalb von einer weiteren Begründung abgesehen, weil diese nach § 544 Abs. 4 S. 2 Hs. 2 ZPO nicht geeignet gewesen wäre, zur Klärung der Voraussetzungen für die Zulassung einer Revision beizutragen. Deshalb widerspricht es auch nicht der höchstrichterlichen Rechtsprechung des BGH, wenn man die kündigungsbeschränkende Wirkung einer Versorgungsregelung im Wege einer umfassenden Gesamtschau des konkreten Sozietätsvertrages bestimmt[290].

---

285 OLG München, Urteil vom 12.05.2009 – 18 U 5218/08.

286 In Bezug auf den Aspekt der Möglichkeit der Mandantenmitnahme zustimmend LG München I NJW 2014, 478, 481. Hierzu ausführlich unten unter § 4 II 2.

287 BGH, Beschluss vom 27.03.2000 – II ZR 130/99.

288 LG München I, Urteil vom 22.07.1998 – 25 O 6395/98, BeckRS 2013, 18383. Näher hierzu unten unter § 4 II 1.

289 OLG München NZG 1999, 821.

290 So im Ergebnis auch LG München I NJW 2014, 478, 482.

6. *Zwischenergebnis*

Die Auswertung der vorgenannten Gerichtsentscheidungen ergibt, dass im Wege einer Gesamtbetrachtung der in einem Sozietätsvertrag getroffenen Regelungen geprüft werden muss, ob eine Versorgungsregelung kündigungsbeschränkende Wirkung nach § 723 Abs. 3 BGB hat. Diese Gesamtbetrachtungsmethodik steht nicht in Widerspruch zu der neueren Rechtsprechung des BGH. Im Gegenteil, der BGH hat diese Vorgehensweise durch seine Entscheidung vom 27.03.2000 – II ZR 130/99 – bekräftigt[291]. Wenngleich ein wesentlicher Aspekt für die Annahme einer kündigungsbeschränkenden Versorgungsregelung die Vereinbarung einer nachwirkenden Versorgungsverpflichtung (ohne Gewinnbeteiligung) ist, können anderweitige Kompensationsmöglichkeiten, wie etwa die Möglichkeit der Mandantenmitnahme oder ein Anspruch auf eine angemessene Abfindung, zu einem differenzierten Ergebnis führen. Welche Grundsätze bei der Gesamtschau gelten und welche weiteren Parameter im Rahmen der Gesamtbetrachtung Berücksichtigung finden können, wird unten unter § 4 IV näher untersucht.

II. Die Urteile des LG München I

Von besonderer Bedeutung für die Bestimmung des Prüfungsmaßstabs des § 723 Abs. 3 BGB sind zwei Urteile des LG München I[292], welche dieselbe Versorgungsregelung eines nahezu unveränderten Anwaltssozietätsvertrags zum Gegenstand haben. Bemerkenswert ist, dass das LG München I diese Versorgungsregelung in seiner jüngeren Entscheidung für nichtig erklärte, während es dieselbe Versorgungsregelung etwa 15 Jahre zuvor noch für wirksam hielt.

1. *LG München I, Urteil vom 22.07.1998 – 25 O 6395/98*[293]

Die erste Entscheidung des LG München I aus dem Jahre 1998[294] hatte, wie eben erwähnt, eine Versorgungsregelung aus einem Sozietätsvertrag einer als GbR organisierten Anwaltssozietät zum Gegenstand.

Der Kläger war Sozius der mit den beiden Beklagten im Jahre 1990 gegründeten Anwaltssozietät. Der Sozietätsvertrag enthielt eine Versorgungsregelung, wonach ein pensionierter Gesellschafter gegen die verbleibenden Gesellschafter anstelle

291 Offermann-Burckart NJW 2014, 434, 437.

292 LG München I, Urteil vom 22.07.1998 – 25 O 6395/98, BeckRS 2013, 18383, Tz. 1.2.1; LG München I NJW 2014, 478.

293 LG München I, Urteil v. 22.07.1998 – 25 O 6395/98, BeckRS 2013, 18383.

294 LG München I, Urteil v. 22.07.1998 – 25 O 6395/98, BeckRS 2013, 18383.

seines Anspruchs auf Beteiligung am Gewinn einen Anspruch auf Zahlung einer lebenslangen Rente in Höhe des Bruttogehalts eines bayerischen Justizamtmannes in München, verheiratet, ohne Kind, ein Dienstjahr, hatte. Im Falle des Todes des pensionierten Gesellschafters sollte dessen Ehefrau von den übrigen Gesellschaftern eine an ihrem Alter orientierte lebenslange Rente erhalten. Der Sozietätsvertrag beinhaltete hinsichtlich des Klägers die Sonderregelung, dass dieser bereits vor der allgemein geltenden Pensionsgrenze von 60 Jahren in Pension treten konnte (bei vermindertem Rentenanspruch bis zur Vollendung des 60. Lebensjahres, dann Rente in voller Höhe) und den Beklagten in diesem Falle der Geschäftsanteil des Klägers zu gleichen Teilen anwuchs. Der Sozietätsvertrag sah vor, dass ein Gesellschafter auch im Falle einer Kündigung hinsichtlich der ihm obliegenden Rentenleistung verpflichtet blieb. Der kündigende Sozius konnte den verbleibenden Sozien jedoch einen Nachfolger vorschlagen, welcher – sofern diese den Nachfolger nicht einstimmig ablehnten – neben dem kündigungsbedingt ausgeschiedenen Sozius für die Rentenansprüche der Altsozien haftete. Die Mitnahme von Mandanten wurde nicht geregelt, d.h. es wurde weder eine Mandantenschutzklausel zugunsten der Sozietät[295] noch ein ausdrückliches Mandantenmitnahmerecht ausscheidender Sozien vorgesehen. Darüber hinaus wurde der Abfindungsanspruch für den Fall der Kündigung auf den Buchwert der jeweiligen Beteiligung beschränkt.

Weiter sah der Sozietätsvertrag die Verpflichtung der pensionierten Gesellschafter vor, Mandanten, welche sich an diese wendeten, an die Sozietät weiterzureichen. Gleichwohl war ein pensionierter Gesellschafter im Falle eines entsprechenden Wunsches des Mandanten berechtigt, diesen zu betreuen, jedoch mit der Maßgabe, dass er 30% des verdienten Honorars an die verbleibenden Gesellschafter abführen musste.

Am 31.10.1992 trat der Kläger noch vor seinem 60. Lebensjahr in Pension. Die Beklagten zahlten ihm zunächst die vertraglich vereinbarte Rente. Ab Dezember 1997 stellten die Beklagten jedoch ihre Rentenzahlungen an den Kläger ein, weil sie der Meinung waren, dass dieser seiner vertraglichen Verpflichtung, bei ihm vorstellig werdende Mandanten an die Sozietät zu verweisen, nicht nachgekommen sei. Hintergrund war, dass eine Mandantin, deren Mehrheitsgesellschafter und Mit-Geschäftsführer der Kläger war, das bis dahin bestehende langjährige Mandatsverhältnis mit der Sozietät gekündigt hatte. Mit der Klage verlangte der Kläger die Nachzahlung der Rente für die Monate Dezember 1997 bis einschließlich April 1998 und darüber hinaus die Feststellung der Rentenzahlungsverpflichtung auch für die Zukunft.

295 LG München I NJW 2014, 478, 481; vgl. auch Offermann-Burckart NJW 2014, 434, 437.

Das LG München I gab der Klage vollumfänglich statt. Das Gericht führte zunächst aus, dass eine Nichtigkeit nach § 723 Abs. 3 BGB dann nicht in Betracht komme, wenn der Gesellschaftszweck oder die sonstigen zwischen den Beteiligten getroffenen Vereinbarungen erkennen ließen, dass die Beteiligten übereinstimmend eine überlange Bindung gewollt und nicht mit der Nichtigkeit aus § 723 Abs. 3 BGB gerechnet hätten. Vor diesem Hintergrund sei die vorliegende Versorgungsregelung nicht unwirksam nach § 723 Abs. 3 BGB. Denn die Beklagten hätten eine Bindung auf Lebenszeit ganz bewusst gewollt, da sie den Sozietätsvertrag in Kenntnis des Lebensalters des Klägers und in Kenntnis dessen, dass der Kläger bereits vor der vertraglich vorgesehenen Pensionsgrenze von 60 Jahren in Pension treten konnte, eingegangen seien. Im Übrigen führte das Gericht zur Begründung der Wirksamkeit der Versorgungsregelung aus, dass die Kündigungsmöglichkeit der Jungsozien deshalb nicht beeinträchtigt sei, weil diesen die Möglichkeit eingeräumt worden sei, einen Nachfolger zu bestimmen, welcher in ihre Rentenzahlungspflicht eintrete. Zudem könnten die Kündigenden der Sozietät zugehörige Mandanten übernehmen und hieraus Vorteile ziehen. Darüber hinaus seien den Beklagten die Gesellschafts- und Gewinnanteile des Klägers zu gleichen Teilen angewachsen, was sich bei der Berechnung des Auseinandersetzungsguthabens niederschlage.

Die Entscheidung des LG München I wurde durch das Berufungsurteil des OLG München vom 18.02.1999[296] bestätigt. Das OLG München bestätigte, dass bei der Beurteilung, was als zulässige und mit der Vorschrift des § 723 Abs. 3 BGB zu vereinbarende Kündigungsbeschränkung angesehen werden könne, zu berücksichtigen sei, ob es sich bei dem Sozietätsvertrag um ein auf die gesamte Lebensdauer ausgelegtes Vertragswerk handele. Wie die Vereinbarung einer Altersversorgung sowie einer Witwenrente zeige, wollten sich die Vertragspartner für einen längeren Zeitraum binden. Zudem handele es sich um ein von Anwälten ausgearbeitetes Vertragswerk, welchem ein ausgewogenes Verhältnis von Rechten und Pflichten der Beteiligten zugrunde gelegt worden sei. So stehe der Versorgungsverpflichtung die Tatsache gegenüber, dass der Kläger den Beklagten erst den Eintritt in eine fest etablierte, über einen großen Mandantenstamm verfügende Kanzlei ermöglicht habe. Hierdurch sei entscheidend eine Grundlage zur Verfügung gestellt worden, welche die durch die Rentenversprechen entstandenen Belastungen erst ermöglicht habe. An dieser Beurteilung ändere auch der Umstand nichts, dass die Abfindung auf den Buchwert beschränkt worden sei. Dahinter stehe die berechtigte Überlegung, dass sich die Versorgungslasten nur

296 OLG München NZG 1999, 821.

mit dem langjährigen beruflichen Einsatz der Beteiligten unter Beschränkung der Abfindung im Falle einer Kündigung erwirtschaften ließen. Die an sich zulässige Abfindungsbeschränkung auf den Buchwert werde auch nicht dadurch unzulässig, dass die Möglichkeit der Mitnahme von Mandanten nicht ausdrücklich vereinbart worden sei. Denn letztlich werde sich die Sozietät (in Ermangelung einer Mandantenschutzklausel) einer Mandantenübernahme durch den Kündigenden, wenn die Mandanten darauf bestünden, nicht verwehren können. Im Übrigen könnten die kündigungsbedingt ausscheidenden Jungsozien einen Nachfolger stellen, welcher in deren Rentenverpflichtung eintrete.

2. *LG München I, Urteil vom 04.03.2013 – 15 O 8167/12*[297]

Etwa 15 Jahre später musste das LG München I[298] erneut über die Wirksamkeit derselben Versorgungsregelung bei derselben Sozietät entscheiden. Allerdings wurde in den Sozietätsvertrag zwischenzeitlich eine Mandantenschutzklausel aufgenommen, wonach ausgeschiedene Gesellschafter verpflichtet waren, für die Dauer von sechs Monaten keine Mandanten zu übernehmen, die während der letzten zwei Jahre vor dem Ausscheidensdatum zur Klientel der Sozietät gehörten.

Der Kläger war seit 1997 Mitglied der Sozietät. Im Jahre 2002 trat der Beklagte der Sozietät bei, ohne hierfür ein Eintrittsgeld zahlen zu müssen. Zunächst war der Beklagte mit 10%, am Ende seiner Mitgliedschaft mit 27% beteiligt. Aufgrund seiner Kündigung schied der Beklagte zum 31.12.2011 aus der Sozietät aus. Zur Regelung der Ausscheidensmodalitäten wurde eine Abwicklungsvereinbarung geschlossen. Darin hieß es unter anderem, dass 21 Mandanten angeschrieben und gefragt werden würden, ob sie in Zukunft weiterhin von der alten Sozietät oder von dem Beklagten in seiner neuen Kanzlei betreut werden möchten. Dabei entschieden sich 20 der befragten Mandanten für eine Zusammenarbeit mit dem Beklagten. Die Parteien hielten in der Abwicklungsvereinbarung ausdrücklich fest, dass keine Einigung über die Frage der Rentenverpflichtung erzielt worden sei. Der Beklagte verzichtete auf seine Buchwertabfindung sowie die Teilnahme an Zahlungseingängen auf die im Zeitpunkt des Ausscheidens offenen Rechnungen.

Der Kläger begehrte mit seiner Klage die Feststellung, dass der Beklagte verpflichtet sei, an ihn bzw. seine Witwe nach Maßgabe des Sozietätsvertrages eine Rente zu bezahlen. Hilfsweise begehrte der Kläger die Feststellung, dass der Beklagte zumindest bis zu seinem 60. Lebensjahr zur Rentenzahlung verpflichtet sei,

---

297 LG München I NJW 2014, 478.
298 LG München I NJW 2014, 478.

und weiter hilfsweise die Feststellung, dass der Beklagte nur subsidiär neben der Sozietät zur Rentenzahlung nach Maßgabe des Sozietätsvertrages verpflichtet sei.

Diesmal wies das LG München I die Klage vollumfänglich ab, weil es in der über den Zeitpunkt des Ausscheidens fortbestehenden Versorgungsverpflichtung einen Verstoß gegen § 723 Abs. 3 BGB erblickte. Das Gericht führte aus, dass die Tatsache, dass der Beklagte den Sozietätsvertrag freiwillig geschlossen habe, ebenso wenig etwas an dieser Beurteilung ändere wie die Tatsache, dass es sich bei dem Beklagten um einen Rechtsanwalt gehandelt habe, welchem die Tragweite der Versorgungsklausel bewusst gewesen sein musste. Darüber hinaus betonte das Gericht, dass die Frage der Wirksamkeit einer Versorgungsregelung nach § 723 Abs. 3 BGB nicht nach einer schematischen Betrachtungsweise, sondern vielmehr im Wege einer wertenden Gesamtschau aller konkreten gesellschaftsvertraglichen Regelungen für den Fall des Ausscheidens eines Gesellschafters zu klären sei. Entscheidend sei auf den Zeitpunkt des Vertragsschlusses abzustellen, weshalb die Frage, wie der Vertrag tatsächlich abgewickelt wurde, irrelevant sei. Auf die tatsächliche Abwicklung komme es nur an, wenn die Parteien in einer gesonderten Abwicklungsvereinbarung auch die Frage der Rentenverpflichtung geregelt hätten. Da die Parteien in der Abwicklungsvereinbarung ausdrücklich die Rentenzahlungspflicht ausgeklammert hätten, sei für die Gesamtbewertung der gegenseitigen Rechte und Pflichten unbedeutend, dass dem Beklagten die Mitnahme von 20 Mandanten ermöglicht worden sei.

Das Gericht stellte vielmehr entscheidend darauf ab, dass die Gesellschafter nach dem Sozietätsvertrag – unabhängig von der Größe ihres Anteils – in voller Höhe, zeitlich unbeschränkt (jedenfalls bis zur Vollendung ihres 60. Lebensjahres) und unabhängig von der Dauer ihrer Sozietätszugehörigkeit für die Rentenansprüche der Altsozien hafteten. Eine solche Versorgungsklausel erschwere die Möglichkeit eines Mitgesellschafters, sich selbst bei Vorliegen eines wichtigen Grundes von der Sozietät zu lösen, da der lösungswillige Gesellschafter langfristig erheblichen Verbindlichkeiten gegenüberstehe, deren Erwirtschaftung er ohne Zugehörigkeit zu der Sozietät sicherstellen müsse. Auch die Möglichkeit der Stellung eines Nachfolgers für den Fall des Ausscheidens könne den Kündigenden nicht zwingend von der fortbestehenden Haftung befreien, da die übrigen Gesellschafter den Nachfolger – ohne besonderen Grund – einstimmig ablehnen könnten und auch bei Eintritt des Nachfolgers eine subsidiäre Haftung des Kündigenden bestehen bleibe. Damit habe es der Kündigende nicht einmal ansatzweise in der Hand, sich der Rentenzahlungsverpflichtung trotz seines Ausscheidens zu entziehen.

Weiter führte das Gericht aus, dass der Kläger mit der Vereinbarung einer unbeschränkten Haftung selbst die Ursache für eine unangemessene Beschränkung des Kündigungsrechts gesetzt habe. Dem Einwand des Klägers, dass im vorliegenden Fall im Unterschied zum Schuldknechtschaftsbeschluss des BGH der Höhe nach ein geringerer Rentenanspruch vereinbart worden sei (A 11 - Gehalt anstelle eines R 2 - Gehalts), entgegnete das Gericht, dass es zwar den Unterschied in der Höhe nicht verkenne, jedoch selbst die Vereinbarung einer Pflicht in Höhe der Besoldungsstufe A 11 eine erhebliche Verbindlichkeit darstelle, welche den Kündigenden am Ausscheiden aus der Sozietät hindere.

Die Mandantenschutzklausel in der vorliegenden Ausgestaltung könne die kündigungsbeschränkende Wirkung der Versorgungsregelung auch nicht aufheben, weil selbst die Unterbrechung eines Mandatsverhältnisses von nur sechs Monaten die naheliegende Gefahr des Mandatsverlustes beinhalte. Im Übrigen komme es – wie schon das dem Schuldknechtschaftsbeschluss zugrunde liegende Urteil des OLG Köln (Urteil vom 14.03.2007 - 6 U 7/06) zeige – auf diesen Gesichtspunkt gar nicht an. Selbst die Möglichkeit einer Mandantenmitnahme rechtfertige es nicht, eine Rentenzahlungspflicht ohne jeglichen Bezug zur Dauer der Mitgliedschaft, erst recht in Kombination mit dem Fehlen eines Bezugs zum Umfang der Beteiligung, vorzusehen.

Ergänzend führte das Gericht aus, dass in dem Sozietätsvertrag eine Buchwertabfindung mit einer Mandantenschutzklausel verbunden worden sei. Auch dies führe – vorliegend sogar in Kombination mit einer unbeschränkten Rentenzahlungspflicht – zu einer kündigungsbeschränkenden Wirkung. Der Umstand, dass der Beklagte kein Eintrittsgeld habe zahlen müssen, könne den in Streit stehenden Klauseln nicht zur Wirksamkeit verhelfen. Aufgrund eines unterbliebenen Eintrittsgeldes könne es allenfalls gerechtfertigt sein, im Falle der Kündigung eine Berücksichtigung des Good Wills zu beschränken, jedoch nicht vollumfänglich auszuschließen.

Der Kläger nahm seine Berufung vor dem OLG München zurück[299].

3. *Vergleich*

a) Gesamtbetrachtungsmethodik

Die beiden Urteile des LG München I bestätigen die Annahme, dass es für die Frage der Wirksamkeit einer Versorgungsregelung nach § 723 Abs. 3 BGB auf eine Gesamtbetrachtung des Sozietätsvertrages ankommt.

---

299 Vgl. OLG München, Beschluss vom 20.08.2013 - 17 U 1341/13, BeckRS 2013, 16648.

In seinem Urteil vom 22.07.1998 zog das LG München I[300] als Prüfungsmaßstab die Frage heran, ob der Gesellschaftszweck oder die sonstigen gesellschaftsvertraglichen Regelungen erkennen ließen, dass die Sozien eine überlange Bindung wollten und nicht mit der Nichtigkeit der Versorgungsregelung nach § 723 Abs. 3 BGB rechneten. Die Inbezugnahme der sonstigen zwischen den Beteiligten getroffenen gesellschaftsvertraglichen Regelungen sowie die anschließende Abwägung einzelner Klauseln verdeutlicht, dass es dem Gericht bei der Frage der Wirksamkeit einer Versorgungsregelung nach § 723 Abs. 3 BGB entscheidend auf eine Gesamtschau der gegenseitigen Rechte und Pflichten der Sozien ankam.

Diese Vorgehensweise wurde durch das Urteil des LG München I vom 4.03.2013[301] bestätigt. Das Gericht führte dabei explizit aus, dass die Wirksamkeit einer Versorgungsregelung nach § 723 Abs. 3 BGB nicht nach einer schematischen Betrachtungsweise, sondern vielmehr im Wege einer wertenden Gesamtschau aller konkreten gesellschaftsvertraglichen Regelungen für den Fall des Ausscheidens eines Gesellschafters beurteilt werden müsse.

Die beiden Urteile des LG München I stimmen damit in einem ganz wesentlichen Punkt überein: Die Wirksamkeit einer Versorgungsklausel nach § 723 Abs. 3 BGB hängt von der Ausgewogenheit der gegenseitigen Rechte und Pflichten, wie sie sich in dem gesamten Vertragswerk niedergeschlagen haben, ab[302]. Es kommt dabei maßgeblich auf den Zeitpunkt des Vertragsschlusses an[303]. Mit anderen Worten, in die Gesamtbetrachtung sind grundsätzlich nur diejenigen Regelungen einzubeziehen, welche bei Vertragsschluss getroffen wurden. Nachträgliche Vereinbarungen, die keine Änderung des ursprünglichen Gesellschaftsvertrages darstellen, sind unbeachtlich. Anders verhält es sich allerdings, wenn die Parteien eine nachträgliche (Abwicklungs-)Vereinbarung geschlossen haben, in der auch die Modalitäten der Rentenzahlungsverpflichtung (neu) geregelt wurden[304]. Denn dann wurde die Rentenzahlungspflicht auf eine neue Rechtsgrundlage gestellt, sodass selbst die Unwirksamkeit der Versorgungsregelung im Sozietätsvertrag die Wirksamkeit der Ausscheidensvereinbarung unberührt

300 LG München I, Urteil v. 22.07.1998 – 25 O 6395/98, BeckRS 2013, 18383, Tz. 1.2.1.

301 LG München I NJW 2014, 478, 479.

302 So auch Offermann-Burckart NJW 2014, 434.

303 LG München I NJW 2014, 478, 480. In seinem Urteil vom 22.07.1998 ging das LG München I zwar nicht auf diese Frage ein, allerdings nur deshalb, weil in dem zu entscheidenden Fall keine gesonderte Abwicklungsvereinbarung getroffen wurde.

304 LG München I NJW 2014, 478, 480.

lässt [305]. In dem vom LG München I am 04.03.2013 entschiedenen Fall wurde die Abwicklungsvereinbarung unter Ausklammerung der Rentenzahlungspflicht geschlossen, sodass für die Prüfung unerheblich war, dass der Beklagte insgesamt 20 Mandanten mitnehmen und sich damit – als eine Art wirtschaftliche Kompensation für die fortbestehende Rentenverpflichtung – eine nicht unerhebliche Umsatzquelle sichern konnte.

b) Die Parameter im Einzelnen

Bei der Heranziehung der für die Gesamtbetrachtung relevanten Parameter weichen die beiden Entscheidungen allerdings voneinander ab.

aa) Bewusstes Eingehen der Rentenverpflichtung

Das LG München I ging in seiner Entscheidung vom 22.07.1998[306] davon aus, dass das bewusste Eingehen einer Rentenverbindlichkeit gegen die Unwirksamkeit einer Versorgungsregelung nach § 723 Abs. 3 BGB spricht. Hierzu führte das Gericht aus, dass die Beklagten die Verpflichtung in Kenntnis des Lebensalters und der vertraglich vereinbarten Möglichkeit des Klägers, schon vor dem 60. Lebensjahr aus der Sozietät auszuscheiden, ganz bewusst eingegangen seien. Das OLG München[307], welches in der Berufungsinstanz die Entscheidung des LG München I bestätigte, ging sogar noch weiter und stellte unter anderem darauf ab, dass es sich bei dem Sozietätsvertrag um ein von Anwälten ausgearbeitetes Vertragswerk handele.

Demgegenüber waren diese Umstände für das LG München I in seiner Entscheidung vom 04.03.2013[308] für die Überprüfung der Versorgungsregelung nach § 723 Abs. 3 BGB völlig unbedeutend. Hierzu betonte das Gericht, dass das freiwillige Eingehen der Rentenverpflichtung ebenso wenig bei der Beurteilung der Versorgungsregelung zu berücksichtigen sei wie der Umstand, dass ein Rechtsanwalt in Kenntnis der Tragweite seines Handelns gehandelt habe.

---

305 Vgl. LG Heidelberg NZG 2009, 1181, 1182. In dem dieser Entscheidung zugrundeliegenden Fall umfasste die gesonderte Abwicklungsvereinbarung die Frage der Rentenzahlungsverpflichtung, sodass es dem Gericht für die Frage der Wirksamkeit nach § 723 Abs. 3 BGB nicht entscheidend auf die Ausgestaltung der Versorgungsregelung (sowie der übrigen vertraglichen Regelungen) des Sozietätsvertrages ankam.

306 LG München I, Urteil v. 22.07.1998 – 25 O 6395/98, BeckRS 2013, 18383, Tz. 1.2.1.

307 OLG München NZG 1999, 821.

308 LG München I NJW 2014, 478, 479.

bb) Bestimmung eines Nachfolgers

Auch bezüglich der Bestimmung eines Nachfolgers des ausscheidenden Gesellschafters widersprechen sich die beiden Entscheidungen des LG München I[309]. Während das Gericht in seiner älteren Entscheidung vom 22.07.1998 die Kündigungsmöglichkeit der Jungsozien deshalb nicht beeinträchtigt sah, weil diese einen in die Rentenzahlungspflicht eintretenden Nachfolger bestimmen konnten, war dieser Umstand für das Gericht in seiner jüngeren Entscheidung vom 04.03.2013 nicht geeignet, um einer Beeinträchtigung des Kündigungswillens entgegenzuwirken. Das Gericht begründete die fehlende Relevanz der Nachfolgerregelung damit, dass die Haftungsbefreiung letztlich nicht in der Macht des Ausscheidenden stehe, weil die verbleibenden Gesellschafter den Nachfolger (einstimmig) ablehnen könnten und der Ausscheidende trotz der Annahme des Nachfolgers weiterhin subsidiär hafte.

Allerdings darf die jüngere Entscheidung des LG München I vom 04.03.2013 nicht dahingehend verstanden werden, dass eine Nachfolgeregelung grundsätzlich kein abwägungsrelevanter Parameter sein kann. Vielmehr hielt das Gericht die Regelung in seiner konkreten Ausgestaltung für nicht ausreichend, um einer möglichen Beeinträchtigung des Kündigungswillens in Anbetracht einer fortdauernden Rentenhaftung entgegenwirken zu können.

cc) Mandantenmitnahme

Das LG München I begründete in seiner Entscheidung vom 22.07.1998[310] die Wirksamkeit der Versorgungsregelung unter anderem damit, dass es den Ausscheidenden freistünde, Mandanten der Sozietät zu übernehmen und hieraus wirtschaftliche Vorteile zu erhalten. Damit machte das Gericht deutlich, dass der Gesichtspunkt der Möglichkeit der Mandantenmitnahme einen für die Beurteilung der Wirksamkeit der Versorgungsregelung relevanten Parameter darstellte.

Hingegen war die zwischenzeitlich in den Sozietätsvertrag aufgenommene Mandantenschutzklausel für das LG München I in seiner Entscheidung vom 04.03.2013[311] ohne Bedeutung. Das Gericht betonte zwar, dass die Mandantenschutzklausel in seiner konkreten Ausgestaltung den kündigungsbeschränkenden Effekt der Versorgungsregelung nicht aufheben könne, weil selbst eine nur sechsmonatige Unterbrechung der Mandantenbetreuung den Verlust eines

---

309 LG München I, Urteil v. 22.07.1998 – 25 O 6395/98, BeckRS 2013, 18383; LG München I NJW 2014, 478, 481.

310 LG München I, Urteil v. 22.07.1998 – 25 O 6395/98, BeckRS 2013, 18383, Tz. 1.2.1.

311 LG München I NJW 2014, 478, 481.

Mandanten zur Folge haben könne. Allerdings führte das Gericht im weiteren Verlauf seiner Entscheidung aus, dass der Aspekt der Möglichkeit der Mandantenmitnahme ohnehin irrelevant für die Beurteilung der Wirksamkeit einer Versorgungsregelung nach § 723 Abs. 3 BGB sei und verwies dabei auf das Urteil des OLG Köln vom 14.03.2007[312].

dd) Abfindungsregelung

In seiner Entscheidung vom 22.07.1998[313] verneinte das LG München I eine kündigungsbeschränkende Wirkung der streitgegenständlichen Versorgungsregelung u. a. mit der Begründung, dass den versorgungsverpflichteten Jungsozien die Gesellschafts- und Gewinnanteile des versorgungsberechtigten Altsozius zu gleichen Teilen angewachsen seien und sich dies bei der Berechnung des Auseinandersetzungsguthabens niederschlage. Der Umstand, dass die Anwachsung der Gesellschaftsanteile und deren Auswirkung auf das Auseinandersetzungsguthaben in die Gesamtbetrachtung einbezogen wurde, verdeutlicht, dass für das Gericht die Höhe der Abfindung bei der Frage der Wirksamkeit einer Versorgungsregelung nach § 723 Abs. 3 BGB entscheidungserheblich war.

Im Gegensatz dazu ging das LG München I in seiner Entscheidung vom 04.03.2013[314] bei der Prüfung der kündigungsbeschränkenden Wirkung der Versorgungsregelung nicht auf die Buchwertklausel ein. Hieraus folgt, dass die Buchwertklausel für die Frage der Wirksamkeit der Versorgungsregelung nicht entscheidungserheblich war[315].

Vielmehr hielt das Gericht schon die Buchwertklausel (in Kombination mit der Mandantenschutzklausel) selbst für unwirksam, weil diese gegen § 723 Abs. 3 BGB verstoße. Vorliegend erhalte der ausscheidende Gesellschafter nicht nur keine Beteiligung am Good Will, sondern gleichzeitig werde ihm durch die Mandantenschutzklausel die Mitnahme seines eigenen Anteils am Good Will unmöglich gemacht[316]. Dies führe dazu, dass sich ein Gesellschafter daran gehindert sehen könnte, von der Ausübung seines Kündigungsrechts Gebrauch zu machen[317].

312 Vgl. hierzu bereits oben unter § 4 II 2.

313 LG München I, Urteil v. 22.07.1998 – 25 O 6395/98, BeckRS 2013, 18383, Tz. 1.2.1.

314 LG München I NJW 2014, 478.

315 Vgl. auch Offermann-Burckart NJW 2014, 434, 436.

316 LG München I NJW 2014, 478, 481.

317 LG München I NJW 2014, 478, 481.

Wie das Gericht zu Recht ausführte, entspricht es der höchstrichterlichen Rechtsprechung[318] und der wohl einhelligen Auffassung in der Literatur[319], dass bei Freiberufler-Sozietäten eine Beschränkung der Abfindung auf den Buchwert des Anteils immer dann zulässig ist, wenn im Gegenzug auf eine Mandantenschutzklausel oder ein gleichgerichtetes nachvertragliches Wettbewerbsverbot verzichtet wurde. Die Rechtsprechung begründet dies damit, dass sich der ausgeschiedene Sozius durch die Mitnahme der bisherigen Mandanten / Patienten etc. eine eigene Existenzgrundlage schaffen könne[320]. Dieser Auffassung ist zuzustimmen, weil einem ausscheidenden Sozius eine Beteiligung am Good Will nicht nur über eine Geldzahlung, sondern auch über die Mitnahme der bisher betreuten Mandanten gewährt werden kann[321]. Wird allerdings eine Buchwertklausel mit einer Mandantenschutzklausel kombiniert, verstößt die Buchwertklausel regelmäßig gegen § 723 Abs. 3 BGB, da der mit der Kündigung einhergehende wirtschaftliche Nachteil dazu führen kann, dass ein Sozius seinen Kündigungswillen aufgibt.

Vor diesem Hintergrund erhob das LG München I in seiner Entscheidung vom 04.03.2014[322] zu Recht Bedenken gegen die Wirksamkeit der Buchwertabfindung im Hinblick auf § 723 Abs. 3 BGB. Ein rechtlich schützenswertes Interesse der Sozietät bzw. der Sozien, welches die Kombination der Buchwertklausel mit der Mandantenschutzklausel rechtfertigen würde, ist nicht zu erkennen.

Dagegen wird vertreten, dass bei kleineren Anwaltssozietäten die Kombination einer Buchwertklausel mit einem nachvertraglichen Wettbewerbsverbot zulässig sein soll, weil der Mandantenstamm viel personenbezogener und kanzleiunabhängiger sei als bei größeren Kanzleien[323]. Vor diesem Hintergrund sei die Vereinbarung eines nachvertraglichen Wettbewerbsverbots unerlässlich, um die Mandanten weiter an die Sozietät zu binden und hierdurch die Versorgung der Altsozien zu sichern. Diese Ausnahme erscheint gerechtfertigt, da gerade bei kleineren Anwaltssozietäten das persönliche Verhältnis zwischen den Anwälten und ihren Mandanten im Vordergrund steht und das Fehlen einer Mandantenschutzklausel in der Regel dazu führt, dass die Mandanten ihren ausscheidenden Anwälten „folgen“. Dieser drohende Umsatzverlust, einhergehend mit der Gefährdung der Alterssicherung

318 BGH WM 1979, 1064, 1065; BGH NJW 1994, 796, 797; 1995, 1551.

319 Sigle ZGR 1999, 659, 674; Westermann AnwBl. 2007, 103, 109, 110.

320 BGH WM 1979, 1064, 1065 (betr. Anwaltssozietät); BGH NJW 1994, 796, 797 (betr. Ärztesozietät).

321 Römermann NJW 2007, 2209, 2214.

322 LG München I NJW 2014, 478, 481.

323 Sigle ZGR 1999, 659, 674.

der Altsozien, rechtfertigt die Kombination von Buchwertklausel und Mandantenschutzklausel bei kleineren Anwaltssozietäten. Von einer kleineren Anwaltssozietät im vorstehenden Sinne kann immer dann ausgegangen werden, wenn der Sozietät nicht mehr als fünf Sozien angeschlossen sind.

4. *Zwischenergebnis*

Die beiden Entscheidungen des LG München I bestätigen, dass es für die Frage der Wirksamkeit von Versorgungsregelungen nach § 723 Abs. 3 BGB auf eine Gesamtschau ankommen soll, innerhalb derer zu prüfen ist, ob die gegenseitigen Rechte und Pflichten der Sozien in einem angemessenen Verhältnis stehen. Man muss sich also, folgt man dieser Rechtsprechung, die Frage stellen, ob die durch die Versorgungsregelung entstehenden Nachteile durch in anderen Regelungen enthaltene Vorteile ausgeglichen werden. Offen bleibt allerdings, welche Parameter im Einzelnen für die Gesamtschau abwägungsrelevant sind.

Aufgrund einer unterschiedlichen Beurteilung der Frage, auf welche Parameter es ankommt, kommt das LG München I in den beiden Entscheidungen zu unterschiedlichen Ergebnissen, obwohl sie – bis auf die zwischenzeitlich aufgenommene Mandantenschutzklausel – denselben Sozietätsvertrag zum Gegenstand haben.

III. Literatur

Auch die Literatur geht davon aus, dass die kündigungsbeschränkende Wirkung einer gesellschaftsvertraglichen (Versorgungs-)Regelung nicht von einer schematischen Betrachtungsweise, sondern vielmehr im jeweiligen Einzelfall von einer Gesamtbetrachtung der gegenseitigen Rechte und Pflichten abhängt[324]. Laut *Offermann-Burckart*[325] ist bei der Gesamtschau darauf abzustellen, „ob das Geben und Nehmen der Vertragsparteien in einem angemessenen Verhältnis stehen, ob also Nachteile, die ein Partner auf Grund einer bestimmten Regelung erleidet, durch in anderen Regelungen vorgesehene Vorteile ausgeglichen werden". Ähnlich sehen dies *Hadding/Kießling*[326], für welche es bei der Betrachtung der Gesamtumstände des Einzelfalls darauf ankommt, ob das Kündigungsrecht desGesellschafters durch andere Instrumentarien kompensiert werden kann.

324 Offermann-Burckart NJW 2014, 434, 437; Hadding/Kießling, in: Soergel, BGB, 13. Auflage, § 723 Rn. 55; vgl. auch Schmid, in: Sozietätsrecht, 2. Auflage, § 8 Rn. 106 f.

325 Offermann-Burckart NJW 2014, 434.

326 Hadding/Kießling, in: Soergel, BGB, 13. Auflage, § 723 Rn. 55.

Allerdings lässt auch die Literatur offen, welche Parameter im Einzelnen in die Gesamtschau einzubeziehen sind und wie sie die kündigungsbeschränkende Wirkung einer Versorgungsregelung beeinflussen können.

IV. Abwägungsrelevante Parameter

Nach der Rechtsprechung[327] und der Literatur[328] kommt es für die Beurteilung der kündigungsbeschränkenden Wirkung einer Versorgungsregelung auf eine Gesamtschau der gegenseitigen Rechte und Pflichten der Parteien an. Von besonderer Bedeutung für die Gesamtschau sind etwaige anderweitige Kompensationsmöglichkeiten, welche die mit der Versorgungsverpflichtung verbundenen Nachteile ausgleichen können[329].

Fraglich ist allerdings, welche (vertraglichen) Parameter in die gebotene Abwägung der Gesamtumstände einbezogen werden müssen und wie sich diese – isoliert und in Kombination – auf die kündigungsbeschränkende Wirkung einer Versorgungsregelung auswirken.

1. Mandantenmitnahme

a) Abwägungsrelevanz

Fraglich ist, ob die Möglichkeit der Mandantenmitnahme in die Gesamtschau einzubeziehen ist.

Bei der Prüfung der Wirksamkeit einer Abfindungsbeschränkung bzw. eines Abfindungsausschlusses nach § 723 Abs. 3 BGB wird die Frage der Mandantenmitnahme für abwägungsrelevant gehalten. So wird ein Abfindungsausschluss bzw. eine Abfindungsbeschränkung auf den anteiligen Wert der Büroausstattung bzw. des Praxisinventars unter Ausklammerung des Good Wills grundsätzlich dann für unbedenklich gehalten, wenn im Vertrag keine Mandantenschutzklausel bzw. ein dieser gleichstehendes nachvertragliches Wettbewerbsverbot zulasten des Kündigenden vorgesehen ist und es dem Kündigenden dadurch ermöglicht wird, sich eine eigene berufliche Existenz aufzubauen[330]. Die Teilung der Sachwerte in Kombination mit der unbeschränkten Möglichkeit der

327 LG Heidelberg NZG 2009, 1181; LG München I NJW 2014, 478, 479.
328 Offermann-Burckart NJW 2014, 434, 437; Hadding/Kießling, in: Soergel, BGB, 13. Auflage, § 723 Rn. 55; vgl. auch Schmid, in: Sozietätsrecht, 2. Auflage, § 8 Rn. 106 f.
329 LG Heidelberg NZG 2009, 1181; Offermann-Burckart NJW 2014, 434.
330 BGH NJW 1994, 796, 797; BGH NJW 2000, 2584; vgl. auch Schäfer, in: Münchener Kommentar zum Bürgerlichen Gesetzbuch, Band 5, 6. Auflage, § 738 Rn. 67. Vgl. auch bereits oben unter § 4 II 3 b dd.

Mandantenmitnahme stellt nach der Rechtsprechung[331] und der Literatur[332] regelmäßig eine zulässige Art der Auseinandersetzung einer als GbR organisierten Gemeinschaftspraxis von Ärzten oder Anwaltskanzlei dar. Hingegen führt die Kombination einer Buchwertklausel und einer Mandantenschutzklausel dazu, dass der Buchwertklausel[333] und der Mandantenschutzklausel[334] kündigungsbeschränkende Wirkung im Sinne von § 723 Abs. 3 BGB zukommt. Denn dadurch wird dem ausscheidenden Gesellschafter nicht nur eine Beteiligung am Good Will, sondern darüber hinaus auch eine Mitnahme seines eigenen Anteils am Good Will versperrt, was dazu führt, dass ein Gesellschafter von der Ausübung seines Kündigungsrechts abgehalten werden könnte[335].

Der Grund für die Wechselwirkung zwischen der Abfindung und der Mandantenmitnahme wird darin gesehen, dass es sich dabei um zwei sich gegenseitig bedingende Möglichkeiten handelt, ausscheidende Sozien in angemessener Weise am Good Will zu beteiligen[336]. Wird die Beteiligung am Good Will durch die Beschränkung eines dieser Rechte (entweder durch Buchwertabfindung oder Mandantenschutzklausel) ausgeschlossen bzw. verkürzt, lässt sich dieser Vermögensnachteil durch die unbeschränkte Gewährung des anderen Rechts kompensieren.

Für Versorgungsregelungen müssen im Prinzip dieselben Überlegungen wie zu den Abfindungsregelungen zur Anwendung kommen[337]. Denn grundsätzlich ist die unbeschränkte Möglichkeit der Mitnahme von Mandanten auch dazu geeignet, eine Kompensation für die aus der Versorgungsverpflichtung resultierenden Vermögensnachteile zu gewährleisten[338]. Namentlich sichert die über die Mandantenmitnahme vermittelte Beteiligung am Good Will die berufliche Existenz des ausscheidenden Sozius und verschafft diesem eine Einnahmequelle, welche die Finanzierung seiner Versorgungsverbindlichkeiten sicherstellt.

---

331 BGH NJW 1994, 796, 797; 2000, 2584; 2010, 2660, 2661.

332 Goette DStR 2000, 1023; Sigle ZGR 1999, 659, 674; Westermann AnwBl. 2007, 103, 109 f.

333 BGH NJW 2014, 478, 481; vgl. hierzu bereits oben unter § 4 II 3 b dd.

334 OLG Celle DB 2007, 1585.

335 BGH NJW 2014, 478, 481; vgl. zur Zulässigkeit der Kombination einer Buchwertklausel mit einem nachvertraglichen Wettbewerbsverbot bei kleineren Anwaltssozietäten Sigle ZGR 1999, 659, 674.

336 BGH NJW 1994, 796, 797; 2000, 2584; vgl. auch Römermann NJW 2007, 2209, 2214.

337 Schmid, in: Gummert/Weipert, Münchener Handbuch des Gesellschaftsrechts, Band 1, 4. Auflage, § 24 Rn. 78.

338 Eine Ausnahme von diesem Grundsatz besteht jedoch im Falle einer Anwaltssozietät; vgl. hierzu im Folgenden unter § 4 IV 1 b.

b) *Sonderfall: Anwaltssozietät*

Fraglich ist, ob der Gesichtspunkt der Mandantenmitnahme auch dann abwägungsrelevant ist, wenn die Versorgungsregelung eines Anwaltssozietätsvertrages auf dem Prüfstand steht.

Die Rechtsprechung des LG München I ist in Bezug auf die Relevanz des Gesichtspunktes der Mandantenmitnahme bei der Beurteilung einer Versorgungsregelung eines Anwaltssozietätsvertrages nach § 723 Abs. 3 BGB uneinheitlich. Während das LG München I in seinen Entscheidungen vom 22.07.1998[339] und 15.10.2008[340] die Möglichkeit der Mandantenmitnahme noch in die Gesamtschau einbezog und hierin eine Kompensation für die Nachteile der Versorgungsregelung erblickte, war der Gesichtspunkt der Mandantenmitnahme für das LG München I in seinem Urteil vom 04.03.2013[341] irrelevant.

aa) Exkurs: Veränderung des Anwaltsmarktes

aaa) Tatsächliche Veränderungen des Anwaltsmarktes

Der Anwaltsmarkt hat in den letzten 20 Jahren einen radikalen Wandel erlebt[342]. Dieser Wandel hat sich zum einen durch den stetigen Anstieg der Anwaltszahlen bemerkbar gemacht. Die Zahl zugelassener Rechtsanwältinnen und Rechtsanwälte stieg von 91.516 im Jahre 1998 auf 146.910 im Jahre 2008 und konnte mit 158.426 zugelassenen Rechtsanwältinnen und Rechtsanwälten im Jahr 2012 nochmals zulegen[343]. Dementsprechend ist auch die Anzahl der Anwaltskanzleien seit 2003 um 20 Prozent auf rund 54.000 im Jahre 2012 gestiegen[344].

Darüber hinaus ließ sich in den letzten Jahren eine Entwicklung von kleinen Anwaltssozietäten hin zu zunehmend größeren Kanzleien feststellen[345]. Wenngleich der Rechtsdienstleistungsmarkt im Jahr 2012 noch zu etwa 89% aus Kleinunternehmen bestand (solche Kanzleien, welche weniger als EUR 500.000,00

339 LG München I, Urteil vom 22.07.1998 – 25 O 6395/98, BeckRS 2013, 18383, Tz. 1.2.1.

340 LG München I, Urteil vom 15.10.2008 – 20 O 9306/05.

341 LG München I NJW 2014, 478, 481; so wohl auch LG Köln, Urteil vom 22.09.2005 – 2 O 95/03.

342 Vgl. überblicksartig Mimic, Recht unbequem, S. 17; vgl. auch BGH NJW 2007, 295, 296.

343 Bundesrechtsanwaltskammer, Anteil der Rechtsanwältinnen seit 1970, einsehbar unter http://www.brak.de/w/files/04_fuer_journalisten/statistiken/statistiken2012/rainnen2012.pdf (abgerufen am 4. Februar 2015).

344 Gramke/Pfeiffer u. a., Der Rechtsdienstleistungsmarkt 2030, S. 36 und 51.

345 Henssler, in: Henssler/Streck, Handbuch Sozietätsrecht, 2. Auflage, S. 6.

Jahresumsatz verbucht haben)[346], lässt sich feststellen, dass die internationalen Wirtschaftskanzleien weiter expandieren und es vermehrt zu Ausgründungen (sog. „Spin-Offs") von großen etablierten Kanzleien kommt[347]. Hierdurch ist der Wettbewerbsdruck – gerade im Bereich gewerblicher Mandate – auf Einzel- und Kleinstkanzleien gestiegen[348], was die Tendenz zur Vergrößerung der Anwaltsgesellschaften auch außerhalb des Bereichs der Großkanzleien weiter verstärkt[349]. Weitere Indikatoren für den fortschreitenden Wandel in der Anwaltschaft sind die zunehmende Spezialisierung und Internationalisierung der Rechtsberatung. Einer der Hauptgründe für die zunehmende Spezialisierung der Anwaltschaft liegt darin, dass die Qualitätsansprüche sowohl der gewerblichen als auch der privaten Mandanten zugenommen haben[350]. Darüber hinaus kommt es Rechtsschutzversicherungen bei der Aufnahme von Rechtsanwälten und Kanzleien in das eigene Partnernetzwerk zunehmend auf einen hohen Spezialisierungsgrad an[351]. Diesem Spezialisierungsbedürfnis begegnen die Rechtsanwälte gegenwärtig am liebsten durch den Erwerb eines oder mehrerer Fachanwaltstitel (im Jahre 2012 kam auf 600 Bürger bereits ein Fachanwalt[352]) sowie durch den Zusammenschluss in „Full-Service-Kanzleien" oder „Anwaltsboutiquen" (Sozietäten mit einem fachlichen Schwerpunkt)[353]. Bedingt durch die Globalisierung sowie die Internationalisierung wirtschaftlicher und sozialer Beziehungen hat die Internationalisierung des Rechtsdienstleistungsmarktes in den letzten Jahrzehnten zugenommen[354]. Dies hat

346 Gramke/Pfeiffer u.a., Der Rechtsdienstleistungsmarkt 2030, S. 38; vgl. auch Henssler, in: Henssler/Streck, Handbuch Sozietätsrecht, 2. Auflage, S. 5.

347 Gramke/Pfeiffer u.a., Der Rechtsdienstleistungsmarkt 2030, S. 54.

348 Gramke/Pfeiffer u.a., Der Rechtsdienstleistungsmarkt 2030, S. 55.

349 Henssler, in: Henssler/Streck, Handbuch Sozietätsrecht, 2. Auflage, S. 3 ff.

350 Gramke/Pfeiffer u.a., Der Rechtsdienstleistungsmarkt 2030, S. 55.

351 Gramke/Pfeiffer u.a., Der Rechtsdienstleistungsmarkt 2030, S. 55.

352 Leutheusser-Schnarrenberger, Rede zum 64. Deutschen Anwaltstag, 2012, einsehbar unter http://www.bmjv.de/SharedDocs/Archiv/DE/Reden/DE/2013/20130606_64_Deutscher_Anwaltstag.html?nn=4795798%22 (abgerufen am 5. Februar 2015); vgl. auch Gramke/Pfeiffer u.a., Der Rechtsdienstleistungsmarkt 2030, S. 63 ff.

353 Gramke/Pfeiffer u.a., Der Rechtsdienstleistungsmarkt 2030, S. 55; Henssler, in: Henssler/Streck, Handbuch Sozietätsrecht, 2. Auflage, S. 4.

354 Gramke/Pfeiffer u.a., Der Rechtsdienstleistungsmarkt 2030, S. 99/103; vgl. auch Leutheusser-Schnarrenberger, Rede zum 64. Deutschen Anwaltstag, 2012, einsehbar unter http://www.bmjv.de/SharedDocs/Archiv/DE/Reden/DE/2013/20130606_64_Deutscher_Anwaltstag.html?nn=4795798%22 (abgerufen am 5. Februar 2015).

zur Folge, dass die international tätigen großen Kanzleien weiter expandieren und damit noch mehr Druck auf die Einzel- und Kleinstkanzleien ausüben[355].

Eine weitere grundlegende Veränderung hat die Anwaltschaft durch den Wegfall der Singularzulassung erfahren[356]. Nach dem früheren § 25 BRAO durfte ein bei einem Oberlandesgericht zugelassener Rechtsanwalt nicht zugleich bei einem anderen Gericht zugelassen sein. Dies hatte zur Folge, dass ein Rechtsanwalt ausschließlich bei dem Oberlandesgericht seiner Zulassung als Prozessbevollmächtigter auftreten durfte. Mit seinem Urteil vom 13.12.2000 hat das Bundesverfassungsgericht die Regelung über die Singularzulassung bei den Oberlandesgerichten nach § 25 BRAO als mit Art. 12 Abs. 1 GG unvereinbar erklärt[357]. Damit können Rechtsanwälte nunmehr unabhängig von dem Sitz ihrer Kanzlei bundesweit vor allen Oberlandesgerichten als Prozessbevollmächtigte auftreten.

Während in den 90er Jahren des letzten Jahrtausends der Zusammenschluss mehrerer Anwälte zur gemeinsamen Berufsausübung meist noch eine Bindung auf Lebensdauer bedeutete[358], kommt es heutzutage vermehrt zu Partnerwechseln zwischen Anwaltssozietäten jeder Größenordnung. Insbesondere bei den Großkanzleien hat die Fluktuation der Partner stark zugenommen[359]. Aber auch bei den mittleren und kleinen Anwaltskanzleien kommt es immer häufiger zu Partnerwechseln[360]. Der Umstand, dass Sozien immer häufiger ihre Sozietäten wechseln, lässt sich nicht nur durch die mit dem Wegfall der Singularzulassung gewonnene Mobilität der Rechtsanwälte erklären, sondern ist auch wesentliche Folge der beschriebenen strukturellen Veränderungen des Rechtsdienstleistungsmarktes in Deutschland. So führt die zunehmende Spezialisierung der Rechtsanwälte dazu, dass sich Fachanwälte gleicher Fachrichtungen in sogenannten Anwaltsboutiquen zusammenschließen. Die steigende Zahl zugelassener Rechtsanwälte und Kanzleien sowie die Internationalisierung des Anwaltsmarktes führen zu einem zunehmenden Wettbewerbsdruck, mit der Folge, dass Anwälte aus einer Vielzahl lukrativer Positionen in den verschiedensten Fachbereichen wählen können. Gerade die Großstadtgebiete wie Frankfurt am Main, Hamburg, Düsseldorf, Berlin

355 Gramke/Pfeiffer u.a., Der Rechtsdienstleistungsmarkt 2030, S. 54.

356 Leutheusser-Schnarrenberger, Rede zum 64. Deutschen Anwaltstag, 2012, einsehbar unter http://www.bmjv.de/SharedDocs/Archiv/DE/Reden/DE/2013/20130606_64_Deutscher_Anwaltstag.html?nn=4795798%22 (abgerufen am 5. Februar 2015).

357 BVerfG, Urteil vom 13.12.2000 – 1 BvR 335/97, BVerfGE 103, 1.

358 Römermann NJW 2007, 297; vgl. auch BGH NJW 2007, 295, 296.

359 Vgl. JUVE Rechtsmarkt, Ausgabe Januar 2008, S. 39, einsehbar unter http://www.ssq.com/pdf/Articles/HR%20Article.pdf (abgerufen am 31. Januar 2015).

360 Römermann NJW 2007, 297.

oder München, in denen sich viele (internationale) gewerbliche Mandanten und dementsprechend viele Rechtsanwälte und Kanzleien niederlassen (Orientierung der regionalen Verteilung der Anwälte an der Verteilung der Mandanten)[361], bieten eine ganze Bandbreite abwechslungsreicher und lukrativer Stellen, in denen sich Sozien persönlich und beruflich verwirklichen können.

bbb) Auswirkungen auf kündigungsbeschränkende Wirkung von Vertragsbestimmungen

Der BGH führte in seinem Urteil vom 18.09.2006[362] aus, dass es zu der von Art. 12 Abs. 1 GG geschützten Berufsausübungsfreiheit eines Rechtsanwalts gehöre, auf die tatsächlichen Veränderungen des Anwaltsmarktes zu reagieren und sich neu zu orientieren. Dies schließe das Recht eines Rechtsanwalts ein, einen beruflichen Zusammenschluss, in welchem er seine beruflichen Ziele nicht mehr verwirklicht sieht, aufzulösen und sich beruflich neu zu orientieren. Angesichts des tatsächlichen Wandels des Anwaltsmarktes habe die Möglichkeit eines Sozietätswechsels zunehmend an Bedeutung für die Anwaltschaft gewonnen. Ein Wandel der tatsächlichen Verhältnisse könne dazu führen, dass „eine ursprünglich bei Vertragsschluss wirksame Vertragsbestimmung sich zu einer unwirksamen Kündigungsbeschränkung entwickelt“[363].

Die vom BGH in seinem Urteil vom 18.09.2006 vertretene Auffassung, dass sich ein Wandel der tatsächlichen Verhältnisse auf dem Anwaltsmarkt auf die Beurteilung der kündigungsbeschränkenden Wirkung einer Vertragsbestimmung auswirken kann, scheint der mittlerweile vom BGH bezüglich Abfindungsklauseln vertretenen Auffassung, dass nachträglich eintretende Wertunterschiede zwischen der gesetzlichen und der vereinbarten Abfindung für die Beurteilung der Wirksamkeit von Abfindungsklauseln nach § 723 Abs. 3 BGB keine Berücksichtigung finden, zu widersprechen[364]. Der BGH hat die Berücksichtigung des

---

361 Gramke/Pfeiffer u.a., Der Rechtsdienstleistungsmarkt 2030, S. 53 und 95.

362 BGH NJW 2007, 295, 296.

363 BGH NJW 2007, 295, 296.

364 BGHZ 123, 281, 284; vgl. auch schon oben unter § 3 I 2 b cc bbb (1). Eine Erfassung des Wandels der tatsächlichen Verhältnisse im Anwaltsmarkt über eine Störung der Geschäftsgrundlage nach § 313 BGB eignet sich nicht, da diese Arbeit die Wirksamkeit von Versorgungsregelungen untersucht, hingegen die Rechtsfolge des § 313 BGB in einer Vertragsanpassung (§ 313 Abs. 1 BGB) oder, falls eine Vertragsanpassung nicht möglich oder einem Teil nicht zumutbar ist, in einem Rücktrittsrecht bzw. – im Falle von Dauerschuldverhältnissen – Kündigungsrecht des benachteiligten Teils liegt (§ 313 Abs. 3 BGB).

Wandels der tatsächlichen Verhältnisse im Anwaltsmarkt auf die gem. Art. 12 Abs. 1 GG geschützte Berufsausübungsfreiheit, welche auch das Recht einschließe, seinen Arbeitsplatz nach eigener Wahl anzunehmen und aufzugeben und auf die Veränderungen im Anwaltsmarkt zu reagieren, gestützt[365]. Damit hat der BGH der Möglichkeit, seinen Beruf entsprechend den jeweiligen Verhältnissen auf dem Berufsmarkt zu wählen, verfassungsrechtliche Bedeutung und damit ein besonderes Gewicht beigemessen. Diese besondere Gewichtung rechtfertigt es auch, dass nachträgliche Veränderungen auf dem Berufsmarkt für die Frage der Wirksamkeit einer sozietätsvertraglichen Klausel nach § 723 Abs. 3 BGB nicht unberücksichtigt bleiben dürfen. Im Gegensatz dazu ist der Schutz vor einem Vermögenverlust, den ein Gesellschafter dadurch erfährt, dass sich der vertragliche Abfindungsanspruch und der tatsächliche Anteilswert infolge der positiven wirtschaftlichen Entwicklung der Gesellschaft immer weiter entfernen, kein verfassungsrechtlich gewährleistetes Gut, da das Vermögen als solches nicht vom Schutzbereich des Art. 14 GG umfasst ist[366]. Deshalb ist es auch nicht gerechtfertigt, dem Schutz des Vermögens ausscheidender Gesellschafter im Wege der Berücksichtigung nachträglich eintretender Wertunterschiede zwischen dem vertraglichen Abfindungsanspruch und dem wahren Anteilswert mehr Gewicht beizumessen als dem Interesse der Sozietät am Erhalt des Gesellschaftsvermögens (z.B. Abfindungsbeschränkung zum Schutz vor zu hohem Kapitalabfluss, um Rentenverpflichtungen gegenüber Altsozien erfüllen zu können[367]).

Dem Urteil des BGH vom 18.09.2006 lässt sich also der nicht nur für Anwaltssozietäten, sondern entsprechend auch für andere Zusammenschlüsse von Freiberuflern geltende Grundsatz entnehmen, dass die kündigungsbeschränkende Wirkung einer vertraglichen Bestimmung (auch) von den tatsächlichen Verhältnissen im betroffenen Berufsmarkt abhängt. Zwar betraf das Urteil des BGH vom 18.09.2006 eine Klausel, wonach das Recht zur ordentlichen Kündigung für einen Zeitraum von 30 Jahren ausgeschlossen war. Allerdings spricht der Wortlaut der Entscheidung ganz allgemein von „Vertragsbestimmung“ und beschränkt sich nicht auf Kündigungsausschlussklauseln[368]. Darüber hinaus sind die Fälle mittelbarer Kündigungsbeschränkungen – wie etwa der einer über die Kündigung hinaus fortbestehenden Versorgungsverpflichtung – mit den Fällen unmittelbarer Kündigungsbeschränkungen (z.B. durch Kündigungsausschluss)

365 BGH NJW 2007, 295, 296.
366 Depenheuer, in: Mangoldt/Klein/Starck, Kommentar zum Grundgesetz, Band 1, 6. Auflage, Art. 14 Rn. 160 m.w.N.
367 Vgl. hierzu bereits oben unter § 3 I 2 b cc bbb (1).
368 BGH NJW 2007, 295, 296.

vergleichbar. Denn in beiden Fällen kann sich ein kündigungswilliger Sozius – sei es aus rechtlichen oder aus wirtschaftlichen Gründen – nicht von der Mitgliedschaft in der Sozietät befreien[369].

Auch das OLG Köln erkannte in seiner Entscheidung vom 14.03.2007[370], dass sich Anwaltssozien nicht mehr in dem Glauben zusammenschließen könnten, dass jeder einzelne ein Leben lang Mitglied der Sozietät bleiben werde[371]. Bemerkenswert ist, dass das OLG Köln diesen Wandel schon im Jahre 1991 annahm, in einer Zeit, in der die Singularzulassung noch lange nicht abgeschafft war und die beschriebenen strukturellen Veränderungen des Anwaltsmarktes längst nicht in dem Maße eingetreten waren. Umso mehr gelten diese Ausführungen in der heutigen Zeit.

Auch die Literatur erkennt, dass die gegenwärtigen Verhältnisse auf dem Anwaltsmarkt zu einem strengeren Beurteilungsmaßstab als noch vor 20 Jahren führen. So wird angeführt, dass „die gegenwärtigen Üblichkeiten auf dem Anwaltsmarkt (...) insgesamt dafür (sprechen), die einzelnen Mitgliedschaften nicht zu versteinern, das Versorgungsinteresse der Senioren gesellschaftsunabhängiger[372] zu berücksichtigen und eher auf wechselseitiges Vertrauen als auf unhaltbare Kündigungsschranken zu setzen"[373].

---

369 Vgl. auch BGH NJW 2007, 295, 296. Der BGH sieht in einer kündigungsbeschränkenden Abfindungsregelung einen mit einem Kündigungsausschluss vergleichbaren Fall. Folgerichtig muss es sich auch bei einer kündigungsbeschränkenden Versorgungsregelung um einen mit einem Kündigungsausschluss vergleichbaren Fall handeln. Denn wie bei einer kündigungsbeschränkenden Abfindungsregelung wird die kündigungsbeschränkende Wirkung einer Versorgungsregelung darin gesehen, dass die Kündigung unzumutbare wirtschaftliche Nachteile für den kündigungswilligen Sozius mit sich bringt und dieser deshalb von der Kündigung Abstand nimmt.

370 OLG Köln, Urteil vom 14.03.2007 – 6 U 7/06, BeckRS 2007, 09374.

371 Das OLG Köln führte Folgendes aus: „Der Sprengsatz dieses Interessenkonfliktes konnte im September 1991 bei Abschluss des neuen Vertrages auch nicht mehr mit der Erwägung negiert werden, die Welt der rheinischkatholischen Sozietät werde heil bleiben, sie werde wie in der Vergangenheit personell behutsam wachsen und wer einmal in sie aufgenommen worden sei, werde ihr ein langes Arbeitsleben die Treue halten." (...) „Die sich ausbreitenden Sozietäten mit teils erstinstanzlichen, teils zweitinstanzlichen Anwälten und die Vorboten einer ins Haus stehenden Simultanzulassung kündigten das Ende der alten Beschaulichkeit an."

372 D.h. losgelöst von einer Bindung aller Gesellschafter an die Gesellschaft.

373 Hirtz AnwBl. 2008, 82, 86.

ccc) Zwischenergebnis

Als Zwischenergebnis ist festzuhalten, dass bei der Beurteilung der kündigungsbeschränkenden Wirkung einer unter Anwaltssozien getroffenen Versorgungsregelung insbesondere auch der Wandel der tatsächlichen Verhältnisse des Anwaltsmarktes berücksichtigt werden muss. Dies gilt nicht nur für gegenwärtig oder künftig abgeschlossene Sozietätsverträge, sondern – aufgrund der verfassungsrechtlichen Bedeutung der Möglichkeit, bei der Wahl der Sozietät auf die Entwicklungen im Markt zu reagieren – auch für „Altverträge“[374]. Folgerichtig führt dies dazu, dass bei der Bestimmung der abwägungsrelevanten Parameter der Anwaltsmarkt in seiner gegenwärtigen Ausprägung eine tragende Rolle spielen kann. Dabei können neben dem Umstand, dass es mittlerweile immer häufiger zu Partnerwechseln kommt, auch andere tatsächliche Veränderungen des Anwaltsmarktes Einfluss auf die Beurteilung einer Versorgungsregelung haben. Diese Grundsätze gelten dabei nicht nur für Anwaltssozietäten, sondern lassen sich entsprechend auf andere Freiberufler-Sozietäten übertragen, wenngleich z.B. bei Ärzte- oder Zahnärztesozietäten die Praxisausstattung wertvoller sein kann als die Patientenbeziehungen[375].

bb) Abwägungsrelevanz des Gesichtspunkts der Möglichkeit der Mandantenmitnahme bei Anwaltssozietäten

Vor dem Hintergrund des Wandels der tatsächlichen Verhältnisse des Anwaltsmarktes stellt sich die Frage, ob die Mitnahme von Mandanten eine ausreichende Kompensation für die fortbestehende Versorgungsverpflichtung bieten kann, indem sie für den ausscheidenden Sozius die Schaffung und Erhaltung einer beruflichen Existenz (und folglich ausreichende Einnahmen zur Finanzierung der Rentenverbindlichkeiten) sicherstellt. In einem Markt, welcher von festen Bindungen der Mandanten an ihre Rechtsberater geprägt ist, wird man sicherlich davon ausgehen können, dass die Möglichkeit der Mitnahme bisher betreuter Mandanten besonders werthaltig für einen ausscheidenden Sozius ist. Denn die bisher betreuten Mandanten würden dem ausscheidenden Sozius „folgen“ und sich weiterhin von diesem beraten lassen. Etwas anderes könnte allerdings gelten, wenn eine Lockerung der Mandantenbeziehungen zu verzeichnen wäre.

In der Tat lässt sich heute feststellen, dass die Mandanten – anders als noch vor 20 Jahren – immer häufiger ihre Rechtsberater wechseln. Der angesprochene zunehmende Konkurrenzdruck in der Anwaltschaft wird – neben den bereits

374 Vgl. zur Begründung oben unter § 4 IV 1 b aa bbb.

375 Vgl. hierzu unten unter § 4 IV 1 c.

beschriebenen Ursachen[376] – auch dadurch weiter verstärkt, dass insbesondere die gewerblichen Mandanten ein ausgeprägteres Kostenbewusstsein entwickelt haben[377]. Vor allem die großen Unternehmen und Banken prüfen wegen des steigenden Kostendrucks mittlerweile viel genauer, ob die Einschaltung externer Rechtsberater erforderlich ist und wenn ja, ob die Beratungsleistungen möglicherweise durch eine andere Sozietät zu günstigeren Konditionen erbracht werden können[378]. Darüber hinaus sind viele Unternehmen dazu übergegangen, Rechtsberatung nicht mehr aus der Hand einer einzigen Kanzlei zu beziehen, sondern verschiedene Kanzleien für unterschiedliche Rechtsfragen zu beauftragen[379]. Auch dabei setzen sich mittlerweile bei der Vergabe von Mandaten mehr und mehr diejenigen Kanzleien durch, welche eine kostengünstigere Rechtsberatung anbieten[380]. In einer Umfrage hat eine Mehrheit von Großunternehmen angegeben, dass sie sich zunehmend von ihren bisherigen Rechtsberatern trennen und verstärkt mit kleineren Kanzleien bzw. Anwaltsboutiquen zusammenarbeiten[381]. Selbst die privaten Mandanten wechseln aus Kostengesichtspunkten immer häufiger die Kanzlei, wenngleich die Fluktuationszahlen deutlich geringer sein dürften als bei den gewerblichen Mandanten. Dies ist zum einen darauf zurückzuführen, dass die auf Privatmandanten ausgerichteten (lokalen) Kanzleien hauptsächlich nach den gesetzlichen Gebührenvorschriften abrechnen und folglich kaum in einen Kostenwettbewerb miteinander treten [382]. Darüber hinaus dürfte den privaten Mandanten ein persönliches und historisch gewachsenes Vertrauen zu ihren Rechtsberatern wichtiger sein als den gewerblichen Mandanten.

Diese Entwicklung hat zur Folge, dass sich die bisherigen Mandantenbeziehungen (insbesondere der gewerblichen Mandanten) zunehmend gelockert haben[383].

Diese Lockerung der Mandantenbeziehungen führt wiederum dazu, dass die Möglichkeit der Mitnahme bisher betreuter Mandanten an Wert eingebüßt hat. Ausscheidende Sozien können sich weniger darauf verlassen, dass ihre

---

376 Vgl. oben unter § 4 IV 1 b aa aaa.

377 Hartung/Weberstaedt AnwBl. 2011, 607, 611 f.; Gramke/Pfeiffer u.a., Der Rechtsdienstleistungsmarkt 2030, S. 54.

378 Hartung/Weberstaedt AnwBl. 2011, 607, 612.

379 Hartung/Weberstaedt AnwBl. 2011, 607, 611 f.

380 Hartung/Weberstaedt AnwBl. 2011, 607, 612.

381 Gramke/Pfeiffer u.a., Der Rechtsdienstleistungsmarkt 2030, S. 54 f. m. w. N.

382 Gramke/Pfeiffer u.a., Der Rechtsdienstleistungsmarkt 2030, S. 40.

383 Gramke/Pfeiffer u.a., Der Rechtsdienstleistungsmarkt 2030, S. 54; Hartung/Weberstaedt AnwBl. 2011, 607, 611 f.

Mandanten ihnen auch weiterhin „die Treue halten" und damit eine langfristige Einnahmequelle gewährleisten. Die Mandatierung hängt immer weniger von langjährig gewachsenen Mandantenbeziehungen und immer mehr von anderen Faktoren ab, wie z.B. attraktive Honorarmodelle oder ausgewiesene Expertise (belegt durch Spezialisierungen wie z.B. Fachanwaltschaftstitel).

Aufgrund der noch vor 20 Jahren bestehenden festeren Mandantenbeziehungen konnte das LG München I in seiner Entscheidung vom 22.07.1998[384] noch davon ausgehen, dass die Möglichkeit der Mandantenmitnahme die durch die Versorgungsverpflichtung entstehenden Nachteile ohne Weiteres kompensieren konnte. Die gegenwärtige Struktur des Anwaltsmarktes gebietet jedoch einen veränderten Prüfungsmaßstab. Allerdings darf man entgegen der in seiner Entscheidung vom 04.03.2013 vertretenen Auffassung des LG München I[385] nicht davon ausgehen, dass es bei der Gesamtschau gar nicht mehr auf den Gesichtspunkt der Möglichkeit der Mandantenmitnahme ankommt. Vielmehr ist die Frage der Mandantenmitnahme weiterhin von Bedeutung, hat aber an Relevanz eingebüßt. Immerhin kann auch heute die Mitnahme von Mandanten im konkreten Fall einen bedeutenden Wert für einen ausscheidenden Anwaltssozius darstellen (Beteiligung am Good Will)[386] und damit eine geeignete Kompensation für seine fortbestehende Versorgungsverpflichtung bieten.

Aufgrund der Lockerung der Mandantenbeziehungen wird man aber nicht mehr ohne Weiteres davon ausgehen können, dass allein schon die Möglichkeit der Mandantenmitnahme die kündigungsbeschränkende Wirkung einer Versorgungsregelung gänzlich aufheben kann.

c) Prüfungskriterien

Bei der Frage, inwieweit die unbeschränkte Möglichkeit der Mandantenmitnahme die kündigungsbeschränkende Wirkung einer Versorgungsregelung aufheben kann, spielt der jeweilige Wert, den die Mandantenmitnahme für den Ausscheidenden hat, eine entscheidende Rolle.

Hierfür ist zunächst der Wert, den die Mandantenbeziehungen für die betreffende Sozietät haben, zugrunde zu legen. Hier gibt es durchaus große Unterschiede. Während für eine hochtechnisierte Ärztesozietät die Praxisausstattung einen größeren Wert als die Patientenbeziehungen haben kann, machen die Mandantenbeziehungen bei Sozietäten von Anwälten, Steuerberatern

384 LG München I, Urteil vom 22.07.1998 – 25 O 6395/98, BeckRS 2013, 18383, Tz. 1.2.1.

385 LG München I NJW 2014, 478, 481.

386 Hirtz AnwBl. 2008, 82, 88; Römermann NJW 2007, 2209, 2214.

und Wirtschaftsprüfern bisweilen den wesentlichen Wert der Sozietät aus[387]. Wenngleich die Möglichkeit der Mandantenmitnahme mittlerweile nicht mehr *per se* eine ausreichende Kompensation für die Versorgungsverpflichtungen darstellt[388], so kann dies zumindest als starkes Argument zur Begründung eines solchen Ergebnisses herangezogen werden (vorausgesetzt, dass die Mandantenbeziehungen das wertvollste Gut einer Sozietät ausmachen)[389].

Ein wertbildender Faktor ist der Grad der Treue eines einmal gewonnenen Mandanten[390]. Je treuer ein Mandant seinem Rechtsberater ist, desto werthaltiger ist die Beziehung zu diesem Mandanten. Bei der Bestimmung der Treue eines Mandanten wird man die zunehmende Lockerung der Mandantenbeziehungen nicht außer Acht lassen dürfen. Dabei ergeben sich Unterschiede zwischen gewerblichen und privaten Mandanten. Da die Fluktuation bei gewerblichen Mandanten immer weiter zunimmt[391], wird die Frage, ob ein ausscheidender Sozius die bisher betreuten gewerblichen Mandanten mitnehmen darf oder nicht, immer weniger Gewicht bei der Beurteilung der kündigungsbeschränkenden Wirkung einer Versorgungsregelung haben. Anders verhält es sich allerdings, wenn überwiegend Privatpersonen zu dem Mandantenstamm der Sozietät gehören. Da diese ihren Rechtsberatern stärker die Treue halten als gewerbliche Mandanten[392], kann man davon ausgehen, dass die Möglichkeit der Mitnahme privater Mandanten in der Regel einen höheren Wert für den ausscheidenden Sozius hat als die Mitnahme gewerblicher Mandanten. Darüber hinaus kann die Treue eines Mandanten und folglich der Wert des Mandats je nach Spezialisierungsgrad des Rechtsanwalts unterschiedlich ausfallen. So ist die Fluktuation der Mandanten bei allgemein beratenden Rechtsanwälten typischerweise größer als bei Fachanwälten oder Patentanwälten[393].

---

387 BGH NJW 2000, 2584; OLG Celle DB 2007, 1585; vgl. auch Hirtz AnwBl. 2008, 82, 88; Schäfer, in: Münchener Kommentar zum Bürgerlichen Gesetzbuch, Band 5, 6. Auflage, § 738 Rn. 66; Goette DStR 2000, 1023; Römermann NJW 2007, 2209, 2213 f.

388 Vgl. zum Fall der Anwaltssozietäten bereits oben unter § 4 IV 1. b bb.

389 Unberücksichtigt bleiben die Fälle, in denen sich die Möglichkeit der Mitnahme von Mandanten nicht realisieren lässt. Hierbei handelt es sich etwa um Fälle, in denen einzelne Partner (z. B. Managing-Partner einer großen Sozietät) praktisch keine Außenkontakte hatten und deshalb bei ihrem Ausscheiden keine Chance auf Mitnahme der Mandanten haben; vgl. näher hierzu Westermann AnwBl. 2007, 103, 110.

390 Goette DStR 2000, 1023; Offermann-Burckart AnwBl. 2013, 697, 714.

391 Hartung/Weberstaedt AnwBl. 2011, 607, 611, 612.

392 Vgl. oben unter § 3 III 1 b bb.

393 Goette DStR 2000, 1023.

Neben der Treue ist die Beratungsbedürftigkeit der Mandanten ein weiterer wertbildender Faktor[394]. Je häufiger ein Mandant seinen Rechtsberater konsultiert, desto werthaltiger ist die Beziehung zu diesem Mandanten. Auch hier gibt es Unterschiede zwischen gewerblichen und privaten Mandanten. Viele private Mandanten geraten in ihrem Leben nur recht selten in juristische Streitigkeiten – etwa weil sie sich mit ihrem Nachbarn über den Verlauf der Grundstücksgrenzen streiten –, während gewerbliche Mandanten – etwa als sich ständig vergrößerndes Unternehmen mit Fusionsabsichten oder als Arbeitgeber mit einer Vielzahl von Angestellten – regelmäßig Rechtsrat benötigen[395].

Auch bei Steuerberater-, Wirtschaftsprüfer-, Ärzte- oder Zahnärztesozietäten hängt der Wert der Mandate im Wesentlichen von der Treue und Beratungsbedürftigkeit der Mandanten ab[396], sodass es auch hier einer im Einzelfall vorzunehmenden Bestimmung der Werthaltigkeit der Mandantenbeziehungen bedarf.

Hat man auf diese Weise den Wert der Mandantenbeziehungen für die Sozietät bestimmt, muss in einem zweiten Schritt der Wert der Mandantenmitnahme für den Ausscheidenden bestimmt werden. Dies stellt sich in der Praxis allerdings oftmals als schwierig dar, was sich am Beispiel einer Anwaltssozietät zeigt. Die Möglichkeiten des ausscheidenden Anwaltssozius, bisher betreute Mandanten weiterhin an sich zu binden, sind anders als die der verbleibenden Sozien[397]. So bringt das Ausscheiden aus der Kanzlei einen umfassenden Wandel der Umstände (geografische Veränderung des Kanzleisitzes, Veränderung der Größe der Kanzlei etc.) mit sich, welcher die Bindung der Mandanten zu Gunsten bzw. Ungunsten des ausscheidenden Partners beeinflussen kann[398]. Auf mögliche Lösungsansätze für die Berücksichtigung dieser Unwägbarkeiten bei der Bestimmung der Werthaltigkeit mitgenommener Anwaltsmandate geht diese Arbeit nicht näher ein.

---

394 Offermann-Burckart AnwBl. 2013, 697, 714.

395 Offermann-Burckart AnwBl. 2013, 697, 714; vgl. auch BRAK-Mitteilungen 2009, 268, 269.

396 Goette DStR 2000, 1023. Auch hier kann die Treue nach dem jeweiligen Grad der Spezialisierung des Freiberuflers differieren. Andere Umstände, welche sich auf die Treue der Mandanten auswirken können (wie z.B. Marktverhältnisse etc.), werden in dieser Arbeit ausgeklammert.

397 Römermann NJW 2007, 2209, 2214.

398 Römermann NJW 2007, 2209, 2214.

d) Zwischenergebnis

Für alle Freiberufler-Sozietäten gilt, dass der Gesichtspunkt der Möglichkeit der Mandantenmitnahme einen abwägungsrelevanten Parameter bei der Beurteilung der Wirksamkeit einer Versorgungsregelung nach § 723 Abs. 3 BGB darstellt. Zwischen der Versorgungsregelung und der Möglichkeit der Mandantenmitnahme besteht eine Wechselwirkung, welche in der Gesamtschau zu berücksichtigen ist. Dies folgt daraus, dass die Mitnahme von Mandanten die berufliche Existenz ausscheidender Sozien sichern und deshalb einen wesentlichen Gegenwert zur Rentenzahlungspflicht darstellen kann. Anwaltssozietäten sind hiervon nicht ausgenommen, da der Wandel der tatsächlichen Verhältnisse bislang nicht dazu geführt hat, dass die Mitnahme von Mandanten völlig wertlos geworden ist. Im Gegenteil, häufig ist auch hier die Mitnahme von Mandanten noch entscheidend für die Sicherung der beruflichen Existenz des ausscheidenden Rechtsanwalts.

Allerdings verbietet sich eine rein schematische Betrachtungsweise dahingehend, dass schon allein die unbeschränkte Möglichkeit der Mandantenmitnahme die kündigungsbeschränkende Wirkung einer Versorgungsregelung aufhebt. Vielmehr kommt es auf die konkreten Umstände des Einzelfalls an. Für die Gewichtung der Mandantenmitnahme bei der Gesamtschau ist zunächst auf den Wert der Mandantenbeziehungen für die Sozietät abzustellen. Der Wert der Mandantenbeziehungen bestimmt sich in erster Linie nach der Treue und Beratungsbedürftigkeit der Mandanten. Je nach Treuegrad und dem Grad der Beratungsbedürftigkeit ist ein Mandantenstamm für eine Sozietät mehr oder weniger werthaltig. In einem zweiten Schritt ist dann der Wert der Mandantenmitnahme individuell für den ausscheidenden Sozius zu bestimmen.

Umgekehrt führt jedoch nicht schon allein das Vorliegen einer Mandantenschutzklausel dazu, dass eine Versorgungsregelung gegen § 723 Abs. 3 BGB verstößt und damit unwirksam ist.

2. Abfindung

a) Abwägungsrelevanz

Fraglich ist, ob eine Wechselwirkung zwischen der Versorgungsregelung und dem Abfindungsanspruch besteht. Das LG Heidelberg führte in seinem Urteil vom 18.08.2009[399] zur Begründung der Wirksamkeit der streitgegenständlichen Versorgungsregelung aus, dass gerade im Hinblick auf die fortlaufende persönliche Haftung des Beklagten eine Abfindung in Höhe des 2,5-fachen des

399 LG Heidelberg NZG 2009, 1181.

durchschnittlichen Monatsumsatzes multipliziert mit dem Prozentsatz seiner Beteiligung vereinbart worden sei. Damit machte das LG Heidelberg deutlich, dass sich die Abfindungsregelung in der Gesamtschau positiv auswirkte und die Annahme der Wirksamkeit der Versorgungsregelung nach § 723 Abs. 3 BGB unterstützte. Auch das OLG München ging in seinen Entscheidungen vom 18.02.1999[400] und 12.05.2009[401] im Rahmen seiner Gesamtschau auf die Buchwertklauseln der jeweils streitgegenständlichen Sozietätsverträge ein. Während die Buchwertabfindung für das OLG München in seiner Entscheidung vom 18.02.1999 nicht zur Unwirksamkeit der streitgegenständlichen Versorgungsregelung führte[402], erblickte das Gericht in seinem Urteil vom 12.05.2009 in der Kombination der Versorgungsverpflichtung mit der Buchwertabfindung eine unzulässige Kündigungsbeschränkung im Sinne von § 723 Abs. 3 BGB[403].

Im Gegensatz dazu ging das LG München I in seiner Entscheidung vom 22.07.1998[404] im Rahmen seiner Gesamtschau nicht auf die vereinbarte Buchwertabfindung ein. Auch in seiner Entscheidung vom 04.03.2013 prüfte das LG München I[405] lediglich, ob die Buchwertabfindung selbst (in Kombination mit der Mandantenschutzklausel) gegen § 723 Abs. 3 BGB verstieß.

Für die Frage der Abwägungsrelevanz der Abfindung ist wiederum entscheidend, ob die Abfindung grundsätzlich dazu geeignet ist, einen Gegenwert für die einem ausscheidenden Sozius durch die fortbestehende Versorgungsverpflichtung entstehenden Nachteile zu bieten. Bei der Beurteilung der Abwägungsrelevanz eines Abfindungsanspruchs kommt es noch nicht entscheidend darauf an, inwieweit eine Abfindung die mit der Rentenpflicht verbundenen Nachteile kompensieren kann. Vielmehr ist darauf abzustellen, ob – abstrakt betrachtet – eine Abfindung überhaupt solche Vorteile gewähren kann, welche den aus der Rentenverpflichtung resultierenden Nachteilen gegenübergestellt werden können. Erst wenn man die Abwägungsrelevanz einer Abfindung allgemein bejahen kann, wird in einem zweiten Schritt geprüft, ob die konkrete Abfindung (ggf. in Verbindung mit etwaigen anderen sozietätsvertraglich begründeten Vorteilen) einen angemessenen Ausgleich für die fortbestehende Rentenverpflichtung bietet. Da der Umfang der Versorgungsverpflichtung nicht genau bestimmbar ist[406],

400 OLG München NZG 1999, 821.
401 OLG München, Urteil vom 12.05.2009 – 18 U 5218/08.
402 Zur Begründung vgl. oben unter § 4 II 1.
403 Zur Begründung vgl. oben unter § 4 I 2.
404 LG München I, Urteil vom 22.07.1998 – 25 O 6395/98, BeckRS 2013, 18383, Tz. 1.2.1.
405 LG München I NJW 2014, 478, 481.
406 Vgl. hierzu näher unten unter § 11 III 1 b cc bbb (1).

ist es nicht möglich zu prüfen, ob die Abfindung die Rentenverpflichtung im konkreten Fall vollständig kompensieren kann. Deshalb ist im Rahmen der Gesamtschau auch nicht darauf abzustellen, ob die Abfindung zu einer gänzlichen Kompensation führt. Vielmehr genügt es zur Bejahung der Wirksamkeit der Versorgungsregelung, wenn dem betroffenen Jungsozius durch die Abfindung ein angemessener Gegenwert für die mit der Rentenverpflichtung einhergehenden Vermögensnachteile gewährt wird[407].

Die Gewährung des vollen Abfindungsanspruchs, welcher den Good Will einer Freiberufler-Sozietät umfasst, ist alternativ zur unbeschränkten Mandantenmitnahme eine Möglichkeit, einen ausscheidenden Sozius am Sozietätswert zu beteiligen[408]. Diese Art der Beteiligung am Sozietätswert gewährt dem ausscheidenden Sozius einen wirtschaftlichen Vorteil, der eine fortbestehende Versorgungshaftung – zumindest teilweise – ausgleichen kann. Dementsprechend ist es geboten, die Höhe der Abfindung bei der Beurteilung der kündigungsbeschränkenden Wirkung einer Versorgungsregelung in die Gesamtschau einzustellen[409]. An der Abwägungsrelevanz der Abfindung ändert auch ein Wandel der tatsächlichen Verhältnisse des Marktes, auf welchem die Sozietät tätig ist, nichts. Denn die Abfindung eines aus einer fortgesetzten GbR ausscheidenden Gesellschafters dient der Entschädigung für den Verlust der Mitgliedschaft[410], welche unabhängig von den tatsächlichen Gegebenheiten des Marktes zu berechnen ist[411].

Die beiden Urteile des LG München I vom 22.07.1998[412] und 04.03.2013[413] sprechen nicht unbedingt gegen die hier vertretene Auffassung. Im Gegenteil, das LG München I führte in seiner jüngeren Entscheidung vom 04.03.2013 aus, dass „... die konkreten gesellschaftsvertraglichen Vereinbarungen für den Fall des Ausscheidens eines Gesellschafters einer wertenden Gesamtbetrachtung zu unterziehen“ seien[414]. Dabei handelt es sich gerade bei einer Abfindungsregelung um eine Regelung, welche im Falle des Ausscheidens eines Gesellschafters aus einer GbR zum Tragen kommt. Denn Voraussetzung des Abfindungsanspruchs ist das ersatzlose Ausscheiden eines Gesellschafters nach den §§ 736 Abs. 1, 737

407 Vgl. näher hierzu unten unter § 4 IV 2 b und § 4 IV 6.
408 Römermann NJW 2007, 2209, 2213 f.
409 So wohl auch Offermann-Burckart NJW 2014, 434, 437.
410 Mecklenbrauck BB 2000, 2001.
411 Vgl. zur Berechnung eines Abfindungsanspruchs oben unter § 3 I 2 b cc bbb (2).
412 LG München I, Urteil vom 22.07.1998 – 25 O 6395/98, BeckRS 2013, 18383.
413 LG München I NJW 2014, 478.
414 LG München I NJW 2014, 478, 479.

BGB aus der fortgesetzten GbR[415]. Vermutlich ist das LG München I in seiner Entscheidung vom 04.03.2013 bei der Prüfung der kündigungsbeschränkenden Wirkung der Versorgungsregelung nur deshalb nicht auf die Buchwertklausel eingegangen, weil für das Gericht schon andere Gründe zur Unwirksamkeit der Versorgungsregelung nach § 723 Abs. 3 BGB führten. So stellte das Gericht entscheidend darauf ab, dass die Gesellschafter nach dem Sozietätsvertrag unabhängig von der Größe ihres Anteils in voller Höhe, zeitlich unbeschränkt (jedenfalls bis zur Vollendung ihres 60. Lebensjahres) und unabhängig von der Dauer ihrer Sozietätszugehörigkeit für die Rentenansprüche der Altsozien hafteten.

Auch in der Entscheidung des LG München I vom 22.07.1998 war die Erwähnung der Buchwertklausel wohl überflüssig, weil den Beklagten die Gesellschafts- und Gewinnanteile des Klägers zu gleichen Teilen angewachsen waren und sich dies bei der Berechnung des Auseinandersetzungsguthabens für das Gericht begünstigend niederschlug.

b) Prüfungskriterien

Wird eine Versorgungsregelung mit einem Abfindungsausschluss kombiniert, dürfte einiges gegen die Wirksamkeit der Versorgungsregelung sprechen. Denn bei Kombination einer Versorgungsregelung mit einem Abfindungsausschluss müsste der ausscheidende Sozius nicht nur über Jahre hinweg Rentenzahlungen erbringen, sondern gleichzeitig auch auf die Rückerstattung seiner Einlagen und die Beteiligung am Good Will verzichten. Die mit der Kündigung verbundenen nachteiligen wirtschaftlichen Folgen würden den ausscheidenden Sozius gleich doppelt treffen und regelmäßig zu einem Verzicht auf die Kündigungserklärung führen.

Umgekehrt wird man eine kündigungsbeschränkende Wirkung einer Versorgungsregelung verneinen können, wenn ein ausscheidender Sozius den vollen gesetzlichen Abfindungsanspruch nach § 738 Abs. 1 S. 2 BGB, d.h. auch eine Beteiligung am Good Will, erhält. Denn durch die den Good Will einschließende Geldzahlung wird der ausscheidende Sozius – wie im Falle der unbeschränkten Möglichkeit der Mandantenmitnahme – am Wert der Sozietät beteiligt[416] und damit wirtschaftlich in die Lage versetzt, seinen Versorgungsverpflichtungen nachzukommen. So würde z.B. die Vereinbarung einer am Ertragswert orientierten Abfindung eine ausreichende Kompensation für die Versorgungsverpflichtung darstellen.

---

415 Ulmer/Schäfer, in: Münchener Kommentar zum Bürgerlichen Gesetzbuch, Band 5, 5. Auflage, § 738 Rn. 14; Mecklenbrauck BB 2000, 2001.

416 Römermann NJW 2007, 2209, 2213 f.

Fraglich ist, wie sich die Verbindung einer Versorgungsregelung mit einer Buchwertabfindung auf den Kündigungswillen eines Sozius auswirkt.

In seiner Entscheidung vom 18.02.1999 begründete das OLG München[417] die Zulässigkeit der Kombination der streitgegenständlichen Versorgungsregelung mit einer Buchwertklausel damit, dass sich die Versorgungsansprüche nur mit dem langjährigen beruflichen Einsatz der verbleibenden Sozien unter Beschränkung der Abfindungsansprüche im Falle der Kündigung erwirtschaften ließen; aus diesem Grund seien die Interessen eines Kündigungswilligen im Hinblick auf getroffene Versorgungsregelungen zu vernachlässigen. Das Gericht hielt damit die Kombination der Versorgungsregelung mit der Buchwertabfindung gerade für notwendig, um die Durchführbarkeit der Versorgungsregelung zu gewährleisten.

Im Gegensatz dazu sah das OLG München in seinem Urteil vom 12.05.2009[418] gerade in der Kombination der Versorgungsregelung mit der Buchwertabfindung einen Verstoß gegen § 723 Abs. 3 BGB.

Während das OLG München in seiner Entscheidung vom 18.02.1999 maßgeblich auf das Versorgungsinteresse der Altsozien abstellte, nahm das Gericht in seiner Entscheidung vom 12.05.2009 vornehmlich das Interesse versorgungsverpflichteter Sozien am Schutz vor übermäßigen wirtschaftlichen Nachteilen im Falle einer Kündigung in den Blick.

§ 723 Abs. 3 BGB soll Sozien davor schützen, dass diese im Hinblick auf eine trotz Kündigung fortbestehende Versorgungshaftung auf die Ausübung ihres Kündigungsrechts verzichten. Dabei können anderweitige, sozietätsvertraglich gewährte Vorteile die kündigungsbeschränkende Wirkung einer Versorgungsregelung aufheben[419]. Deshalb kommt es bei der Beurteilung der kündigungsbeschränkenden Wirkung einer Versorgungsregelung allein auf eine Gesamtschau der Rechte und Pflichten versorgungsverpflichteter Sozien an[420]. Das Versorgungsinteresse der Altsozien und der Schutz vor Altersarmut ist hingegen im Rahmen der Wirksamkeitsprüfung nach § 723 Abs. 3 BGB ohne Belang[421]. Denn die Altsozien haben als Parteien des Sozietätsvertrages selbst die Ursache für eine etwaige kündigungsbeschränkende Wirkung (und damit Undurchführbarkeit) der Versorgungsregelung gesetzt[422].

---

417 OLG München NZG 1999, 821.

418 OLG München, Urteil vom 12.05.2009 – 18 U 5218/08.

419 LG Heidelberg NZG 2009, 1181; Offermann-Burckart NJW 2014, 434.

420 Offermann-Burckart NJW 2014, 434.

421 LG München I NJW 2014, 478, 481.

422 LG München I NJW 2014, 478, 481.

Aus diesem Grund kann der Entscheidung des OLG München vom 18.02.1999, welche allein das Versorgungsinteresse der Altsozien in den Blick nimmt, nicht gefolgt werden. Allerdings kann auch nicht – wie vom OLG München in seiner Entscheidung vom 12.05.2009 vertreten – pauschal von der Unwirksamkeit einer Versorgungsregelung nach § 723 Abs. 3 BGB ausgegangen werden, wenn diese mit einer Buchwertabfindung kombiniert wird. Vielmehr kommt es auf die Umstände des Einzelfalls an. So wird man sich die Frage stellen müssen, ob die Buchwertabfindung einen ausscheidenden Sozius angemessen für den Verlust seiner Mitgliedschaft entschädigt, etwa weil der Buchwert der Anteile den wesentlichen Wert der Sozietät widerspiegelt. Sofern es sich bei der Sozietät um eine solche mit kapitalintensiven Gerätschaften handelt (z.B. Laborgemeinschaften mit hochtechnisierten Geräten), wird man die Buchwertabfindung wohl kaum als Argument gegen die Wirksamkeit der Versorgungsregelung anführen können[423]. Denn bei diesen Sozietäten macht ausnahmsweise die Büro- bzw. Praxisausstattung den wesentlichen Wert der Sozietät aus[424], sodass die Beteiligung des Ausscheidenden an den Buchwerten des Praxisvermögens regelmäßig eine Beteiligung am „wahren" Wert der Sozietät gewährleistet. Bei den meisten Freiberufler-Sozietäten steht jedoch die Person des Freiberuflers und die von ihm zu erbringenden Dienstleistungen an den Mandanten im Vordergrund[425], sodass der Wert der Sozietät weniger durch den Buchwert des Praxisvermögens als vielmehr durch die Mandantenbeziehungen geprägt ist[426]. Dementsprechend können sich große Diskrepanzen zwischen dem wahren Wert und dem Buchwert eines Sozietätsanteils ergeben. Je größer dieser Wertunterschied ist, desto eher wird man davon ausgehen müssen, dass die Versorgungsregelung – eben in Kombination mit der Buchwertklausel – den Kündigungswillen eines an sich kündigungswilligen Sozius aufhebt. Allerdings lässt sich kein pauschales prozentuales Werteverhältnis zwischen Buchwert und wahrem Anteilswert bestimmen, ab welchem man von der Unwirksamkeit einer mit einer Buchwertklausel kombinierten Versorgungsregelung ausgehen kann. Vielmehr müssen die jeweiligen Umstände des Einzelfalls

---

423 Dies setzt allerdings voraus, dass die Gesellschaft keine stillen Reserven gebildet hat, an denen die Gesellschafter nicht beteiligt werden. Je höher etwaige stille Reserven ausfallen, desto wahrscheinlicher ist es, dass ein Gericht von der Unwirksamkeit einer mit einer Buchwertklausel kombinierten Versorgungsregelung ausgeht.

424 Schäfer, in: Münchener Kommentar zum Bürgerlichen Gesetzbuch, Band 5, 6. Auflage, § 738 Rn. 66; Hirtz AnwBl. 2008, 82, 88.

425 Schäfer, in: Münchener Kommentar zum Bürgerlichen Gesetzbuch, Band 5, 6. Auflage, § 738 Rn. 66; vgl. auch BRAK-Mitteilungen 2009, 268, 269.

426 Schäfer, in: Münchener Kommentar zum Bürgerlichen Gesetzbuch, Band 5, 6. Auflage, § 738 Rn. 66; Hirtz AnwBl. 2008, 82, 88.

berücksichtigt werden. Eine Orientierungshilfe bieten die oben unter § 3 I 2 b cc bbb (1) dargestellten Grundsätze, welche für die Annahme eines erheblichen Missverhältnisses zwischen Buchwert und wahrem Anteilswert entwickelt wurden. Wenn danach das Vorliegen einer kündigungsbeschränkenden Abfindungsregelung bejaht werden kann, wird dieser Umstand stark gegen die Wirksamkeit einer hiermit kombinierten, über den Zeitpunkt des Ausscheidens hinausgehenden Rentenzahlungspflicht sprechen.

3. *Zahlung eines Eintrittsgeldes*

a) *Abwägungsrelevanz*

Des Weiteren könnte die Frage, ob die Jungsozien bei der Aufnahme in die Sozietät einen Eintrittspreis zahlen mussten, in die Gesamtschau einzubeziehen sein. Dieser Aspekt wurde bislang in keiner Gerichtsentscheidung diskutiert. Das LG München I ging hierauf in seiner Entscheidung vom 04.03.2013[427] lediglich bei der Prüfung der kündigungsbeschränkenden Wirkung einer Buchwertklausel ein.

In der Literatur wird der Gesichtspunkt der Zahlung eines Eintrittsgeldes vereinzelt als abwägungsrelevanter Parameter für die Beurteilung der kündigungsbeschränkenden Wirkung einer Versorgungsregelung gesehen. So vertritt *Goette*[428] zu der Versorgungsregelung einer als Partnerschaftsgesellschaft organisierten Anwaltssozietät, welche Gegenstand der Entscheidung des BGH vom 21.06.2010[429] war, folgende Auffassung: „... man wird in der Sache schwerlich billigen können, dass die beiden in jungen Jahren als Partner eingetretenen Beklagten sich die volle Versorgungslast als Äquivalent dafür sollen anrechnen lassen müssen, dass sie als Partner – im Übrigen gegen *Zahlung eines „Eintrittspreises“* – aufgenommen worden sind und dadurch die Chance erhalten haben, an den Erfolgen der Partnerschaftsgesellschaft auch finanziell teilzuhaben“.

Bei der gleichgelagerten Frage, wann eine Abfindungsbeschränkung gegen das Verbot einer unzulässigen Kündigungsbeschränkung gem. § 723 Abs. 3 BGB verstößt, herrscht Streit darüber, wie sich das Fehlen eines Eintrittsgeldes auf die Wirksamkeit einer Abfindungsbeschränkung auswirkt. So halten einige Autoren[430] einen völligen Ausschluss einer Abfindung für mit § 723 Abs. 3 BGB

---

427 LG München I NJW 2014, 478, 481.

428 Goette VGR 2010, 1, 6.

429 BGH DStR 2010, 1898.

430 Schäfer, in: Münchener Kommentar zum Bürgerlichen Gesetzbuch, Band 5, 6. Auflage, § 723 Rn. 76; Westermann, in: Erman, BGB, Band I, 13. Auflage, § 723 Rn. 23; Flume, Allgemeiner Teil des Bürgerlichen Rechts I/1, § 12 III. Der völlige Ausschluss

vereinbar, wenn es sich um eine Beteiligung ohne Vermögenseinlage handelt („naked in – naked out"[431]). *Flume*[432] rechtfertigt solche „naked in – naked out" – Modelle damit, dass ein Gesellschafter, der sich nicht mit einer Vermögenseinlage beteiligt habe, von vornherein nur eine Gesellschafterstellung minderen Rechts erlangt habe, indem seine Mitgliedschaft vermögensmäßig auf die Gewinnbeteiligung beschränkt worden sei. Deshalb sei es Sache des Gesellschafters, wenn er durch die Kündigung seine auf die Gewinnbeteiligung beschränkte Gesellschafterstellung aufgebe.

Die Gegenmeinung hält im Falle eines unterbliebenen Eintrittsgeldes allenfalls eine Abfindungsbeschränkung für zulässig[433]. Allerdings wird wiederum die Frage des Umfanges der Abfindungsbeschränkung nicht ganz einheitlich beantwortet. Das LG München I vertritt in seiner Entscheidung vom 04.03.2013[434] die Auffassung, dass ein unterbliebenes Eintrittsgeld allenfalls eine Beschränkung der Beteiligung am Good Will rechtfertigen könne. Ein völliger Ausschluss der Beteiligung am Good Will (in Verbindung mit einer Mandantenschutzklausel) führe hingegen zu einer unangemessenen Einschränkung des Kündigungsrechts. Nach einer Literaturansicht soll hingegen eine Beschränkung der Abfindung auf den Buchwert zulässig sein. So geht *Römermann*[435] davon aus, dass ein „geschenkter" Sozietätsanteil keinen vollständigen Ausschluss der Abfindung, sondern allenfalls eine Beschränkung der Abfindung auf den Buchwert rechtfertige, weil es keinen Sozietätsanteil „zweiter Klasse" gebe.

Nichtsdestotrotz besteht Einigkeit darüber besteht, dass die Frage der Zahlung eines Eintrittsgeldes bei der Beurteilung der kündigungsbeschränkenden Wirkung einer Abfindungsbeschränkung nach § 723 Abs. 3 BGB abwägungsrelevant ist.

---

der Abfindung ist besonders verbreitet bei Freiberufler-Sozietäten, deren Partner ohne Einlage aufgenommen worden sind; vgl. Erman, BGB, Band I, 13. Auflage, § 723 Rn. 23.

431 In solchen Fällen muss der eintretende Sozius für die Übernahme des ihm langsam zuwachsenden Gesellschaftsanteils kein Eintrittsgeld zahlen. Seine Gewinnbeteiligung berücksichtigt zum Teil die Dauer seiner Sozietätszugehörigkeit. Wenn der Sozius die Sozietät wieder verlässt, soll er der Sozietät nichts verschulden, umgekehrt aber auch keine Abfindungsansprüche haben; vgl. Hirtz AnwBl. 2008, 82, 88.

432 Flume, Allgemeiner Teil des Bürgerlichen Rechts I/1, § 12 III.

433 LG München I NJW 2014, 478, 481 f.

434 LG München I NJW 2014, 478, 481 f.; Römermann NJW 2007, 297.

435 Römermann NJW 2007, 297.

In der Gesamtschau, von der die Wirksamkeit einer Versorgungsregelung abhängt, ist danach zu fragen, ob die gegenseitigen Rechte und Pflichten der Sozien in einem angemessenen Verhältnis stehen[436]. Dabei sind all diejenigen vertraglichen Regelungen in die Beurteilung einzubeziehen, welche den Sozien Vorteile gewähren, die dazu geeignet sind, einen angemessenen Gegenwert für die aus der Versorgungsverpflichtung entstehenden Nachteile herzustellen[437].

Man wird auch bei der Frage, ob eine Versorgungsregelung gegen das Verbot unzulässiger Kündigungsbeschränkungen nach § 723 Abs. 3 BGB verstößt, von der Abwägungsrelevanz der Zahlung eines Eintrittsgeldes ausgehen müssen. Die Mitgliedschaft in einer Sozietät erschöpft sich vermögensmäßig im Wesentlichen nicht nur in den Ansprüchen auf Abfindung und Gewinnbeteiligung. Vielmehr kann die einmal erlangte Mitgliedschaft in einer Sozietät noch einen ganz anderen Wert mit sich bringen: Die neu eintretenden Jungsozien profitieren ohne eigene (persönliche und wirtschaftliche) Anstrengungen vom Ruf und von den Mandantenbeziehungen der Altsozien[438]. Durch die „Vermittlung" der Mandantenkontakte, welche die Altsozien über Jahre hinweg aufgebaut haben, wird den Jungsozien der Aufbau eines „eigenen" Mandantenstamms ermöglicht, den sie – bei Abwesenheit einer Mandantenschutzklausel – im Falle ihres Ausscheidens aus der Sozietät sogar weiter betreuen können. Damit sichert die „Teilhabe" an den Mandantenbeziehungen die berufliche und damit finanzielle Existenz der Sozien nicht nur während ihrer Mitgliedschaft, sondern oftmals auch für die Zeit nach ihrem Ausscheiden aus der Sozietät. Dabei kommt auch ein Sozius, welcher keinen Eintrittspreis gezahlt hat, in den Genuss dieses Vorteils, sodass entgegen *Flume* nicht davon ausgegangen werden kann, dass ein Sozius in einem solchen Fall lediglich eine Gesellschafterstellung minderen Rechts erlangt. Vielmehr darf mit der Gegenmeinung, wonach es keinen Sozietätsanteil zweiter Klasse gibt[439], der Wert der Gesellschafterstellung nicht pauschal von der Zahlung eines Eintrittspreises abhängig gemacht werden. Während ein Jungsozius bei Zahlung eines Eintrittspreises eine wirtschaftliche „Gegenleistung" für die „Teilhabe" an dem Mandantenstamm erbringen muss, wird er bei Fehlen eines Eintrittspreises dadurch begünstigt, dass er – abgesehen von der Erbringung seiner ganzen Arbeitskraft (§ 706 Abs. 3 BGB) – ohne jegliche vermögenswerte Leistung von den Mandantenkontakten der Altsozien profitieren kann. Dieser

436 Offermann-Burckart NJW 2014, 434.

437 Offermann-Burckart NJW 2014, 434; vgl. auch LG Heidelberg NZG 2009, 1181. Siehe hierzu auch schon oben unter § 4 IV 2 a.

438 Offermann-Burckart NJW 2014, 434.

439 Römermann NJW 2007, 297; Wolff NJW 2009, 1302, 1306.

Vorteil darf im Rahmen der Gesamtschau nicht unberücksichtigt bleiben, da er – wenngleich in nur beschränktem Umfang[440] – einen Gegenwert zu den durch die Versorgungsverpflichtung entstehenden Nachteilen darstellt und mithin dem kündigungsbeschränkenden Effekt einer (fortwirkenden) Versorgungsverpflichtung entgegenwirken kann. Deshalb wird man mit *Goette*[441] davon ausgehen müssen, dass die Frage der Zahlung eines Eintrittsgeldes bei der Beurteilung der kündigungsbeschränkenden Wirkung einer Versorgungsregelung nicht unberücksichtigt bleiben darf.

b) Prüfungskriterien

Klärungsbedürftig ist, wie sich der Gesichtspunkt der Zahlung eines Eintrittsgeldes im Rahmen der Gesamtschau auswirkt. Man wird diesem Gesichtspunkt in der Gesamtschau wohl nur weniger Gewicht beimessen können als der Mandantenmitnahme oder dem Abfindungsanspruch. So wird das Fehlen eines Eintrittsgeldes im Rahmen der Gesamtschau zwar positiv ins Gewicht fallen können, allerdings nur in Kombination mit anderen sozietätsvertraglich gewährten Vorteilen die kündigungsbeschränkende Wirkung einer Versorgungsregelung aufheben können. Dies ist nicht zuletzt dem Umstand geschuldet, dass es bei Freiberufler-Sozietäten keine Besonderheit darstellt, für die Aufnahme neuer Sozien eine vergleichsweise geringe oder gar keine Einlage zu verlangen[442]. Umgekehrt wird nicht bereits die Kombination einer Versorgungsregelung mit der Verpflichtung zur Zahlung eines Eintrittsgeldes zur Unwirksamkeit der Versorgungsregelung im Hinblick auf § 723 Abs. 3 BGB führen.

4. Bewusstes Eingehen der Versorgungsverpflichtung

Der Umstand, dass sich die Jungsozien bewusst auf die Versorgungsverpflichtung einlassen, könnte im Rahmen der Gesamtschau zu berücksichtigen sein. In der Rechtsprechung wird diese Frage uneinheitlich beantwortet.

In seinem Urteil vom 22.07.1998 begründete das LG München I[443] die Wirksamkeit einer Versorgungsregelung u.a. damit, dass die Beklagten ganz bewusst eine Bindung auf Lebenszeit gewollt hätten, da sie den Sozietätsvertrag in Kenntnis des

---

440 Vgl. hierzu näher unten unter § 4 IV 3 b.

441 Goette VGR 2010, 1, 6.

442 Schäfer, in: Münchener Kommentar zum Bürgerlichen Gesetzbuch, Band 5, 6. Auflage, § 738 Rn. 66.

443 LG München I, Urteil vom 22.07.1998 – 25 O 6395/98, BeckRS 2013, 18383, Tz. 1.2.1; vgl. auch oben unter § 4 II 1.

Lebensalters des Klägers und in Kenntnis dessen, dass der Kläger nach dem Vertrag bereits vor der im Übrigen vorgesehenen Pensionsgrenze von 60 Jahren in Pension treten konnte, eingegangen seien.

In einer weiteren Entscheidung führte das LG München I[444] zur Begründung der Wirksamkeit einer Versorgungsregelung aus, dass es sich um ein von Anwälten ausgearbeitetes Vertragswerk handele, durch welches sich die betroffenen Jungsozien bewusst auf eine langfristige Bindung an die Kanzlei eingelassen hätten. Allerdings wurde diese Entscheidung durch das Urteil des OLG München vom 12.05.2009[445] wieder aufgehoben. Zur Begründung führte das OLG München u.a. aus, dass der Umstand, dass es sich um ein von Anwälten ausgearbeitetes und bewusst eingegangenes Vertragswerk handele, nicht zu berücksichtigen sei, da wegen des zwingenden Charakters des § 723 Abs. 3 BGB unvertretbare Kündigungsbeschränkungen nicht freiwillig vereinbart werden könnten.

Schließlich schloss sich das LG München I in seiner Entscheidung vom 04.03.2013[446] dem OLG München an. Das Gericht führte aus, dass die Tatsache, dass der Beklagte den Sozietätsvertrag freiwillig unterschrieben habe, ebenso wenig etwas an der Beurteilung der Versorgungsregelung ändere wie die Tatsache, dass es sich bei dem Beklagten um einen Rechtsanwalt gehandelt habe, welchem die Tragweite der Versorgungsklausel bewusst gewesen sein musste[447].

Dem OLG München und der neueren Rechtsprechung des LG München I ist darin zuzustimmen, dass es bei der Beurteilung der Wirksamkeit einer Versorgungsregelung nicht darauf ankommen kann, dass sich die Sozien bewusst auf die Versorgungsverpflichtung eingelassen haben. Wie das OLG München richtig ausführte, handelt es sich bei § 723 Abs. 3 BGB um eine zwingende Vorschrift, welche nicht zur Disposition der Parteien steht. Folglich kann der Umstand, dass sich die Parteien bewusst einer Kündigungsbeschränkung unterworfen haben, bei der Prüfung des § 723 Abs. 3 BGB keine Rolle spielen[448]. Gegen die

---

444 LG München I, Urteil vom 15.10.2008 – 20 O 9306/05.

445 OLG München, Urteil vom 12.05.2009 – 18 U 5218/08.

446 LG München I NJW 2014, 478.

447 LG München I NJW 2014, 478, 479.

448 Andersherum kann sich jedoch das Fehlen eines Rechtsbindungswillens, d.h. das Fehlen des Bewusstseins und des Willens des Sozius, dass sein Verhalten rechtsgeschäftlich verbindliche Geltung hat, auf die Wirksamkeit einer Versorgungsregelung auswirken; vgl. zu den Rechtsfolgen der verschiedenen Tatbestände des mangelnden Rechtsbindungswillens Armbrüster, in: Münchener Kommentar zum Bürgerlichen Gesetzbuch, Band 1, 7. Auflage, Vor § 116 Rn. 24 ff.

Abwägungsrelevanz spricht des Weiteren, dass es sich bei dem Gesichtspunkt des bewussten Eingehens auf die Versorgungsverbindlichkeit nicht um einen gesellschaftsvertraglich vereinbarten Vorteil handelt, welcher die mit der Versorgungsverpflichtung verbundenen Nachteile kompensieren könnte.

5. *Haftungsbeschränkung*

a) *Abwägungsrelevanz*

Aus der bisherigen Rechtsprechung zur Wirksamkeit von Versorgungsregelungen folgt zu Recht, dass im Rahmen der Gesamtschau auch darauf abzustellen ist, ob die Haftung der Jungsozien entsprechend der Größe ihrer Beteiligung und der Dauer ihrer Sozietätszugehörigkeit beschränkt wurde. So begründete das LG München I in seiner Entscheidung vom 04.03.2013[449] die Unwirksamkeit der Versorgungsregelung nach § 723 Abs. 3 BGB damit, dass ein ausscheidender Sozius „unabhängig von der Größe seines Anteils in voller Höhe …, zeitlich … unbeschränkt und unabhängig von der Dauer seiner Sozietätszugehörigkeit für sämtliche Rentenzahlungsansprüche von Altsozien haften soll". Umgekehrt würdigte das LG Heidelberg in seiner Entscheidung vom 18.08.2009[450] den Umstand, dass die Haftung des beklagten Sozius für die Rentenansprüche der Altsozien anteilig auf die Höhe seiner Beteiligung beschränkt wurde, als einen für die Wirksamkeit der Versorgungsregelung sprechenden Umstand.

b) *Prüfungskriterien*

aa) Haftungsbeschränkung auf Höhe der Beteiligung

Wie das LG München I in seiner Entscheidung vom 04.03.2013[451] zu Recht angenommen hat, kann eine Versorgungsverpflichtung, welche einen Jungsozius unbeschränkt und ohne Rücksicht auf die Höhe seiner Beteiligung trifft, gegen § 723 Abs. 3 BGB verstoßen. Um dies zu vermeiden, empfiehlt es sich, die Haftung der Jungsozien entsprechend der Höhe ihrer Beteiligung zu beschränken. Für eine solche Haftungsbeschränkung kommen zwei unterschiedliche Modelle in Betracht:

Ein mögliches Modell wäre eine Haftungsbeschränkung, welche die Haftung der Jungsozien im Verhältnis zu den Rentenberechtigten anteilig auf die Höhe ihrer Beteiligung beschränkt (Teilschuld). Diesem Modell folgte etwa

---

449 LG München I NJW 2014, 478, 481.

450 LG Heidelberg NZG 2009, 1181.

451 LG München I NJW 2014, 478, 481.

der Sozietätsvertrag, welcher Gegenstand der Entscheidung des LG Heidelberg vom 18.08.2009[452] war. Wenngleich das LG Heidelberg bei seiner Prüfung nicht entscheidungserheblich auf den Sozietätsvertrag abstellte (die maßgebliche Versorgungsregelung ergab sich für das Gericht aus einer separaten Ausscheidensvereinbarung[453]), führte das Gericht dennoch aus, dass die Versorgungsregelung des Sozietätsvertrages u. a. wegen der nur anteiligen Haftung der Jungsozien unbedenklich sei.

Als Alternative käme eine gesamtschuldnerische Haftung in Betracht, bei der ein Jungsozius im Verhältnis zum Rentenberechtigten voll, jedoch im Verhältnis zu den anderen Jungsozien nur anteilig in Höhe seiner Beteiligung haftet; §§ 421, 426 Abs. 1 S. 1 BGB. Diesem Modell folgte beispielsweise der Sozietätsvertrag, welcher Gegenstand des Schuldknechtschaftsbeschlusses des BGH[454] war. Das LG Köln ließ in seiner Entscheidung vom 22.09.2005[455], welche dem Schuldknechtschaftsbeschluss zugrunde lag, eine solche gesamtschuldnerische Haftung genügen. Das Gericht führte hierzu aus, dass die beklagten Jungsozien im Innenverhältnis unter den anderen Gesamtschuldnern Ausgleich verlangen könnten und deshalb – wirtschaftlich gesehen – jeder einzelne monatlich nur für einen Bruchteil des Versorgungsanspruchs aufkommen müsse. Allerdings wurde diese Auffassung durch den Schuldknechtschaftsbeschluss des BGH mit der Begründung verworfen, dass sich die Sozien von einer Kündigung selbst aus wichtigem Grund abgehalten sehen könnten, weil auch ausgeschiedene Sozien noch der Versorgungshaftung gegenüber den Altsozien und ggf. nach deren Tod gegenüber deren Ehepartnern ausgesetzt seien, ohne an den Gewinnen der Sozietät beteiligt zu sein[456]. Der Umstand, dass die Jungsozien gesamtschuldnerisch für die Versorgungsleistungen gegenüber den Altsozien (und deren Ehepartnern) haften sollten und damit im Innenverhältnis zu den anderen Gesamtschuldnern Ausgleich verlangen konnten, war für den BGH hingegen kein Grund, von diesem Ergebnis abzurücken.

Aus diesem Grund wird man mit dem BGH davon ausgehen müssen, dass eine gesamtschuldnerische Versorgungshaftung, welche die Haftung der einzelnen Jungsozien lediglich im Innenverhältnis zu den anderen Gesamtschuldnern auf die Höhe der jeweiligen Beteiligung beschränkt, bei der Gesamtschau nicht positiv ins Gewicht fällt. Wirtschaftlich gesehen haften die Jungsozien in einer solchen

---

452 LG Heidelberg NZG 2009, 1181.

453 Näher hierzu oben unter § 4 I 3.

454 BGH DStR 2008, 785.

455 LG Köln, Urteil vom 22.09.2005 – 2 O 95/03.

456 BGH DStR 2008, 785, 786.

Konstellation zwar nur für einen bestimmten Prozentsatz der Rentenansprüche. Dennoch kann jeder Jungsozius von dem Rentenberechtigten zunächst in voller Höhe in Anspruch genommen werden; § 426 S. 1 BGB. In diesem Fall muss der in Anspruch genommene Jungsozius die übrigen Gesamtschuldner nach § 426 BGB in Regress nehmen und trägt dabei das Risiko, dass seine Ausgleichsforderung gegen alle übrigen Gesamtschuldner schlimmstenfalls nicht durchsetzbar ist[457].

bb) Haftungsbeschränkung nach Dauer der Sozietätszugehörigkeit

Des Weiteren ergibt sich aus dem Urteil des LG München I vom 04.03.2013[458], dass eine Versorgungshaftung, welche die Dauer der Sozietätszugehörigkeit des versorgungsverpflichteten Jungsozius unberücksichtigt lässt, gegen § 723 Abs. 3 BGB verstoßen kann. Wie das LG München I zu Recht ausführt, würde eine von der Dauer der Sozietätszugehörigkeit unabhängige Versorgungshaftung dazu führen, dass ein Jungsozius im Extremfall über Jahrzehnte hinweg für die Versorgungsverbindlichkeiten einstehen müsste, obwohl er nur einen einzigen Tag Mitglied der Sozietät gewesen wäre. Deshalb wird als sachgerechte Lösung vorgeschlagen, dass (ausgeschiedene) Sozien *pro rata temporis* ihrer Mitgliedschaft an den Versorgungslasten beteiligt werden[459].

Weder in der Rechtsprechung noch in der Literatur werden Beispiele sinnvoller Vertragsgestaltungen für eine Haftungsbeschränkung nach der Dauer der Sozietätszugehörigkeit genannt. Dennoch ließe sich insbesondere durch die folgenden Modelle die Versorgungshaftung von der Dauer der Sozietätszugehörigkeit der versorgungsverpflichteten Jungsozien abhängig machen:

Zum einen könnte die Haftung *der Höhe nach* von der Dauer der Sozietätszugehörigkeit abhängig gemacht werden. So könnte der Sozietätsvertrag vorsehen, dass sich die anteilige Versorgungshaftung eines ausscheidenden Jungsozius danach bestimmt, wie lange er im Vergleich zu den anderen (versorgungsverpflichteten) Jungsozien Mitglied der Sozietät war.

Entsprechend der Dauer der Sozietätszugehörigkeit könnte die Versorgungshaftung ausscheidender Jungsozien auch *in zeitlicher Hinsicht* beschränkt werden[460]. Beispielsweise könnte vereinbart werden, dass ein ausscheidender Jungsozius, welcher weniger als fünf Jahre Mitglied der Sozietät war, mit Ablauf

457 Looschelders, in: Staudinger, BGB, Buch 2, Neubearbeitung 2012, § 426 Rn. 1. In diesem Fall würde selbst die Ausfallhaftung nach § 426 Abs. 1 S. 2 BGB ins Leere laufen.

458 LG München I NJW 2014, 478, 481.

459 Goette VGR 2010, 1, 6.

460 Vgl. auch Offermann-Burckart NJW 2014, 434, 437.

von zehn Jahren nach seinem Ausscheiden von der Versorgungshaftung befreit wird. Dabei sollte vor allem die Umsatzstärke der Sozietät und die jeweilige Größe der Beteiligung berücksichtigt werden. Je mehr die Sozietät erwirtschaftet und je größer die Gewinnbeteiligung eines Jungsozius ist, desto eher lässt sich eine längere Nachhaftung rechtfertigen.

6. *Wechselwirkung der abwägungsrelevanten Parameter*

Unter § 4 IV 1 – 5 wurde untersucht, welche Rolle die abwägungsrelevanten Parameter in der Gesamtschau spielen und wie sie sich – isoliert betrachtet – auf die kündigungsbeschränkende Wirkung einer Versorgungsregelung auswirken können. Da in die Gesamtschau alle abwägungsrelevanten Parameter einzubeziehen sind, stellt sich im Folgenden die Frage, wie sich die Kombination einzelner abwägungsrelevanter Parameter auf die kündigungsbeschränkende Wirkung einer Versorgungsregelung auswirkt. Entscheidend für die Wirksamkeit einer Versorgungsregelung ist, dass ein ausgewogenes Verhältnis zwischen den durch die Versorgungsverpflichtung verursachten Nachteilen und den durch die anderen (abwägungsrelevanten) vertraglichen Regelungen gewährten Vorteilen besteht[461].

Im Folgenden werden verschiedene denkbare Konstellationen in den Blick genommen und deren Auswirkungen auf die kündigungsbeschränkende Wirkung einer Versorgungsregelung dargestellt. Dabei bleibt unberücksichtigt, ob die verschiedenen Vertragsmodelle unter wirtschaftlichen Gesichtspunkten praktikabel sind.

a) „Überkompensation"

Eine Versorgungsregelung wird ohne Weiteres als unbedenklich angesehen werden können, wenn der Sozietätsvertrag keine Abfindungsbeschränkung vorsehen würde, die unbeschränkte Mitnahme von Mandanten möglich wäre, die versorgungsverpflichteten Jungsozien kein Eintrittsgeld bezahlen müssten und die Haftung der Höhe nach oder in zeitlicher Hinsicht beschränkt wäre[462]. Denn dann erhielte der neu eintretende Sozius ohne Zahlung eines Eintrittspreises die mit der Gesellschafterstellung verbundenen Vorteile[463] und würde im Falle seiner Kündigung mit dem gesetzlichen Abfindungsanspruch und der unbeschränkten

---

461 Vgl. hierzu bereits oben unter § 4 IV 2 a und § 4 IV 3 a.

462 Vgl. zu einzelnen bei der Gesamtschau positiv ins Gewicht fallenden Modellen einer Haftungsbeschränkung oben unter § 4 IV 5 b.

463 Vgl. näher hierzu oben unter § 4 IV 3 a.

Möglichkeit der Mandantenmitnahme gleich „doppelt" am Good Will der Sozietät beteiligt[464]. Demgegenüber würde der Sozius nach seiner Kündigung nur beschränkt für die Rentenansprüche der Altsozien haften. In solch einer Vertragskonstellation würden die Vorteile die Nachteile derart überwiegen, dass es zu einer „Überkompensation" kommen würde. Selbst wenn einer der genannten Parameter geändert, z. B. die Haftungsbeschränkung aufgehoben würde, wären die Versorgungsverbindlichkeiten wohl nach wie vor „überkompensiert".

b) Wechselwirkung von Abfindung und Mandantenmitnahme

aa) Buchwertklausel und unbeschränkte Möglichkeit der Mandantenmitnahme

Würde eine Versorgungsregelung mit einer Buchwertklausel bei unbeschränkter Möglichkeit der Mandantenmitnahme kombiniert, käme es für die Wirksamkeit der Versorgungsregelung grundsätzlich darauf an, ob die über die Mandantenmitnahme vermittelte Partizipation am Good Will eine ausreichende Kompensation für die Versorgungsverpflichtung darstellen würde[465]. In der Regel dürfte dies zu bejahen sein, weil bei einer Partnerschaft von Freiberuflern gerade der in den Beziehungen zu den Mandanten bestehende Good Will regelmäßig den wesentlichen Wert der Gesellschaft ausmacht[466]. Hiervon gibt es aber Ausnahmen. Beispielsweise haben die tatsächlichen Veränderungen des Anwaltsmarktes dazu geführt, dass sich die Kanzleibindungen der Mandanten zunehmend gelockert haben und folglich eine Entwertung der Mandantenbeziehungen eingetreten ist[467]. Aus diesem Grund kann man zumindest bei Anwaltssozietäten nicht ohne Weiteres davon ausgehen, dass die Versorgungsverbindlichkeiten durch die Partizipation am Good Will (vermittelt durch die Möglichkeit der Mandantenmitnahme) ausreichend kompensiert werden. Um etwaigen Unsicherheiten über die Wirksamkeit einer Versorgungsregelung entgegenzuwirken, sollten Sozietätsverträge (neben der

---

464 Vgl. näher dazu oben unter § 4 IV 1 a und 2 a.

465 Sofern es sich um eine Freiberufler-Sozietät handelt, deren wesentlicher Wert ausnahmsweise nicht in den Mandantenbeziehungen, sondern vielmehr in der Praxisausstattung besteht (z. B. Laborgemeinschaften), kann die Versorgungsverpflichtung möglicherweise schon durch die Buchwertabfindung ausreichend kompensiert werden; vgl. oben unter § 4 IV 2 b. Eine Buchwertabfindung wird wohl auch dann schon eine ausreichende Kompensation darstellen, wenn die Gesellschafts- und Gewinnanteile des rentenberechtigten Altsozius den rentenverpflichteten Jungsozien zu gleichen Teilen angewachsen sind; vgl. OLG München NZG 1999, 821.

466 Vgl. hierzu bereits oben unter § 4 IV 1 c.

467 Vgl. näher dazu oben unter § 4 IV 1 b bb.

unbeschränkten Möglichkeit der Mandantenmitnahme) deshalb vorsehen, dass die Versorgungshaftung der Jungsozien beschränkt ist[468] und/oder gegenüber neu eintretenden Jungsozien auf die Zahlung eines Eintrittsgeldes verzichtet wird[469]. Je ausgewogener das Verhältnis zwischen den durch die Versorgungsverpflichtung verursachten Vermögensnachteilen und den sozietätsvertraglich gewährten Vorteilen ausgestaltet ist, desto wahrscheinlicher ist es, dass ein Gericht keine Bedenken gegen die Versorgungsregelung erhebt[470].

bb) Gesetzliche Abfindung und Mandantenschutzklausel

Im umgekehrten Fall, namentlich bei Gewährung der vollen gesetzlichen Abfindung in Verbindung mit einer Mandantenschutzklausel, dürfte die kündigungsbeschränkende Wirkung einer hiermit kombinierten Versorgungsregelung in der Regel aufgehoben sein. Denn dann wäre eine Beteiligung an dem die Versorgungsverpflichtung kompensierenden Good Will über die Gewährung der vollen gesetzlichen Abfindung sichergestellt[471]. Um auch hier etwaigen Unsicherheiten über die Wirksamkeit einer Versorgungsregelung entgegenzuwirken, sollte zusätzlich eine Haftungsbeschränkung vereinbart werden, welche sicherstellt, dass die Versorgungshaftung der Höhe nach und in zeitlicher Hinsicht für den ausscheidenden Sozius überschaubar ist (der Verzicht auf ein Eintrittsgeld wird kaum positiv ins Gewicht fallen können, weil der ausgeschiedene Sozius wegen der Mandantenschutzklausel nur während seiner Mitgliedschaft „unentgeltlich" von den Mandantenkontakten profitieren kann[472])[473].

cc) Kombination von Buchwertklausel und Mandantenschutzklausel

In den Fällen, in denen eine Versorgungsregelung mit einem Abfindungsausschluss und einer Mandantenschutzklausel kombiniert wird, muss ohne Weiteres eine unzulässige Kündigungsbeschränkung im Sinne von § 723 Abs. 3 BGB angenommen werden, da der fortbestehenden Versorgungsverpflichtung eines ausscheidenden Jungsozius keinerlei nennenswerte Vorteile gegenüberstehen. Schwieriger ist hingegen die kündigungsbeschränkende Wirkung einer Versorgungsregelung zu

---

468 Vgl. zu einzelnen bei der Gesamtschau positiv ins Gewicht fallenden Modellen einer Haftungsbeschränkung oben unter § 4 IV 5 b.

469 Vgl. näher dazu oben unter § 4 IV 3 und 5.

470 Offermann-Burckart NJW 2014, 434, 437.

471 Vgl. näher dazu oben unter § 4 IV 2.

472 Vgl. näher dazu oben unter § 4 IV 3.

473 Vgl. zu einzelnen bei der Gesamtschau positiv ins Gewicht fallenden Modellen einer Haftungsbeschränkung oben unter § 4 IV 5 b.

beurteilen, wenn die Abfindung nicht gänzlich ausgeschlossen, sondern auf den Buchwert beschränkt wird (in Verbindung mit einer Mandantenschutzklausel). Eine solche Kombination sah der Sozietätsvertrag vor, welcher der Entscheidung des LG München I vom 04.03.2013[474] zugrunde lag. Jedoch ließ das Gericht die Frage des Zusammenspiels der Versorgungsregelung mit der Buchwertklausel und der Mandantenschutzklausel offen, weil es die Versorgungsregelung schon aus anderen Gründen für eine unzulässige Kündigungsbeschränkung hielt[475].

Die Kombination einer trotz Kündigung fortbestehenden Versorgungshaftung mit einer Buchwertklausel und einer Mandantenschutzklausel würde ausscheidenden Jungsozien nicht nur über Jahre hinweg die Erbringung von Rentenzahlungen auferlegen, sondern darüber hinaus auch noch jegliche weitere Beteiligung am Wert der Sozietät versperren. Mit Ausnahme der Fälle, in denen der Buchwert der Anteile den wesentlichen Wert der Sozietät widerspiegelt[476], würde die fortdauernde Versorgungsverpflichtung durch keinerlei abwägungsrelevante Vorteile ausgeglichen werden. Vielmehr würde mit dem vollständigen Ausschluss von der Beteiligung am Good Will eine weitere wirtschaftlich nachteilige Folge der Kündigung hinzutreten, welche die versorgungsverpflichteten Jungsozien in jedem Fall von der Ausübung ihres Kündigungsrechts abhalten würde. Dies gilt erst recht, wenn darüber hinaus die Zahlung eines Eintrittsgeldes vereinbart ist.

Allerdings könnte die kündigungsbeschränkende Wirkung der Versorgungsregelung dadurch aufgehoben werden, dass auf die Zahlung eines Eintrittsgeldes verzichtet und die Versorgungshaftung beschränkt wird. Das Fehlen eines Eintrittsgeldes wird wohl kaum allein einer kündigungsbeschränkenden Wirkung der Versorgungsregelung entgegenwirken können, weil der ausgeschiedene Sozius wegen der Mandantenschutzklausel nur während seiner Mitgliedschaft „unentgeltlich" von den Mandantenkontakten profitieren kann[477]. Vielmehr wird die Wirksamkeit der Versorgungsregelung im Einzelfall vom Umfang der Haftungsbeschränkung abhängen. Wenn ein ausscheidender Sozius nur anteilig (entsprechend der Höhe seiner Beteiligung) und für einen überschaubaren Zeitraum nach seinem Ausscheiden für die Rentenansprüche der Altsozien haftet, dürften vor dem Hintergrund des § 723 Abs. 3 BGB keine Bedenken gegen die Versorgungsregelung bestehen. Hingegen dürfte eine Versorgungsregelung, wonach der ausscheidende Sozius noch bis ins hohe Alter (möglichweise sogar bis zum Ende

474 LG München I NJW 2014, 478.
475 Vgl. näher hierzu oben unter § 4 II 2.
476 Vgl. näher hierzu oben unter § 4 IV 2 b.
477 Vgl. näher hierzu oben unter § 4 IV 3.

seines eigenen Berufslebens) für die Rentenansprüche der übrigen Sozien haftet, in Kombination mit einer Buchwert- und Mandantenschutzklausel eine unzulässige Kündigungsbeschränkung im Sinne von § 723 Abs. 3 BGB darstellen.

§ 5 Zwischenergebnis

Eine Versorgungsregelung, wonach selbst kündigungsbedingt ausgeschiedene Jungsozien weiterhin für die Rentenansprüche der Altsozien haften sollen, muss sich den Vorwurf gefallen lassen, dass sie die Ausübung des Kündigungsrechts in unzulässiger Weise beschränken kann; § 723 Abs. 3 BGB. Denn an sich kündigungswillige Jungsozien könnten sich im Hinblick auf die mit der Nachhaftung verbundenen nachteiligen Folgen von der Ausübung ihres Kündigungsrechts – auch aus wichtigem Grund – abgehalten sehen.

Die Untersuchungen haben gezeigt, dass nicht schon allein der bloße Umstand der Nachhaftung trotz Ausscheidens zur Unwirksamkeit einer Versorgungsregelung nach § 723 Abs. 3 BGB führt. Vielmehr kommt es im Einzelfall auf eine Gesamtbetrachtung des Sozietätsvertrages an, bei der darauf abzustellen ist, ob die gegenseitigen Rechte und Pflichten der Sozien in einem angemessenen Verhältnis stehen und deshalb die durch die Versorgungsverpflichtung entstehenden Nachteile kompensiert werden.

In diese Abwägung sind allerdings nur bestimmte gesellschaftsvertragliche Regelungen einzubeziehen. Zum einen sind die konkreten gesellschaftsvertraglichen Vereinbarungen für den Fall des Ausscheidens eines Sozius zu berücksichtigen[478]. Hierzu zählen (1) die Regelung betreffend die Mitnahme von Mandanten, (2) die Abfindungsregelung und (3) eine etwaige Haftungsbeschränkung für den Zeitraum nach dem Ausscheiden aus der Sozietät. Zum anderen muss (4) der Gesichtspunkt der Zahlung eines Eintrittsgeldes in der Gesamtschau berücksichtigt werden, obwohl es sich hierbei nicht um eine im Zusammenhang mit dem Ausscheiden stehende gesellschaftsvertragliche Regelung handelt. Je nach ihrer konkreten vertraglichen Ausgestaltung können sich diese Punkte unterschiedlich auf eine an sich kündigungsbeschränkende Versorgungsregelung auswirken. Dabei verbietet sich allerdings auch bei der Gesamtschau eine schematische Betrachtungsweise. In der Regel kann davon ausgegangen werden, dass bereits die unbeschränkte Möglichkeit der Mandantenmitnahme eine ausreichende Kompensation für die Versorgungslasten darstellt. Allerdings sollte die Werthaltigkeit der Mandantenbeziehungen einzelfallbezogen bestimmt

478 LG München I NJW 2014, 478, 479.

und der Versorgungsverpflichtung entgegengestellt werden (jedoch nicht im Sinne einer exakten Gleichwertigkeit, sondern im Sinne eines ausgewogenen Verhältnisses zwischen den durch die Versorgungsverpflichtung verursachten Vermögensnachteilen und den durch die Mandantenmitnahme vermittelten Vermögensvorteilen), da – wie das Beispiel der Anwaltssozietäten zeigt – der Wert der Mandantenbeziehungen aufgrund einer Veränderung der Marktverhältnisse sinken kann. Bestehende Unsicherheiten über die Wirksamkeit einer Versorgungsregelung können durch weitere kompensierende bzw. „abmildernde" Vereinbarungen ausgeräumt werden, wie z. B. durch die Vereinbarung einer Haftungsbeschränkung, welche die Nachhaftung ausscheidender Sozien der Höhe nach und/oder in zeitlicher Hinsicht überschaubar macht.

3. Teil: Wirksamkeit von Versorgungsregelungen im Lichte von § 134 BGB

§ 6 Allgemeines

Nach § 134 BGB ist ein Rechtsgeschäft, das gegen ein gesetzliches Verbot verstößt, nichtig, wenn sich nicht aus dem Gesetz ein anderes ergibt. Demnach sind solche Rechtsgeschäfte nichtig, deren Inhalt durch einen positiv normierten Rechtssatz von der Rechtsordnung abgelehnt wird[479].

§ 134 BGB dient der Inhaltskontrolle von Rechtsgeschäften[480]. Da auch § 138 BGB ein Bestandteil der rechtlichen Inhaltskontrolle von Rechtsgeschäften ist[481], stellt sich die Frage des Verhältnisses der beiden Normen zueinander. Grundsätzlich gilt, dass § 134 BGB im Verhältnis zu § 138 BGB vorgeht[482]. Die Vorschrift des § 134 BGB ist allerdings nicht abschließend, sodass immer dann, wenn § 134 BGB nicht zur Nichtigkeit des Rechtsgeschäftes führt (weil nach der Verbotsnorm eine andere Sanktion eingreifen soll, vgl. § 134 a.E. BGB), diese doch aus § 138 BGB folgen kann[483].

§ 134 BGB setzt den Verstoß gegen ein Verbotsgesetz voraus. Hierzu zählen insbesondere Gesetze im formellen Sinne (Verfassungsvorschriften, einfache Gesetze)[484] sowie Verordnungen und Satzungen, z.B. von Körperschaften des öffentlichen Rechts[485]. Ein Verbotsgesetz im Sinne von § 134 BGB setzt voraus, dass dieses den Inhalt oder die Vornahme eines Rechtsgeschäfts untersagt, wobei es nicht entscheidend darauf ankommt, dass der Gesetzeswortlaut ausdrücklich das Wort „verboten" gebraucht[486]. Vielmehr lässt sich auch durch Auslegung

479 Armbrüster, in: Münchener Kommentar zum Bürgerlichen Gesetzbuch, Band 1, 6. Auflage, § 134 Rn. 1.

480 Sack/Seibl, in Staudinger, BGB, Buch 1, Neubearbeitung 2011, § 134 Rn. 1.

481 Vgl. oben unter § 6 II.

482 Armbrüster, in: Münchener Kommentar zum Bürgerlichen Gesetzbuch, Band 1, 6. Auflage, § 134 Rn. 4.

483 BGH NJW 1976, 1883, 1884.

484 Sack/Seibl, in: Staudinger, BGB, Buch 1, Neubearbeitung 2011, § 134 Rn. 16.

485 BGH NJW 1986, 2360 (Berufsordnung für die nordrheinischen Ärztinnen und Ärzte der Ärztekammer Nordrhein); OLG Hamm NJW 1985, 679, 681 (Berufsordnung für die Ärztinnen und Ärzte in Hessen der Landesärztekammer Hessen).

486 Sack/Seibl, in: Staudinger, BGB, Buch 1, Neubearbeitung 2011, § 134 Rn. 31.

(nach Sinn und Zweck) ermitteln, ob es sich um ein Verbotsgesetz im Sinne von § 134 BGB handelt[487].

§ 7 Verbotswidrige Versorgungsregelungen

Als Verbotsgesetz im Sinne von § 134 BGB kommt allein § 723 Abs. 3 BGB in Betracht. § 723 Abs. 3 BGB enthält das Verbot, weder das ordentliche noch das außerordentliche Kündigungsrecht der Sozien gem. § 723 Abs. 1 BGB auszuschließen oder entgegen dieser Vorschrift zu beschränken[488]. Eine sozietätsvertragliche Versorgungsregelung, wonach die Jungsozien selbst nach ihrem Ausscheiden aus der Sozietät noch jahrelang Rentenleistungen an die Altsozien bzw. deren Witwen erbringen müssen, ohne hierfür eine angemessene Kompensation zu erhalten, verstößt gegen dieses Verbot[489]. Allerdings ordnet § 723 Abs. 3 BGB selbst schon die Nichtigkeit einer solchen Versorgungsregelung an. In solchen Fällen, nämlich immer dann, wenn eine Norm den Verstoß gegen das durch sie ausgesprochene Verbot selbst mit Nichtigkeit sanktioniert, findet § 134 BGB keine Anwendung (lex specialis-Grundsatz)[490]. Aus diesem Grund bedarf es für die Feststellung der Nichtigkeit von Versorgungsregelungen keines Rückgriffs auf die Vorschrift des § 134 BGB [491].

Andere Verbotsgesetze, gegen die eine sozietätsvertragliche Versorgungsregelung verstoßen könnte, kommen nicht in Betracht.

§ 8 Zwischenergebnis

Sozietätsvertragliche Versorgungsregelungen stellen grundsätzlich keine verbotswidrigen Rechtsgeschäfte gem. § 134 BGB dar. Das in Frage kommende Verbot, gegen welches eine Versorgungsregelung verstoßen könnte, ist das Verbot

487 BGHZ 85, 39, 43.

488 Vgl. ausführlich hierzu bereits oben unter § 3.

489 Vgl. näher zu den einzelnen Voraussetzungen einer nichtigen Versorgungsregelung oben unter § 4.

490 BGH NJW 2003, 3692, 3693; vgl. auch Armbrüster, in: Münchener Kommentar zum Bürgerlichen Gesetzbuch, Band 1, 6. Auflage, § 134 Rn. 3; Sack/Seibl, in: Staudinger, BGB, Buch 1, Neubearbeitung 2011, § 134 Rn. 192; Hefermehl, in: Soergel, BGB, 13. Auflage, § 134 Rn. 3.

491 Sack/Seibl, in: Staudinger, BGB, Buch 1, Neubearbeitung 2011, § 134 Rn. 218; Armbrüster, in: Münchener Kommentar zum Bürgerlichen Gesetzbuch, Band 1, 6. Auflage, § 134 Rn. 72; a.A. Heckelmann, Abfindungsklauseln in Gesellschaftsverträgen, S. 123 ff., 153 f.

unzulässiger Kündigungsausschlüsse bzw. -beschränkungen nach § 723 Abs. 3 BGB. Bei diesem Verbot handelt es sich allerdings nicht um ein gesetzliches Verbot im Sinne von § 134 BGB, da § 723 Abs. 3 BGB selbst die Nichtigkeitsfolge anordnet.

Aus diesem Grund findet § 134 BGB auf Versorgungsregelungen keine Anwendung. Deshalb ist durch § 134 BGB ein Rückgriff auf die Generalklausel des § 138 BGB nicht versperrt[492].

492 Vgl. zur Wirksamkeit von Versorgungsregelungen im Lichte von § 138 BGB ausführlich unten unter §§ 11 und 12. Zur Frage, ob § 723 Abs. 3 BGB einen Rückgriff auf die Generalklausel des § 138 BGB versperrt, vgl. unten unter § 9.

4. Teil: Wirksamkeit von Versorgungsregelungen im Lichte von § 138 BGB

§ 9 Heranziehung von § 138 BGB zur Beurteilung der Wirksamkeit sozietätsvertraglicher Versorgungsregelungen

Wie bereits ausgeführt, ist die Heranziehung des § 138 BGB zur Prüfung der Wirksamkeit sozietätsvertraglicher Versorgungsregelungen nicht durch die Vorschrift des § 134 BGB versperrt[493]. Allerdings könnte ein Rückgriff auf die Generalklausel des § 138 BGB durch die Vorschrift des § 723 Abs. 3 BGB versperrt sein, da beide Regelungen (auch) dem Schutz der persönlichen und wirtschaftlichen Freiheit dienen[494] und § 723 Abs. 3 BGB als die speziellere Norm für Gesellschaftsverträge vorrangig sein könnte. Dies würde jedoch voraussetzen, dass die beiden Vorschriften tatsächlich dieselbe Funktion haben. Während § 723 Abs. 3 BGB dem Schutz vor unzulässigen Kündigungsbeschränkungen dient, versagt § 138 BGB sittenwidrigen Kündigungsbeschränkungen die rechtliche Anerkennung. Diese unterschiedlichen Funktionen der beiden Vorschriften schlagen sich auch in einer unterschiedlichen Wirksamkeitskontrolle nieder. Bei der Wirksamkeitsprüfung nach § 723 Abs. 3 BGB werden allein die sozietätsvertraglichen Regelungen mit Blick auf die (wertmäßige) Ausgewogenheit zwischen den darin enthaltenen Vor- und Nachteilen herangezogen[495]. Zwar wird im Kontext des § 138 BGB ein „erhebliches Missverhältnis" der gegenseitigen Rechte und Pflichten der Sozien geprüft, indem auch hier die jeweiligen sozietätsvertraglichen Regelungen gegenübergestellt werden[496]. Allerdings können bei der Sittenwidrigkeitskontrolle auch die Begleitumstände, d.h. die außerhalb des Vertrages liegenden Umstände, in die Prüfung einbezogen werden und das Sittenwidrigkeitsurteil (mit-)stützen[497]. Dies kann dazu führen, dass in bestimmten Anwendungsfällen des § 138 BGB die Voraussetzungen eines

---

493 Vgl. hierzu bereits oben unter § 8.

494 Vgl. zum Schutzzweck des § 723 Abs. 3 BGB bereits oben unter § 3 und zum Schutzzweck des § 138 BGB näher unten unter § 12.

495 Vgl. hierzu bereits oben unter § 4 IV.

496 Siehe näher hierzu unten unter § 12 III 4 a.

497 Vgl. näher zur Inhaltskontrolle nach § 138 BGB unten unter § 10 II. Ein Begleitumstand, der z.B. bei der Beurteilung von Versorgungsregelungen nach § 138 BGB unter dem Aspekt einer sittenwidrigen Freiheitsbeschränkung herangezogen werden kann, ist die Frage des Grundes des Ausscheidens des Sozius; vgl. hierzu unten unter § 12 III 4 b.

Verstoßes gegen § 723 Abs. 3 BGB nicht erfüllt sind[498]. Aus alledem folgt, dass § 138 BGB in seiner Funktion als Schutznorm gegen sittenwidrige Freiheitsbeschränkungen infolge sozietätsvertraglicher (Versorgungs-)Regelungen zum Zwecke der effektiven Durchsetzung der „guten Sitten"[499] neben § 723 Abs. 3 BGB Anwendung finden muss.

§ 10 Sittenwidrige Rechtsgeschäfte nach § 138 BGB

I. Funktion des § 138 BGB

Die Vorschrift des § 138 BGB schränkt die verfassungsrechtlich durch Art. 2 Abs. 1 GG und einfachgesetzlich durch § 311 Abs. 1 BGB abgesicherte Vertragsfreiheit dahingehend ein, dass sie sittlich anstößigen Rechtsgeschäften Einhalt gebietet[500]. Damit dient die Vorschrift in erster Linie der „Durchsetzung der grundlegenden gesellschaftlichen Wertvorstellungen"[501], und zwar nicht nur durch die Anordnung der Nichtigkeitsfolge für sittenwidrige Rechtsgeschäfte, sondern auch durch die präventive Abschreckung vor dem Abschluss solcher Rechtsgeschäfte[502].

Daneben kommt § 138 BGB eine Auffangfunktion gerade für die Fälle zu, welche nicht von § 134 BGB erfasst werden[503]. Denn gerade in der heutigen Welt, in welcher die gesellschaftlichen Wertvorstellungen einem ständigen Wandel unterworfen sind, lassen sich sittenwidrige Rechtsgeschäfte unmöglich umfassend durch

---

498 Wenn ein Sozius aufgrund einer außerordentlichen Kündigung aus der Sozietät ausscheidet und für diesen Fall eine fortbestehende Versorgungshaftung vorgesehen ist, wird dieser Umstand (fortbestehende Versorgungshaftung trotz außerordentlicher Kündigung) im Rahmen der Wirksamkeitsprüfung nach § 138 Abs. 1 BGB insofern berücksichtigt, dass bereits ein geringerer Wertunterschied zwischen den gegenseitigen Rechten und Pflichten zur Bejahung eines erheblichen Missverhältnisses im Sinne des § 138 Abs. 1 BGB führt (vgl. näher unten unter § 12 III 4 b), während dieser Umstand im Rahmen der Prüfung nach § 723 Abs. 3 BGB unberücksichtigt bleibt, sodass derselbe Wertunterschied noch nicht zur Unwirksamkeit der Versorgungsregelung im Sinne von § 723 Abs. 3 BGB führt.

499 Zum Begriff der „guten Sitten" vgl. unten unter § 10 III.

500 Sack/Fischinger, in: Staudinger, BGB, Buch 1, Neubearbeitung 2011, § 138 Rn. 2.

501 Sack/Fischinger, in: Staudinger, BGB, Buch 1, Neubearbeitung 2011, § 138 Rn. 2.

502 Armbrüster, in: Münchener Kommentar zum Bürgerlichen Gesetzbuch, Band 1, 6. Auflage, § 138 Rn. 1.

503 Sack/Fischinger, in Staudinger, BGB, Buch 1, Neubearbeitung 2011, § 138 Rn. 2.

entsprechende Verbotsgesetze eindämmen[504]. Die hieraus zwingend folgenden Lücken können durch Heranziehung des § 138 BGB geschlossen werden[505].

Da unsere Zivilrechtsordnung die Verfolgung von Strafzwecken nicht kennt, hat § 138 BGB keine Bestrafungsfunktion[506].

II. Inhaltskontrolle

§ 138 BGB dient – wie § 134 BGB – der Inhaltskontrolle von Rechtsgeschäften. Gegenstand des Sittenwidrigkeitsurteils ist damit grundsätzlich allein das Rechtsgeschäft, während unsittliches Verhalten oder unredliche Absichten, welche zu dem Abschluss des Rechtsgeschäfts geführt haben, nicht zu beurteilen sind[507]. Deshalb kann ein Rechtsgeschäft im Hinblick auf § 138 BGB unbedenklich sein, obwohl das Verhalten der Parteien für sich genommen sittenwidrig ist[508]. Umgekehrt ist ein Rechtsgeschäft sittenwidrig, wenn die Parteien beim Abschluss des Vertrages keine verwerflichen Absichten hatten, jedoch die Rechtsfolgen des Vertrages unerträglich sind[509].

Die Nichtigkeitsfolge des § 138 BGB tritt ein, wenn ein Rechtsgeschäft wegen seines Inhalts sittenwidrig ist[510]. Sittenwidrig im Sinne von § 138 BGB sind damit Rechtsgeschäfte, welche z.B. die Begehung sittenwidriger Handlungen unmittelbar zum Gegenstand haben (sog. Inhaltssittenwidrigkeit)[511]. In einem solchen Fall kommt es auf die Würdigung der Begleitumstände nicht an. Wenn sich die Sittenwidrigkeit eines Rechtsgeschäfts nicht bereits aus dessen Inhalt ergibt, kann dessen Sittenwidrigkeit dennoch im Wege einer Gesamtwürdigung von Inhalt, Beweggrund und Zweck des Rechtsgeschäfts festgestellt werden (sog. Umstandssittenwidrigkeit)[512]. Dementsprechend formuliert der BGH in ständiger Rechtsprechung, dass ein Rechtsgeschäft dann nach § 138 BGB nichtig

---

504 Palm, in: Erman, BGB, Band I, 11. Auflage, § 138 Rn. 1.

505 Ausführlich hierzu Sack/Fischinger, in Staudinger, BGB, Buch 1, Neubearbeitung 2011, § 138 Rn. 25 ff.

506 Sack/Fischinger, in Staudinger, BGB, Buch 1, Neubearbeitung 2011, § 138 Rn. 3.

507 Sack/Fischinger, in: Staudinger, BGB, Buch 1, Neubearbeitung 2011, § 138 Rn. 7.

508 Medicus, Allgemeiner Teil des BGB, 10. Auflage, S. 279.

509 Vgl. hierzu RGZ 158, 294, 298.

510 Sack/Fischinger, in: Staudinger, BGB, Buch 1, Neubearbeitung 2011, § 138 Rn. 4.

511 Sack/Fischinger, in: Staudinger, BGB, Buch 1, Neubearbeitung 2011, § 138 Rn. 5; Armbrüster, in: Münchener Kommentar zum Bürgerlichen Gesetzbuch, Band 1, 6. Auflage, § 138 Rn. 9.

512 Sack/Fischinger, in: Staudinger, BGB, Buch 1, Neubearbeitung 2011, § 138 Rn. 5; Armbrüster, in: Münchener Kommentar zum Bürgerlichen Gesetzbuch, Band 1, 6. Auflage, § 138 Rn. 9; Ellenberger, in: Palandt, Bürgerliches Gesetzbuch, 75. Auflage, § 138 Rn. 8.

sei, wenn sich dem aus „Inhalt, Zweck und Beweggrund“ folgenden Gesamtcharakter ein Verstoß gegen die guten Sitten entnehmen lässt[513]. So sind zum Beispiel die Absichten der Beteiligten bei der Beurteilung der Sittenwidrigkeit von Bedeutung, wenn sich der Unwert des Rechtsgeschäfts gerade erst aus der unredlichen Gesinnung der Beteiligten ergibt[514]. Ein Beispiel hierfür ist eine testamentarische Zuwendung an eine Geliebte, wenn diese ausschließlich den Zweck hat, die geschlechtliche Hingabe zu entlohnen oder zur Fortsetzung der sexuellen Beziehungen zu bestimmen[515]. Weitere Beispiele für eine Umstandssittenwidrigkeit sind die Fälle des „wucherähnlichen Geschäfts“ gem. § 138 Abs. 1 BGB, bei dem neben einem Missverhältnis zwischen Leistung und Gegenleistung eine verwerfliche Gesinnung des Begünstigten vorliegen muss[516], sowie die Fälle der Sittenwidrigkeit wegen anfänglicher Übersicherung, welche neben dem Vorliegen eines von Anfang an angelegten auffälligen Missverhältnisses zwischen dem realisierbaren Wert der Sicherheit und der gesicherten Forderung eine verwerfliche Gesinnung des Sicherungsnehmers, insbesondere Rücksichtslosigkeit gegenüber dem Sicherungsgeber, erfordert[517].

Neben dem objektiven Vorliegen eines Sittenverstoßes setzt die Sittenwidrigkeit eines Rechtsgeschäfts subjektiv voraus, dass der Handelnde die Umstände kennt, aus denen sich der Sittenverstoß ableitet[518]. Nach herrschender Meinung ist nicht erforderlich, dass den Beteiligten bewusst ist, dass ihr Rechtsgeschäft als sittenwidrig einzustufen ist[519]. Wie *Medicus*[520] zutreffend ausführt, würde solch

513 BGHZ 43, 46, 50 (Verkauf einer Anwaltspraxis); 53, 369, 375 („Geliebten-Testament“); 60, 28, 33 („architektengebundene“ Veräußerung eines Grundstücks); 86, 82, 88 (Verzichtsabrede bei Scheidung) ; 106, 269, 272 (Bürgschaft); BGH NJW 2008, 982, 983 (Partnervermittlungsvertrag).

514 BGHZ 53, 369, 375 („Geliebten-Testament“); BGH NJW 1984, 2150, 2151 (Zinsloses Darlehen an Geliebte); vgl. auch Medicus, Allgemeiner Teil des BGB, 10. Auflage, S. 279.

515 BGHZ 53, 369, 376 („Geliebten-Testament“); vgl. auch Ellenberger, in: Palandt, Bürgerliches Gesetzbuch, 75. Auflage, § 138 Rn. 50.

516 BGH NJW 1986, 2564, 2565; 1995, 2635, 2636; 2001, 1127; 2002, 429, 430; vgl. hierzu näher unten unter § 11 II.

517 BGH NJW 1998, 2047; vgl. auch Sack/Fischinger, in: Staudinger, BGB, Buch 1, Neubearbeitung 2011, § 138 Rn. 308 f.

518 Brox/Walker, Allgemeiner Teil des BGB, 38. Auflage, S. 151.

519 BGH NJW 2005, 2991, 2992 (im Hinblick auf eine Gewinnzusage abgeschlossene Kaufverträge); vgl. auch Brox/Walker, Allgemeiner Teil des BGB, 38. Auflage, S. 151; Medicus, Allgemeiner Teil des BGB, 10. Auflage, S. 280; Wolf/Neuner, Allgemeiner Teil des Bürgerlichen Rechts, 10. Auflage, § 46 Rn. 19.

520 Medicus, Allgemeiner Teil des BGB, 10. Auflage, S. 280.

ein Erfordernis dazu führen, dass § 138 BGB für diejenigen, welche die guten Sitten nicht kennen, keine Anwendung finden würde.

Für die Frage, ob alle oder nur einzelne Beteiligte eines Rechtsgeschäfts sittenwidrig handeln müssen, ist zwischen einseitigen und zwei- oder mehrseitigen Rechtsgeschäften zu unterscheiden. Bei einem einseitigen Rechtsgeschäft ist allein auf die Person des Erklärenden abzustellen[521]. Bei Verträgen ist wiederum danach zu unterscheiden, gegen wen sich der Sittenverstoß richtet. Richtet sich dieser gegen die Allgemeinheit oder Dritte, müssen alle Teile sittenwidrig handeln, d.h. dass bei einem schon aus dem Inhalt des Rechtsgeschäfts folgenden Sittenverstoß alle Beteiligten von den die Sittenwidrigkeit begründenden Umständen Kenntnis gehabt haben müssen[522]. Hingegen genügt bereits ein einseitiger Sittenverstoß, wenn sich die Sittenwidrigkeit in dem Verhalten gegenüber dem Vertragspartner äußert[523].

Maßgeblicher Zeitpunkt für die Beurteilung der Sittenwidrigkeit ist nach herrschender Meinung zu Recht der Zeitpunkt der Vornahme des Rechtsgeschäfts[524]. Dies folgt aus dem allgemeinen Rechtsgedanken, dass Schuldverhältnisse nach ihrem Entstehungszeitpunkt zu beurteilen sind[525]. Hieraus folgt wiederum, dass die nachträgliche Änderung der tatsächlichen Verhältnisse grundsätzlich nicht für die Beurteilung der Sittenwidrigkeit eines Rechtsgeschäfts herangezogen werden können[526]. Andernfalls wäre die Wirksamkeit eines Rechtsgeschäfts in der Schwebe und damit den Erfordernissen der Rechtssicherheit nicht Rechnung getragen[527]. Deshalb wird beispielsweise eine gesellschaftsvertragliche Abfindungsklausel nicht dadurch nichtig, dass erst nach Abschluss des Gesellschaftsvertrages ein grobes Missverhältnis zwischen der vertraglichen Abfindung und

521 Palm, in: Erman, BGB, Band I, 11. Auflage, § 138 Rn. 46.

522 BGH NJW 1990, 567, 568 (Gaststätten-Pachtvertrag); 1995, 2284 (Rechtsschutzversicherungsvertrag für Wohnungseigentum).

523 Palm, in: Erman, BGB, Band I, 11. Auflage, § 138 Rn. 48.

524 BGH NJW 1993, 3193 (Gesellschaftsvertragliche Abfindungsklausel); BGH NJW-RR 2002, 1359, 1362 (Haftungsfreistellungserklärung in der Absicht der Gläubigerbenachteiligung); vgl. auch Medicus NJW 1995, 2577, 2578; Palm, Erman, BGB, Band I, 11. Auflage, § 138 Rn. 49; Sack/Fischinger, in: Staudinger, BGB, Buch 1, Neubearbeitung 2011, § 138 Rn. 94.

525 Armbrüster, in: Münchener Kommentar zum Bürgerlichen Gesetzbuch, Band 1, 5. Auflage, § 138 Rn. 133.

526 Vgl. zum Wucher gem. § 138 Abs. 2 BGB Palm, in: Erman, BGB, Band I, 11. Auflage, § 138 Rn. 17; vgl. für den Fall einer Abfindungsbeschränkung BGH ZIP 1993, 1611, 1612 (betr. KG).

527 Medicus NJW 1995, 2577, 2578.

dem tatsächlichen Anteilswert entsteht[528]. Sofern ein ursprünglich wirksames Rechtsgeschäft aufgrund nachträglicher, die Sittenwidrigkeit begründender Umstände nicht mehr wirksam abgeschlossen werden könnte, kann der Schuldner einem Erfüllungsverlangen den Einwand unzulässiger Rechtsausübung nach § 242 BGB entgegenhalten[529].

Hingegen soll nach Ansicht einer aus den soeben genannten Gründen abzulehnenden Minderheitsmeinung bei der Beurteilung der Sittenwidrigkeit eines (noch nicht abgewickelten) Rechtsgeschäfts ausnahmsweise auf nachträgliche Umstände abgestellt werden, wenn das Rechtsgeschäft bei seiner Vornahme sittenwidrig war und sich die tatsächlichen Umstände nachträglich zugunsten der Beteiligten ändern[530]. Begründet wird dies u.a. damit, dass die Maßgeblichkeit des Vornahmezeitpunktes beim späteren Wegfall der Sittenwidrigkeitsgründe diejenigen benachteilige, die es versäumt hätten, das nunmehr zulässige Rechtsgeschäft erneut abzuschließen[531]. Namentlich soll deshalb bei der Beurteilung der Wirksamkeit eines Testaments nicht der Zeitpunkt der Errichtung des Testaments, sondern vielmehr der Zeitpunkt des Erbfalls entscheidend sein, wenn später die Gründe für die Annahme der Sittenwidrigkeit wegfallen (umgekehrt soll im Falle nachträglich eintretender Sittenwidrigkeit jedoch auch nach der Minderheitsmeinung der Zeitpunkt der Errichtung des Testaments maßgeblich sein)[532].

---

528 BGH NJW 1993, 3193 (Gesellschaftsvertragliche Abfindungsklausel); vgl. auch Medicus NJW 1995, 2577, 2578; ders., Allgemeiner Teil des BGB, 10. Auflage, S. 281.

529 BGH NJW 1983, 2692, 2693; vgl. auch Medicus NJW 1995, 2577, 2578; Palm, in: Erman, BGB, Band I, 11. Auflage, § 138 Rn. 59; Wolf/Neuner, Allgemeiner Teil des Bürgerlichen Rechts, 10. Auflage, § 46 Rn. 26.

530 Palm, in: Erman, BGB, Band I, 11. Auflage, § 138 Rn. 59. Weitergehender Brox/Walker (Allgemeiner Teil des BGB, 38. Auflage, S. 152), welche bei nicht abgewickelten Rechtsgeschäften immer von der Maßgeblichkeit des Zeitpunkts des Eintritts des Rechtserfolges ausgehen, weil § 138 BGB nicht die verwerfliche Besinnung bestrafen, sondern einen rechtlich missbilligten Erfolg verhindern wolle.

531 Armbrüster, in: Münchener Kommentar zum Bürgerlichen Gesetzbuch, Band 1, 5. Auflage, § 138 Rn. 134.

532 OLG Hamm MDR 1980, 53, 54; Palm, in: Erman, BGB, Band I, 11. Auflage, § 138 Rn. 59; Wolf/Neuner, Allgemeiner Teil des Bürgerlichen Rechts, 10. Auflage, § 46 Rn. 28; Brox/Walker, Allgemeiner Teil des BGB, 38. Auflage, S. 152; Medicus, Allgemeiner Teil des BGB, 10. Auflage, S. 281; Gernhuber FamRZ 1960, 326 ff.; Flume, Allgemeiner Teil des Bürgerlichen Rechts II, § 18, 6; differenzierter Armbrüster, in: Münchener Kommentar zum Bürgerlichen Gesetzbuch, Band 1, 7. Auflage, § 138 Rn. 134 ff. Die h.M. hält

III. Gute Sitten

Gem. § 138 Abs. 1 BGB ist ein Rechtsgeschäft nichtig, wenn es gegen die *guten Sitten* verstößt. Der Begriff der *guten Sitten* ist ein wertend auszufüllender Begriff[533]. Neben weniger verbreiteten Umschreibungen wie *Sozialmoral*, *ordre public* oder *Schutzzweck für bestimmte Institutionen*[534] werden die guten Sitten von der höchstrichterlichen Rechtsprechung durch das „Rechts- und Anstandsgefühl aller billig und gerecht Denkenden" bestimmt[535]. Das Rechts- und Anstandsgefühl aller billig und gerecht Denkenden ist wiederum ausfüllungsbedürftig und knüpft durch die Beschränkung auf die „billig und gerecht Denkenden" an die Ansicht eines „anständigen Durchschnittsmenschen" an[536]. Damit wird das Rechts- und Anstandsgefühl aller moralisch besonders streng bzw. moralisch besonders lax Denkenden ausgeklammert[537].

Da all diese Umschreibungen der *guten Sitten* nur in begrenztem Umfang konkretisierungsfähig sind, haben sich in der Rechtsprechung verschiedene Sittenwidrigkeitskriterien herausgebildet, welche für sich genommen bzw. im Zusammenwirken miteinander die Sittenwidrigkeit eines Rechtsgeschäfts begründen können[538]. Hierzu gehören (1) die Absicherung anerkannter Ordnungen[539], (2) die Abwehr von Freiheitsbeschränkungen[540], (3) die Abwehr der

---

allerdings den Zeitpunkt der Errichtung des Testaments für maßgeblich; vgl. BGHZ 20, 71, 73 f.; Ellenberger, in: Palandt, Bürgerliches Gesetzbuch, 73. Auflage, § 138 Rn. 9.

533 Brox/Walker, Allgemeiner Teil des BGB, 38. Auflage, S. 151; Medicus, Allgemeiner Teil des BGB, 10. Auflage, S. 277 f.

534 Vgl. Medicus, Allgemeiner Teil des BGB, 10. Auflage, S. 278 m.w.N.

535 RGZ 48, 114, 124; BGHZ 52, 17, 20; BGH NJW 2004, 2668, 2670.

536 Brox/Walker, Allgemeiner Teil des BGB, 38. Auflage, S. 151.

537 Brox/Walker, Allgemeiner Teil des BGB, 38. Auflage, S. 151; Medicus, Allgemeiner Teil des BGB, 10. Auflage, S. 277.

538 Armbrüster, in: Münchener Kommentar zum Bürgerlichen Gesetzbuch, Band 1, 6. Auflage, § 138 Rn. 27 ff.

539 BGH NJW-RR 1990, 1521, 1522 (Rechtsgeschäft, das der Vorbereitung einer Straftat dient); BGH NJW 1983, 1843, 1844 (GmbH-Anteilskaufvertrag mit zu niedriger Kaufpreisangabe zwecks Steuerhinterziehung).

540 BGH NJW 1972, 1414, 1415 (Beschränkung der freien Wahl des Wohnsitzes durch Scheidungsvergleich); 1989, 2685, 2686 (Beschränkung des Abfindungsanspruchs eines ausscheidenden Gesellschafters auf halben Buchwert); 1992, 2145 (übermäßige Bindung durch Bierlieferungsvertrag); LAG Hamm Betr. 1969, 2353, 2354 (arbeitsvertragliche Verpflichtung einer Arbeitnehmerin zur Einnahme empfängnisverhütender Mittel).

Ausnutzung von Machtposition[541], (4) die Abwehr der Schädigung Dritter[542], (5) die Abwehr von Äquivalenzstörung[543], (6) die Durchkreuzung verwerflicher Gesinnung[544] und (7) die Abwehr missbilligter Kommerzialisierung und verpönter Zwecksetzungen[545]. So setzt sich beispielsweise die Annahme des bereits zuvor erwähnten wucherähnlichen Rechtsgeschäfts gem. § 138 Abs. 1 BGB aus den Sittenwidrigkeitskriterien der Äquivalenzstörung (auffälliges Missverhältnis zwischen Leistung und Gegenleistung) und der verwerflichen Gesinnung zusammen. In anderen Fällen folgt die Sittenwidrigkeit einer Krediteinschränkung erst aus dem Zusammenspiel der Sittenwidrigkeitskriterien der Freiheitsbeschränkung und der Gefährdung Dritter[546].

Die mannigfachen, von der Rechtsprechung zur Sittenwidrigkeit von Rechtsgeschäften herausgebildeten Fallkonstellationen können in dieser Arbeit nicht umfassend dargestellt und erörtert werden. Vielmehr beschränkt sich die Arbeit auf die Fallkonstellationen der Sittenwidrigkeit, unter welche eine sozietätsvertragliche Versorgungsregelung fallen könnte.

IV. Rechtsfolgen

Ein gegen die guten Sitten verstoßendes Rechtsgeschäft ist von Anfang an (*ex tunc*) nichtig; vgl. § 138 Abs. 1 BGB[547]. Grundsätzlich ist nur das Verpflichtungsgeschäft

541 RGZ 161, 76, 81 f. (Ausnutzung einer Vormachtstellung); BGH NJW 1976, 709, 710 (überhöhter Preis für Großabnehmer eines Unternehmens mit Monopolstellung).

542 BGH NJW 1989, 26, 27 (kollusives Zusammenwirken des Vertreters mit dem Geschäftsgegner zum Nachteil des Vertretenen); BGH NJW-RR 1996, 869 (Beteiligte verfolgen mit dem Rechtsgeschäft bewusst den Zweck, schuldrechtliche Rechte eines Dritten zu vereiteln); OLG Düsseldorf NJW-RR 2001, 1025, 1026 (Abtretung einer Werklohnforderung, um Aufrechnung zu vereiteln).

543 BGH NJW 2001, 1127 (Sittenwidriges Missverhältnis von Leistung und Gegenleistung bei Grundstückskauf); 2012, 2099 (Sittenwidriges Missverhältnis von Leistung und Gegenleistung bei einem Dienstvertrag); 2014, 1652, 1653 (Sittenwidriges Missverhältnis von Leistung und Gegenleistung bei Grundstückskauf).

544 BGH NJW 1969, 925, 926 (Prozessvergleich).

545 Vgl. z.B. BGH NJW 1994, 187, 188 (Vertrag über entgeltliche Verschaffung der Ernennung zum Honorargeneralkonsul); OLG Hamm NJW 1985, 679, 680 (entgeltliche Vermittlung von Patienten an einen Arzt); KG NJW 1989, 2893 (entgeltliche Vermittlung von Mandanten an einen Rechtsanwalt).

546 BGHZ 19, 12, 19.

547 Zu den Ausnahmen, in denen die Nichtigkeitsfolge nur für die Zukunft (*ex nunc*) eintritt, vgl. überblicksartig Palm, in: Erman, BGB, Band 1, 11. Auflage, § 138 Rn. 57.

nichtig[548]. Das Verfügungsgeschäft bleibt hiervon unberührt, da dieses lediglich auf eine Veränderung der Güterzuordnung gerichtet und damit wertneutral ist[549]. Ausnahmsweise ist jedoch auch das Verfügungsgeschäft von der Nichtigkeitsfolge des § 138 BGB erfasst, wenn sich der Sittenverstoß gerade in der Veränderung der Güterzuordnung niederschlägt[550]. Hierzu zählen Verstöße gegen das Wucherverbot nach § 138 Abs. 2 BGB[551] oder die Fälle der gläubigergefährdenden Sicherungsübereignung[552].

Nicht ganz einheitlich wird die Frage beantwortet, ob eine zusammenhängende Vertragsabrede im Falle ihrer Sittenwidrigkeit auf ein nicht mehr sittenwidriges Maß beschränkt werden kann. Es entspricht der überwiegenden Rechtsauffassung, dass ein wucherisches Rechtsgeschäft gem. § 138 Abs. 2 BGB immer vollumfänglich nichtig ist[553]. Allerdings lässt sich im Übrigen – insbesondere in den Fällen eines quantitativen Übermaßes – eine Tendenz zur Aufrechterhaltung des Rechtsgeschäfts zu modifizierten Bedingungen erkennen[554]. Dies wird u.a. damit begründet, dass der Gesetzeswortlaut auch so verstanden werden könne, dass ein Rechtsgeschäft nur nichtig sei, *soweit* es gegen die guten Sitten verstoße[555], bzw. dass die Nichtigkeitsfolge nach dem Normzweck der verletzten Sittennorm teleologisch reduziert werden müsse[556]. Auch die Rechtsprechung ist in Einzelfällen dazu übergegangen, von der umfassenden Nichtigkeitsfolge sittenwidriger Rechtsgeschäfte abzurücken und stattdessen das Rechtsgeschäft auf einen unbedenklichen, nicht mehr sittenwidrigen Inhalt zu reduzieren. Dies gilt insbesondere für die Fälle, in denen ein Rechtsgeschäft durch die quantitative Kürzung des sittenwidrigen Übermaßes einer Hauptleistung aufrechterhalten werden kann, wie z.B. durch die

548 Brox/Walker, Allgemeiner Teil des BGB, 38. Auflage, S. 152.

549 Brox/Walker, Allgemeiner Teil des BGB, 38. Auflage, S. 152.

550 Brox/Walker, Allgemeiner Teil des BGB, 38. Auflage, S. 152.

551 Sack/Fischinger, in: Staudinger, BGB, Buch 1, Neubearbeitung 2011, § 138 Rn. 165; vgl näher hierzu unten unter § 11 I.

552 Brox/Walker, Allgemeiner Teil des BGB, 38. Auflage, S. 152.

553 BGH LM § 139 Nr. 14; Sandrock AcP 159, 481, 539; vgl. auch Armbrüster, in: Münchener Kommentar zum Bürgerlichen Gesetzbuch, Band 1, 6. Auflage, § 138 Rn. 158.

554 Kohte NJW 1982, 2803, 2804 f. (bei Mietwucher gem. § 138 Abs. 2 BGB); Roth JZ 1989, 411 ff.; Butters JuS 2001, 324, 325 ff.

555 Lindacher AcP 173, 124, 131; a.A. Sack/Fischinger, in: Staudinger, BGB, Buch 1, Neubearbeitung 2011, § 138 Rn. 111.

556 Sack/Fischinger, in: Staudinger, BGB, Buch 1, Neubearbeitung 2011, § 138 Rn. 112 (z.B. führe sittenwidrig lange Vertragsbindung nicht zur Nichtigkeit der gesamten Laufzeitregelung, sondern nur zur Nichtigkeit nach Ablauf der üblichen bzw. höchstzulässigen Laufzeit); vgl. auch Palm, in: Erman, BGB, Band 1, 11. Auflage, § 138 Rn. 55.

Reduzierung überlanger Bierbezugsverträge[557] oder Wettbewerbsverbote[558] auf ein sachlich, örtlich und zeitlich vertretbares Maß.

Einigkeit besteht hingegen darüber, dass im Falle der Sittenwidrigkeit einzelner, aus einem im Übrigen sinnvoll fortbestehenden Vertrag heraustrennbarer Klauseln die Nichtigkeitsfolge auf diese Vertragsklauseln beschränkt wird[559].

§ 11 Sittenwidrige Äquivalenzstörung durch Versorgungsregelung

Besonders weitreichende sozietätsvertragliche Rentenverpflichtungen können die Frage aufwerfen, ob zwischen den sozietätsvertraglich begründeten Leistungen und Gegenleistungen ein Missverhältnis besteht. Deshalb wird man bei der Prüfung der Wirksamkeit einer Versorgungsregelung nach § 138 BGB insbesondere darauf abstellen müssen, ob die Versorgungsregelung eine sittenwidrige Äquivalenzstörung begründet.

Fälle sittenwidriger Äquivalenzstörung liegen vor beim wucherischen Rechtsgeschäft nach § 138 Abs. 2 BGB sowie in den Fällen des wucherähnlichen Rechtsgeschäfts gem. § 138 Abs. 1 BGB.

I. Wucher gem. § 138 Abs. 2 BGB

Der Wuchertatbestand des § 138 Abs. 2 BGB ist ein besonders geregelter Fall der Sittenwidrigkeit. Danach ist ein Rechtsgeschäft nichtig, durch das jemand unter Ausbeutung der Zwangslage, der Unerfahrenheit, des Mangels an Urteilsvermögen oder der erheblichen Willensschwäche eines anderen sich oder einem Dritten für eine Leistung Vermögensvorteile versprechen oder gewähren lässt, die in einem auffälligen Missverhältnis zu der Leistung stehen.

---

557 BGH NJW 1972, 1459, 1460; 1992, 2145, 2146. Mittlerweile finden sich Gerichtsentscheidungen, welche über diese Fälle hinaus zu einer Aufrechterhaltung des um den sittenwidrigen Gehalt gekürzten Rechtsgeschäfts gelangen, vgl. z. B. BGH WM 1974, 257, 260 (Maklerbindung); BGHZ 68, 1, 5 (Dauer einer Ankaufverpflichtung); BGHZ 107, 351, 355 (gesellschaftsvertragliche Hinauskündigungsklausel); OLG Düsseldorf NJW-RR 2005, 288, 289 (Bindung an Anwaltssozietät).

558 BGH NJW 1991, 699, 700; BGH NJW-RR 1996, 741, 742; BGH WM 2000, 1496, 1498 (betr. Mandantenschutzklausel eines Anwaltssozietätsvertrages).

559 BGHZ 44, 158, 162; vgl. auch Armbrüster, in: Münchener Kommentar zum Bürgerlichen Gesetzbuch, Band 1, 6. Auflage, § 138 Rn. 159.

1. *Austauschgeschäft*

§ 138 Abs. 2 BGB setzt das Vorliegen eines Austauschgeschäftes voraus[560]. Ein Austauschgeschäft im Sinne von § 138 Abs. 2 BGB liegt vor, wenn sich die Parteien gegenseitig Leistungen versprechen und die Leistungen dergestalt in einem synallagmatischen Gegenseitigkeitsverhältnis stehen, dass jede Partei seine Leistungen nur erbringt, um die Leistung der anderen Partei zu erlangen[561]. Damit kann jeder Vertrag, der auf den Austausch von Leistungen gerichtet ist, unabhängig von seiner Rechtsnatur unter den Wuchertatbestand fallen[562]. So können beispielsweise Kreditverträge[563], Wohnraummietverträge[564], Pachtverträge[565], Grundstückskaufverträge[566] oder (nach umstrittener Ansicht) Gesellschaftsverträge[567] ein wucherisches Missverhältnis zwischen den gegenseitigen Leistungen begründen. Hingegen werden unentgeltliche Rechtsgeschäfte nicht von der Vorschrift des § 138 Abs. 2 BGB erfasst. Dies gilt etwa für die Bürgschaft, da es zwischen dem Bürgen und dem Gläubiger nicht zu einem Leistungsaustausch kommt[568].

2. *Auffälliges Missverhältnis*

Darüber hinaus setzt der Wuchertatbestand des § 138 Abs. 2 BGB das Vorliegen eines auffälligen Missverhältnisses zwischen Leistung und Gegenleistung voraus. Die Prüfung eines auffälligen Missverhältnisses kann nicht schematisch erfolgen und ist stattdessen anhand einer Beurteilung der gesamten Umstände des Einzelfalles vorzunehmen[569]. Dabei sind vor allem Begleitumstände wie eingegangene Risiken der Vertragsparteien, Spekulationscharakter des Geschäfts, Marktüblichkeit etc. zu berücksichtigen[570]. So kann etwa das erhöhte Risiko der Zahlungsunfähigkeit eines

---

560 BGH NJW 1982, 2767.

561 Vgl. näher zu dem Begriff des Austauschgeschäftes bereits oben unter § 1 I 2.

562 Sack/Fischinger, in: Staudinger, BGB, Buch 1, Neubearbeitung 2011, § 138 Rn. 204.

563 BGH NJW 1990, 1595, 1596; 1995, 1019, 1020 f.; 1995, 1146, 1147 f.

564 BGH DB 1997, 1555, 1556.

565 OLG Stuttgart NJW-RR 1993, 654.

566 BGH NJW 2006, 3054; 2014, 1652.

567 BGHZ 126, 226, 239 ff. (Gesellschaftsvertragliche Übernahmeregelung); OLG München NZG 1999, 821 (Sozietätsvertragliche Versorgungsregelung); vgl. hierzu näher unten unter § 11 III 1 a.

568 BGH NJW 1989, 830, 831; 2001, 2466, 2467.

569 Sack/Fischinger, in: Staudinger, BGB, Buch 1, Neubearbeitung 2011, § 138 Rn. 206.

570 Brox/Walker, Allgemeiner Teil des BGB, 38. Auflage, S. 155 f.

Kreditnehmers die Vereinbarung eines höheren Zinssatzes[571] oder die besondere Schwierigkeit der anwaltlichen Tätigkeit ein die Gebühren nach dem RVG um ein Vielfaches übersteigendes Honorar rechtfertigen[572]. Auch der wirtschaftliche Zweck des Geschäfts darf bei der Beurteilung des auffälligen Missverhältnisses nicht unberücksichtigt bleiben[573]. Wenngleich es für die Beurteilung eines auffälligen Missverhältnisses schwerpunktmäßig auf einen Vergleich der objektiven Werte der gegenseitigen Hauptleistungspflichten ankommt, sind darüber hinaus auch die übrigen (bewertbaren) Leistungen umfassend im Rahmen einer Gesamtbetrachtung zu würdigen[574]. So können beispielsweise einen Darlehensnehmer zusätzlich belastende Allgemeine Geschäftsbedingungen zulasten des Darlehensgebers ins Gewicht fallen[575].

Der zu begrüßenden ständigen Rechtsprechung lässt sich der Grundsatz entnehmen, dass ein auffälliges Missverhältnis regelmäßig dann anzunehmen ist, wenn der Wert der Leistung denjenigen der Gegenleistung um knapp 100% übersteigt[576]. Allerdings kann ein auffälliges Missverhältnis auch bei einem Unterschreiten dieser Wertgrenze bejaht werden, wenn weitere nachteilige Vertragsbedingungen für einen Vertragspartner hinzukommen[577].

Beispielsweise begründet die Vereinbarung eines Verbraucherdarlehenszinses, der rund doppelt so hoch ist wie der marktübliche Zinssatz (d.h. der sich aus der EWU-Zinsstatistik ergebende Zinssatz[578]), regelmäßig ein auffälliges Missverhältnis zwischen der Darlehensgewährung und der Zinszahlung[579]. Allerdings kann bereits eine relativ unter 100% liegende Differenz zwischen Vertragszins

571 BGH NJW 1982, 2767.

572 BGHZ 144, 343, 346.

573 Hefermehl, in: Soergel, BGB, 13. Auflage, § 138 Rn. 74.

574 BGH NJW 1981, 1206, 1207; speziell zur Frage einer durch eine sozietätsvertragliche Versorgungsregelung begründeten Äquivalenzstörung siehe OLG München NZG 1999, 821, 822 (näher hierzu unten unter § 11 III 1 a); vgl. auch Leipold, BGB I, 7. Auflage, S. 320; Armbrüster, in Münchener Kommentar zum Bürgerlichen Gesetzbuch, Band 1, 6. Auflage, § 138 Rn. 113.

575 BGH NJW-RR 1989, 1068.

576 BGH NJW 1995, 2635, 2636; 2000, 1487, 1488; BGH ZIP 2003, 22, 23.

577 Sack/Fischinger, in: Staudinger, BGB, Buch 1, Neubearbeitung 2011, § 138 Rn. 208.

578 Vgl. EWU-Zinsstatistik der Deutschen Bundesbank per 31.03.2015, einsehbar unter https://www.bundesbank.de/Redaktion/DE/Downloads/Statistiken/Geld_Und_Kapitalmaerkte/Zinssaetze_Renditen/S11BATGV.pdf?__blob=publicationFile (abgerufen am 2. April 2015).

579 BGH NJW 1995, 1146, 1148; vgl. auch Leipold, BGB I, 7. Auflage, S. 320; Sack/Fischinger, in: Staudinger, BGB, Buch 1, Neubearbeitung 2011, § 138 Rn. 217.

und Marktzins zu einem auffälligen Missverhältnis im Sinne von § 138 Abs. 2 BGB führen, wenn weitere, den Darlehensnehmer belastende Darlehensmodalitäten hinzutreten, wie etwa die Vereinbarung einer Verzugsklausel, die den sehr wahrscheinlich in Verzug geratenden Darlehensnehmer übermäßig belastet[580]. Bei einer relativen Zinsdifferenz von unter 90% lehnt der BGH allerdings grundsätzlich ein auffälliges Missverhältnis ab[581].

Darüber hinaus wird auch bei Grundstücksverkäufen ein auffälliges Missverhältnis im Sinne von § 138 Abs. 2 BGB in der Regel dann angenommen, wenn der Wert des Grundstücks knapp das Zweifache des vereinbarten Kaufpreises beträgt[582]. Beispielsweise sah der BGH in dem Verkauf eines Grundstücks mit einem Wert von EUR 2.300.000,00 zu einem Kaufpreis von EUR 1.200.000,00 ein auffälliges Missverhältnis begründet[583]. Aber auch umgekehrt, wenn der vereinbarte Kaufpreis knapp doppelt so hoch ist wie der Wert des Grundstücks, ist der Anwendungsbereich des § 138 Abs. 2 BGB eröffnet, wie z. B. in einem vom BGH entschiedenen Fall, in welchem für den Verkauf eines Grundstücks im Wert von DM 64.480,00 ein Kaufpreis von DM 138.000,00 vereinbart wurde[584].

Bei Lohnwucher liegt nach der zu begrüßenden neueren Rechtsprechung ein auffälliges Missverhältnis in der Regel bereits dann vor, wenn der vereinbarte Arbeitslohn weniger als zwei Drittel des in der einschlägigen Branche und Region üblicherweise gezahlten Tariflohns ausmacht[585]. Vor dem Hintergrund, dass ein Arbeitnehmer dem Arbeitgeber durch seine Arbeitsleistung seine körperlichen und/oder geistigen Fähigkeiten zur Verfügung stellt, liegt regelmäßig eine nicht mehr akzeptable Vergütung vor, wenn der Arbeitnehmer nicht einmal 75% des üblichen Tariflohns erhält[586]. Durch diesen Richtwert wird den

580 BGH NJW 1982, 2436, 2437; vgl. auch Sack/Fischinger, in: Staudinger, BGB, Buch 1, Neubearbeitung 2011, § 138 Rn. 217.

581 BGHZ 104, 102, 105; 110, 336, 338.

582 BGHZ 146, 298, 302.

583 BGH ZfIR 2010, 587, 589.

584 BGH NJW-RR 1990, 950.

585 BGH NJW 1997, 2689, 2691; BAG DB 2009, 1599, 1600; vgl. auch Leipold, BGB I, 7. Auflage, S. 320. Jedoch sind in der Würdigung auch die Besonderheiten des Einzelfalls und die jeweiligen Arbeitsbedingungen zu berücksichtigen, was zu einer Korrektur der 75% – Grenze führen kann. Solche besonderen Umstände sind z. B. sonstige geldwerte oder nicht geldwerte Arbeitsbedingungen, die sich erheblich auf das Austauschverhältnis von Leistung und Gegenleistung auswirken; vgl. BAG DB 2009, 1599, 1600.

586 BAG DB 2009, 1599, 1600.

Arbeitsgerichten eine praktikable Grundlage für die Beurteilung sittenwidriger Lohnvereinbarungen geboten[587].

3. *Subjektives Element*

Darüber hinaus verlangt § 138 Abs. 2 BGB als subjektives Tatbestandselement, dass sich der Wucherer die übermäßige rechtsgeschäftliche Leistung unter Ausbeutung einer Schwächesituation, d.h. einer Zwangslage, der Unerfahrenheit, eines Mangels an Urteilsvermögen oder einer erheblichen Willensschwäche des Bewucherten versprechen oder gewähren lässt.

Eine Zwangslage liegt vor, wenn ein Zustand wirtschaftlicher Bedrängnis oder andere Umstände ein zwingendes Bedürfnis nach einer Geld- oder Sachleistung entstehen lassen[588]. Wenngleich eine solche Zwangslage primär bei existenzgefährdender wirtschaftlicher Geldnot gegeben ist[589], können auch nichtwirtschaftliche Gründe ein dringendes Bedürfnis nach einer Geld- oder Sachleistung begründen[590]. Beispielsweise ist eine Zwangslage auch dann zu bejahen, wenn der Bewucherte aus gesundheitlichen Gründen völlig überteuerte Arztbehandlungen oder Medikamente annimmt[591] oder als Eigentümer eines Hauses wegen eines Wasserrohrbruches und wegen der Dringlichkeit einer Reparatur den Schaden zu völlig überteuerten Konditionen von einem Reparaturunternehmen reparieren lässt[592]. Darüber hinaus kann auch eine psychische bzw. emotionale Bedrängnis oder politische Gründe zu einer Zwangslage nach § 138 Abs. 2 BGB führen[593].

Unerfahrenheit liegt bei einem Mangel an Lebens- oder Geschäftserfahrung vor[594]. Aufgrund dieser Unerfahrenheit dürfen die Bewucherten die Vor- und Nachteile des Geschäfts nicht erkennen können[595]. Unerfahrene Personen im

587 Vgl. auch Sasse/Häcker ArbRB 2012, 350, 351.
588 BT-Drucks. 7/3441, S. 40; vgl. auch Sack/Fischinger, in: Staudinger, BGB, Buch 1, Neubearbeitung 2011, § 138 Rn. 230; Brox/Walker, Allgemeiner Teil des BGB, 38. Auflage, S. 156.
589 Vgl. etwa BGH NJW 1957, 1274.
590 BT-Drucks. 7/3441, S. 40.
591 BGH WM 1981, 1050, 1051.
592 LG Nürnberg – Fürth BB 1973, 777, 778; AG Langenfeld NJW-RR 1999, 1357; vgl. auch Medicus, Allgemeiner Teil des BGB, 10. Auflage, S. 294.
593 Vgl. hierzu im Einzelnen Sack/Fischinger, in: Staudinger, BGB, Buch 1, Neubearbeitung 2011, § 138 Rn. 232 f.
594 Brox/Walker, Allgemeiner Teil des BGB, 38. Auflage, S. 156.
595 Sack/Fischinger, in: Staudinger, BGB, Buch 1, Neubearbeitung 2011, § 138 Rn. 242.

Sinne des § 138 Abs. 2 BGB können insbesondere Jugendliche[596] oder Ausländer, welche aus einem anderen Rechts- und Wirtschaftssystem stammen[597], aber auch geschäftsunerfahrene Pensionäre[598] sein. So wurde in einem vom BGH[599] entschiedenen Fall mangelnde Erfahrung im Sinne des Wuchertatbestandes angenommen, in welchem älteren Verbrauchern beträchtliche Gewinnzusagen gemacht wurden, welche nur bei (wiederholten) Bestellungen von Haushaltsgegenständen erfüllt werden konnten. Umstritten ist, ob Unerfahrenheit im Sinne von § 138 Abs. 2 BGB nur dann gegeben ist, wenn sich diese auf das Geschäftsleben insgesamt bezieht oder ob bereits rechtliche oder wirtschaftliche Unerfahrenheit genügen kann[600].

Die Grenzen der Unerfahrenheit zu mangelndem Urteilsvermögen sind fließend und schwer zu ziehen. Ein Mangel an Urteilsvermögen ist gegeben, wenn jemandem (z.B. infolge einer Verstandesschwäche) in erheblichem Maße die Fähigkeit fehlt, sich bei dem Abschluss von Rechtsgeschäften von vernünftigen Beweggründen leiten zu lassen oder die gegenseitigen Leistungen und wirtschaftlichen Folgen eines Rechtsgeschäfts richtig einzuschätzen[601]. So wird mangelndes Urteilsvermögen angenommen, wenn der Bewucherte gegen unnötige Anschaffungen Gegenleistungen verspricht, welche sein Leistungsvermögen erheblich übersteigen[602].

Erhebliche Willensschwäche besteht, wenn der Bewucherte zwar Inhalt und Folgen des Rechtsgeschäfts richtig einschätzen, sich jedoch wegen verminderter geistiger Widerstandsfähigkeit nicht sachgerecht verhalten kann[603]. Dem Bewucherten fehlt in diesem Fall nicht die Einsichts-, sondern vielmehr die Steuerungsfähigkeit[604]. Willensschwäche kann insbesondere bei Alkohol- oder Drogenabhängigen sowie bei besonders jungen bzw. alten Menschen vorliegen.

---

596 BGH NJW 1966, 1451, 1452.

597 Armbrüster, in: Münchener Kommentar zum Bürgerlichen Gesetzbuch, Band 1, 1. Halbband, 5. Auflage, § 138 Rn. 150.

598 Sack/Fischinger, in: Sack/Fischinger, in: Staudinger, BGB, Buch 1, Neubearbeitung 2011, § 138 Rn. 242.

599 BGH NJW 2005, 2991, 2992 f.

600 Vgl. zu den einzelnen Auffassungen Sack/Fischinger in: Staudinger, BGB, Buch 1, Neubearbeitung 2011, § 138 Rn. 244.

601 BGH NJW 2006, 3054, 3056; vgl. auch Brox/Walker, Allgemeiner Teil des BGB, 38. Auflage, S. 156; Sack/Fischinger in: Staudinger, BGB, Buch 1, Neubearbeitung 2011, § 138 Rn. 245.

602 Medicus, Allgemeiner Teil des BGB, 10. Auflage, S. 294.

603 Ellenberger, in: Palandt, Bürgerliches Gesetzbuch, 72. Auflage, § 138 Rn. 73.

604 Ellenberger, in: Palandt, Bürgerliches Gesetzbuch, 72. Auflage, § 138 Rn. 73.

Der Wucherer muss eine der vier Schwächesituationen des Bewucherten bewusst ausbeuten. Eine Ausbeutung liegt vor, wenn der Wucherer sich die Schwächesituation des Bewucherten bewusst zunutze macht und gleichzeitig Kenntnis von dem Missverhältnis zwischen den gegenseitigen Leistungen hat[605].

II. Wucherähnliches Rechtsgeschäft gem. § 138 Abs. 1 BGB

Wenn ein Tatbestandsmerkmal des § 138 Abs. 2 BGB nicht verwirklicht ist, ist nach der Rechtsprechung ein Rückgriff auf § 138 Abs. 1 BGB nur dann möglich, wenn ein weiteres, die Annahme der Sittenwidrigkeit der Äquivalenzstörung begründendes Element hinzutritt[606].

Wenn z.B. ein auffälliges Missverhältnis zwischen Leistung und Gegenleistung festgestellt worden ist, hingegen die subjektiven Voraussetzungen des § 138 Abs. 2 BGB nicht erfüllt oder nachweisbar sind, wird von der absolut herrschenden Meinung für die Annahme eines wucherähnlichen Rechtsgeschäfts als weiteres Sittenwidrigkeitskriterium eine verwerfliche Gesinnung des Übervorteilenden verlangt[607]. Würde allein schon ein auffälliges Missverhältnis zwischen Leistung und Gegenleistung genügen, käme es auf das Erfordernis der Ausbeutung einer Schwächesituation des Vertragspartners gem. § 138 Abs. 2 BGB nicht mehr an und die Vorschrift würde leer laufen[608].

1. Objektive Voraussetzungen

Ein wucherähnliches Rechtsgeschäft setzt – wie der Wuchertatbestand nach § 138 Abs. 2 BGB – das Vorliegen eines auffälligen Missverhältnisses zwischen den gegenseitigen Leistungen voraus[609]. Für die Feststellung eines auffälligen Missverhältnisses gelten die oben unter § 11 I 2 dargelegten Grundsätze.

---

605 BGH NJW 1982, 2767, 2768 (Grundschuld für Wucherdarlehen); BGH BB 1990, 1509, 1510 (Gelegenheitsdarlehen); vgl. auch Ellenberger, in: Palandt, Bürgerliches Gesetzbuch, 72. Auflage, § 138 Rn. 74.

606 BGH NJW 1951, 397; BGH WM 1982, 849, 850.

607 BGHZ 128, 255, 257; 129, 236, 247; BGH NJW 1957, 1274; 2010, 363, 364; 2014, 1652; vgl. auch Ellenberger, in: Palandt, Bürgerliches Gesetzbuch, 72. Auflage, § 138 Rn. 34; a.A. Armbrüster, in: Münchener Kommentar zum Bürgerlichen Gesetzbuch, Band 1, 6. Auflage, § 138 Rn. 117.

608 Hefermehl, in: Soergel, BGB, 13. Auflage, § 138 Rn. 73.

609 BGH NJW 1992, 899, 900 (Verkauf einer Eigentumswohnung); vgl. auch Armbrüster, in: Münchener Kommentar zum Bürgerlichen Gesetzbuch, Band 1, 6. Auflage, § 138 Rn. 113.

2. *Subjektive Voraussetzungen*

Wie soeben angesprochen, muss (im Einklang mit der absolut herrschenden Meinung) neben einem objektiv auffälligen Missverhältnis der gegenseitigen Leistungen eine verwerfliche Gesinnung des Übervorteilenden hinzutreten. Die verwerfliche Gesinnung setzt voraus, dass dem Übervorteilenden bewusst ist oder er sich grob fahrlässig der Einsicht verschließt, dass sich der Übervorteilte nur „unter dem Zwang der Verhältnisse oder aus anderen, die freie Willensentschließung beeinträchtigenden Umständen, wie einem Mangel an Urteilsvermögen oder wegen einer erheblichen Willensschwäche", auf den für ihn ungünstigen Vertrag einlässt[610].

Bei Vorliegen eines besonders groben Missverhältnisses[611] zwischen Leistung und Gegenleistung besteht eine tatsächliche, widerlegbare Vermutung für das Vorliegen einer verwerflichen Gesinnung[612]. Diese Vermutung wird aus dem Erfahrungssatz hergeleitet, dass außergewöhnlich hohe Leistungen grundsätzlich nicht ohne Not gewährt werden und auch der Übervorteilende diese Erfahrung teilt[613]. Allerdings wird der Übervorteilte hierdurch nicht von seiner Behauptungslast für das Bestehen einer verwerflichen Gesinnung befreit[614]. Vielmehr wird die Behauptungslast dahingehend erleichtert, dass der Übervorteilte mit seinem Vortrag zu einem besonders groben Missverhältnis zwischen Leistung und Gegenleistung nur deutlich machen muss, dass er sich auf die daraus abzuleitende Vermutung einer verwerflichen Gesinnung des Übervorteilenden beruft[615].

Die Vermutung der verwerflichen Gesinnung erfordert keine Kenntnis des Übervorteilenden von dem besonders groben Missverhältnis[616].

---

610 BGH NJW 2010, 363, 364 (Verkauf einer Eigentumswohnung); BGH NJW 1980, 445, 446 (Darlehensvertrag); vgl. auch BAG NJW 1985, 2661, 2662 (außergerichtlicher Vergleich zwischen Arbeitnehmer und Arbeitgeber).

611 Der BGH verwendet mittlerweile die Begriffe „grobes, besonders krasses Missverhältnis", „auffälliges, grobes Missverhältnis" und „besonders grobes Missverhältnis" synonym; vgl. BGH NJW 2012, 2723 Tz. 17 (Kaufvertrag); 2014, 1652 (Grundstückskauf).

612 BGH NJW 1995, 1019, 1022 (Finanzierungsleasing); 2001, 1127; BGH WM 2008, 967, 970 (jeweils Grundstückskauf); vgl. auch Ellenberger, in: Palandt, Bürgerliches Gesetzbuch, 72. Auflage, § 138 Rn. 34a.

613 BGH NJW 2001, 1127, 1128.

614 BGH NJW 2010, 363, 364; BGH NJW 2014, 1652.

615 BGH NJW 2012, 1570, 1571; 2014, 1652.

616 BGH NJW 2001, 1127, 1128.

Grundsätzlich wird ein besonders grobes Missverhältnis zwischen Leistung und Gegenleistung angenommen, wenn der Wert der Leistung knapp doppelt so hoch ist wie der Wert der Gegenleistung[617]. Die gegenseitigen Leistungen sind grundsätzlich nach ihrem objektiven Wert miteinander zu vergleichen[618]. Bei Kaufverträgen sind mithin vereinbarter Kaufpreis und Marktwert des Kaufobjekts gegenüberzustellen. So hat der BGH jüngst entschieden, dass bei Grundstückskaufverträgen ein besonders grobes, die verwerfliche Gesinnung des Übervorteilenden indizierendes Missverhältnis zwischen Leistung und Gegenleistung bei einer Verkehrswertüber- bzw. -unterschreitung von mindestens 90% bejaht werden kann[619]. Bei Kreditgeschäften sind vereinbarter und marktüblicher Zins miteinander zu vergleichen. So entspricht es der ständigen Rechtsprechung des BGH[620], dass die Vereinbarung eines Kreditzinses, welcher etwa doppelt so hoch ist wie der (aus der EWU-Zinsstatistik der Deutschen Bundesbank folgende) marktübliche Zins, in der Regel ein besonders grobes Missverhältnis begründet und damit den Schluss auf die verwerfliche Gesinnung des Kreditgebers zulässt. Bei Dienstverträgen müssen die vereinbarte Vergütung und der objektive Wert der Dienste verglichen werden. Beispielsweise hat der BGH jüngst entschieden, dass die Vereinbarung einer monatlichen, erfolgsunabhängigen Vergütung des Dienstleisters, welche mindestens doppelt so hoch ist wie der Wert der von dem Dienstleister zu erbringenden Leistungen, ein besonders grobes Missverhältnis zwischen Leistung und Gegenleistung begründet und damit den tatsächlichen Schluss auf eine verwerfliche Gesinnung des Dienstleisters gestattet[621].

Bei gesellschaftsvertraglichen Buchwertklauseln ist die Höhe der Abfindung nach dem Buchwert mit der Höhe der Abfindung nach dem wahren Anteilswert zu vergleichen[622]. Allerdings ist von der Rechtsprechung noch nicht abschließend geklärt, wann die Vereinbarung einer Buchwertklausel ein besonders grobes Missverhältnis zwischen Leistung und Gegenleistung begründet[623].

---

617 BGH NJW 1992, 899, 900 (Wohnungskauf); 2001, 1127, 1128 (Grundstückskauf); 2012, 2099, 2100 (Immobilienbeschaffungsvertrag); OLG München BB 1995, 2235, 2236 (Verkauf eines GmbH-Geschäftsanteils).

618 Armbrüster, in: Münchener Kommentar zum Bürgerlichen Gesetzbuch, Band 1, 6. Auflage, § 138 Rn. 113.

619 BGH NJW 2014, 1652.

620 BGH NJW 1982, 2433, 2435; BGHZ 128, 255, 265.

621 BGH NJW 2010, 2099, 2100 (Immobilienbeschaffungsvertrag).

622 BGH NJW 1993, 2101, 2102 f.

623 Vgl. etwa BGH NJW 1985, 192; 1993, 2101, zu einem besonders groben Missverhältnis bei GbR- Gesellschaftsverträgen.

In den Fällen, in denen das Missverhältnis zwischen Leistung und Gegenleistung unterhalb der Grenze eines besonders groben Missverhältnisses bleibt, kann die Äquivalenzstörung nur zusammen mit einer aufgrund konkreter Anhaltspunkte nachzuweisenden verwerflichen Gesinnung die Voraussetzungen eines wucherähnlichen Rechtsgeschäfts nach § 138 Abs. 1 BGB erfüllen[624].

III. Begründung sittenwidriger Äquivalenzstörung durch Versorgungsregelung

Fraglich ist, ob eine sozietätsvertraglich vereinbarte Versorgungsregelung eine sittenwidrige Äquivalenzstörung begründen kann.

1. Wucherische Versorgungsregelung

Eine sozietätsvertragliche Versorgungsregelung, welche die Jungsozien auch nach ihrem kündigungsbedingten Ausscheiden aus der Sozietät zu Rentenzahlungen an die Altsozien verpflichtet, könnte den Wuchertatbestand des § 138 Abs. 2 BGB erfüllen.

a) Wucher bei Gesellschaftsverträgen

Auch Gesellschafter können beim Abschluss eines Gesellschaftsvertrages bewuchert werden[625]. Entgegen der heute wohl h. M. handelt es sich bei einem Gesellschaftsvertrag um ein (wenn auch nicht typisches) Austauschverhältnis im Sinne von § 320 Abs. 1 S. 1 BGB, bei welchem sich die Leistungen synallagmatisch gegenüberstehen stehen können[626]. Speziell die Verpflichtung zur Erbringung von Versorgungsleistungen gehen die Jungsozien gerade deshalb ein, weil sie hierfür die Möglichkeit der Übernahme von Sozietätsanteilen und die hieraus folgenden Vorteile (z. B. Gewinnbeteiligungsrecht, Partizipation an einem bestehenden Mandantennetzwerk etc.) erhalten möchten[627]. Dabei ist es unschädlich, dass es sich bei der Versorgungsverpflichtung um eine Nebenleistungspflicht aus

---

624 Armbrüster, in: Münchener Kommentar zum Bürgerlichen Gesetzbuch, Band 1, 6. Auflage, § 138 Rn. 125.

625 RG SeuffA 80 Nr. 2, S. 6; BGHZ 126, 226, 239 f. (Gesellschaftsvertragliche Übernahmeregelung); vgl. auch Hefermehl, in: Soergel, BGB, 13. Auflage, § 138 Rn. 73 und 76; Ellenberger, in: Palandt, Bürgerliches Gesetzbuch, 74. Auflage, § 138 Rn. 66; vgl. auch Weber, Buchwertabfindungsklauseln in Gesellschaftsverträgen von Personengesellschaften, S. 80 f.

626 Vgl. hierzu bereits oben unter § 1 I 2.

627 Vgl. Römermann NZG 1999, 822.

dem Gesellschaftsvertrag handelt, da es den Parteien freisteht, die Erfüllung von Nebenleistungspflichten von der Erfüllung gegenüberstehender Leistungspflichten der Mitgesellschafter bzw. der Gesamthand abhängig zu machen und damit ein Gegenseitigkeitsverhältnis zu begründen[628].

b) Auffälliges Missverhältnis der gegenseitigen Leistungen

aa) Bisherige Rechtsprechung

In seiner Entscheidung vom 22.07.1998 ließ das LG München I[629] die Frage nach einem auffälligen Missverhältnis im Sinne von § 138 Abs. 2 BGB offen, weil die subjektiven Voraussetzungen des Wuchertatbestandes nicht hinreichend begründet worden waren. Vielmehr sei davon auszugehen, dass die damaligen Partner die Versorgungsvereinbarung in völlig gleicher und freier Weise getroffen hätten[630].

Das OLG München ging in seinem Berufungsurteil vom 18.02.1999[631] hingegen etwas näher auf die Frage ein, ob die zeitlich unbeschränkte Versorgungsregelung ein auffälliges Missverhältnis der sozietätsvertraglichen Leistungen im Sinne von § 138 Abs. 2 BGB begründete. Das Gericht verneinte dies mit der Begründung, dass der Sozietätsvertrag ein ausgewogenes Verhältnis von Rechten und Pflichten erkennen lasse. Des Weiteren führte das Gericht aus, dass der auf eine lange und möglichst dauerhafte berufliche Zusammenarbeit ausgelegte Sozietätsvertrag von vornherein nicht mit einem normalen Austauschverhältnis, welches klar abgegrenzte und bewertbare Leistungen beinhalte, vergleichbar sei. Jedenfalls müsse aber berücksichtigt werden, dass der klagende Altsozius in die Gemeinschaft die von ihm erarbeitete und angesehene Kanzlei mit guter Reputation eingebracht habe. Hingegen war es für das Gericht für die Bestimmung eines auffälligen Missverhältnisses ohne Bedeutung, dass die kapitalisierte Rente des klagenden Altsozius, welche von den beklagten Sozien auf mindestens DM

---

628 Emmerich, in: Münchener Kommentar zum Bürgerlichen Gesetzbuch, Band 2, 6. Auflage, § 320 Rn. 23. Für eine nur analoge Anwendung des § 320 BGB im Falle eines *„do ut des"* hinsichtlich Nebenleistungspflichten plädieren Otto/Schwarze, in: Staudinger, BGB, Buch 2, Neubearbeitung 2009, Vorbem. zu §§ 320–326 Rn. 9.

629 LG München I, Urteil v. 22.07.1998 – 25 O 6395/98, BeckRS 2013, 18383, Tz. 1.2.2. Zum zugrundeliegenden Sachverhalt vgl. oben unter § 4 II 1.

630 LG München I, Urteil v. 22.07.1998 – 25 O 6395/98, BeckRS 2013, 18383, Tz. 1.2.2.

631 OLG München NZG 1999, 821, 822; vgl. zum Sachverhalt ausführlich oben unter § 4 II 1.

750.000,00 beziffert wurde, seinen fiktiven Auseinandersetzungsanspruch (von den Beklagten auf DM 180.000,00 beziffert)[632] um ein Vielfaches überstieg.

bb) Literatur

In der Literatur lassen sich kaum Stimmen zu der Frage eines durch eine Versorgungsregelung begründeten auffälligen Missverhältnisses im Sinne von § 138 Abs. 2 BGB finden. Allein *Römermann*[633] hat sich hierzu kurz in seiner Anmerkung zu dem vorbezeichneten Urteil des OLG München vom 18.02.1999 geäußert. Es sei für die Beurteilung der Sittenwidrigkeit im Sinne von § 138 Abs. 2 BGB ohne Bedeutung, dass der kapitalisierte Wert der Rente den fiktiven Auseinandersetzungsanspruch des ausscheidenden Partners wesentlich übersteige. Eine derartige Versorgungsverpflichtung sei die Gegenleistung dafür, dass neu eintretenden Gesellschaftern die Übernahme von Sozietätsanteilen ohne sofortige Kaufpreiszahlung ermöglicht werde. Bei der Versorgungsverpflichtung handele es sich im Grunde um eine besondere Zahlungsmodalität, bei der die Höhe des Kaufpreises für die Sozietätsanteile wegen des ungewissen Lebensalters der Altsozien bzw. ihrer Witwen noch nicht feststehe. Die jungen Sozien würden das damit verbundene Risiko der Zahlung über einen längeren Zeitraum bewusst in Kauf nehmen und dürften sich von ihren Versorgungsverbindlichkeiten nicht unter Berufung auf eine angebliche Sittenwidrigkeit befreien.

cc) Beurteilungsmaßstab

Nach der ständigen Rechtsprechung werden bei der Beurteilung eines auffälligen Missverhältnisses in der Regel die objektiven Werte der gegenseitigen Hauptleistungen bestimmt und gegenübergestellt[634]. Das Ergebnis ist mit der verkehrsüblichen Vergütung zu vergleichen, z. B. bei Ratenkreditverträgen der vereinbarte Zins mit dem marktüblichen Zins[635]. Ergibt der Vergleich, dass der Wert der Leistung denjenigen der Gegenleistung um annähernd 100% übersteigt, begründet dies regelmäßig die Annahme eines auffälligen Missverhältnisses, wobei ausnahmsweise auch bei einer Unterschreitung dieser Grenze ein auffälliges Missverhältnis

---

632 Hierbei handelt es sich wohl um den Anspruch auf das Auseinandersetzungsguthaben, welches dem klagenden Altsozius zustehen würde, wenn die Sozietät zum Zeitpunkt seiner Pensionierung aufgelöst worden wäre (§ 730 Abs. 1 BGB).

633 Römermann NZG 1999, 822.

634 Vgl. bereits oben unter § 11 I 2.

635 BGH NJW 1995, 1146, 1148; vgl. auch Hefermehl, in: Soergel, BGB, 13. Auflage, § 138 Rn. 74.

vorliegen kann, wenn weitere nachteilige Vertragsbedingungen für den Bewucherten hinzutreten[636].

Fraglich ist, ob dieser Maßstab auch für die Beurteilung der Sittenwidrigkeit von Versorgungsregelungen gilt.

aaa) Beurteilung anhand einer Bezugsgröße

Für Versorgungsleistungen gibt es – anders als bei einer gesellschaftsvertraglichen Abfindungsklausel, bei welcher zur Bestimmung eines sittenwidrigen Missverhältnisses die vereinbarte Abfindung mit dem wahren Anteilswert verglichen wird[637], oder bei einem Ratenkreditvertrag, bei welchem der vereinbarte Zins dem marktüblichen Zins gegenübergestellt wird[638] – keine Bezugsgröße im Sinne einer verkehrsüblichen Versorgungshaftung.

Fraglich ist, ob ein fiktiver Auseinandersetzungsanspruch des versorgungsberechtigten Altgesellschafters als Bezugsgröße für die Beurteilung eines auffälligen Missverhältnisses herangezogen werden kann. Dies wird von der Rechtsprechung[639] und der Literatur[640] abgelehnt. Als Begründung wird darauf abgestellt, dass die Versorgungsleistungen eine Art Vergütung für die Teilhabe an einer gut situierten Sozietät mit all ihren Vorzügen darstellten, wobei die Besonderheit dieser Vergütung darin bestehe, dass die Jungsozien das Risiko der Zahlung über einen längeren Zeitraum wegen des ungewissen Lebensalters der Altsozien bzw. ihrer Witwen in Kauf nehmen müssten[641].

Als Bezugsgröße kann nur ein verkehrsübliches Äquivalent der versprochenen Leistung herangezogen werden[642]. Dies bedeutet, dass nur der verkehrsübliche Wert solcher Leistungen als Maßstab herangezogen werden darf, deren wirtschaftlicher Zweck demjenigen der vereinbarten Leistung entspricht. So wird bei Darlehensverträgen der vereinbarte Zins mit dem marktüblichen Zins verglichen[643]. Bei Miet- oder Pachtverträgen über Geschäftsräume wird für die Feststellung eines auffälligen Missverhältnisses der für vergleichbare Objekte zu

---

636 Vgl. hierzu bereits oben unter § 11 I 2.

637 Schöfer, Ausschluss- und Abfindungsregelungen gegenüber Gesellschaftern am Beispiel des Managermodells, S. 138.

638 BGH NJW 1995, 1146, 1148.

639 OLG München NZG 1999, 821, 822.

640 Römermann NZG 1999, 822.

641 Römermann NZG 1999, 822.

642 Armbrüster, in: Münchener Kommentar zum Bürgerlichen Gesetzbuch, Band 1, 6. Auflage, § 138 Rn. 144.

643 BGH NJW 1983, 1420, 1422.

zahlende Mietzins herangezogen, wobei die von den Gemeinden aufgestellten Mietspiegel als Orientierungshilfe dienen[644].

Dabei muss die Bezugsgröße nicht identisch mit der vereinbarten Leistung sein. Es genügt, wenn die marktübliche Leistung denselben wirtschaftlichen Zweck wie die vereinbarte Leistung verfolgt. Rentenansprüche stellen grundsätzlich eine Art nachgelagerter Gewinnteilnahme dar[645] und dienen der finanziellen Absicherung der Altsozien für das Alter. Die nachgelagerte Gewinnteilnahme findet ihre Rechtfertigung darin, dass die Altsozien die Sozietät über Jahre hinweg auf- und ausgebaut haben[646]. Hingegen zielt die Auseinandersetzung auf die Liquidation des Gesellschaftsvermögens und damit auf die Vollbeendigung der Gesellschaft ab[647]. Der Anspruch auf das Auseinandersetzungsguthaben soll sicherstellen, dass die Gesellschafter ihre Einlage zurückerhalten, anteilige Überschüsse ausgezahlt und etwaige offene Forderungen gegen die Gesellschaft ausgeglichen werden[648]. Während also der Versorgungsanspruch die finanzielle Absicherung der Altsozien im Wege der fortbestehenden Teilhabe an den Gewinnen der Gesellschaft bezweckt, dient der Auseinandersetzungsanspruch dem Vermögensausgleich der Gesellschafter und letztlich der Beendigung der Gesellschaft. Deshalb verfolgen Versorgungsleistungen und Auseinandersetzungszahlungen einen unterschiedlichen wirtschaftlichen Zweck und sind nicht miteinander vergleichbar.

Darüber hinaus scheidet ein Vergleich von Versorgungsleistungen mit dem fiktiven Auseinandersetzungsguthaben allein schon deshalb aus, weil der Umfang der Versorgungsleistungen mit vielen Unwägbarkeiten verbunden ist (Umsatz der Sozietät, Lebensdauer der Altsozien bzw. ihrer Witwen etc.)[649] und deshalb zum Zeitpunkt der Pensionierung des Altsozius nicht bestimmt werden kann, während sich das Auseinandersetzungsguthaben in der Schlussabrechnung anhand der zum Zeitpunkt der Auflösung klar bestimmbaren gegenseitigen Zahlungsansprüche der Gesellschafter eindeutig errechnen lässt[650].

---

644 Sack/Fischinger, in: Staudinger, BGB, Buch 1, Neubearbeitung 2011, § 138 Rn. 211.

645 LG München I NJW 2014, 478, 480.

646 Offermann-Burckart NJW 2014, 434.

647 Habermeier, in: Staudinger, BGB, Buch 2, Dreizehnte Bearbeitung 2003, § 730 Rn. 1 u. 23.

648 Habermeier, in: Staudinger, BGB, Buch 2, Dreizehnte Bearbeitung 2003, § 734 Rn. 5. Im Einzelnen zur Berechnung des Auseinandersetzungsguthabens Sudhoff ZGR 1972, 157 ff.

649 Vgl. auch Offermann-Burckart NJW 2014, 434.

650 Vgl. Hadding/Kießling, in: Soergel, BGB, 13. Auflage, § 730 Rn. 25 ff.

Aufgrund der vorstehenden Erwägungen ist mit der Rechtsprechung und der Literatur davon auszugehen, dass das Verhältnis der kapitalisierten Rente zum fiktiven Auseinandersetzungsanspruch ohne Bedeutung für die Bestimmung eines auffälligen Missverhältnisses ist. Andere Bezugsgrößen kommen nicht in Betracht.

In Ermangelung einer verkehrsüblichen Bezugsgröße für Versorgungsleistungen muss das auffällige Missverhältnis auf eine andere Weise beurteilt werden.

bbb) Bestimmbarkeit der Versorgungsleistung

(1) Zeitlich unbefristete Versorgungsregelungen

Die Bestimmung des auffälligen Missverhältnisses ist immer dann problematisch, wenn es sich um Rechtsgeschäfte handelt, deren Abschluss mit Risiken für einzelne oder alle Parteien verbunden ist. So ist bei Lizenzverträgen das Verhältnis zwischen Leistung und Gegenleistung oftmals nicht bestimmbar, weil beide Seiten gewisse Risiken eingehen[651]. In einer Entscheidung betreffend einen Patentlizenzvertrag führte der BGH[652] aus, dass Lizenzverträge über gewerbliche Schutzrechte für die Parteien nicht selten ein Wagnis darstellten, weil für den Lizenznehmer die wirtschaftliche Verwertbarkeit oftmals im Voraus nicht mit Sicherheit abgeschätzt werden könnte (z.B. aufgrund unvorhersehbaren technischen Fortschrittes) und für den Lizenzgeber die in die Leistungen und Fähigkeiten des Lizenznehmers gesetzten Erwartungen täuschen könnten. Für beide Teile bestünde das Risiko, dass unvorhergesehene Ereignisse die Durchführung des Vertrages beenden könnten, weil sich entweder das Schutzrecht nachträglich als nicht rechtsbeständig erweise oder Veränderungen der Marktverhältnisse einer weiteren wirtschaftlichen Auswertung entgegen stünden.

Aus den beschriebenen Unwägbarkeiten folgt, dass sich das Verhältnis zwischen Leistung und Gegenleistung zum Zeitpunkt des Abschlusses eines Lizenzvertrages wertmäßig kaum bestimmen lässt. Dieselben Erwägungen treffen auch auf zeitlich unbegrenzte gesellschaftsvertragliche Versorgungsregelungen zu. Wie das OLG München in seiner Entscheidung vom 18.02.1999[653] zu Recht ausführt, handelt es sich bei einem auf eine möglichst lange und dauerhafte Zusammenarbeit ausgerichteten Sozietätsvertrag nicht um ein typisches Austauschverhältnis[654], in welchem sich klar abgrenzbare und bewertbare Leistungen gegenüberstehen. So

651 Sack/Fischinger, in: Staudinger, BGB, Buch 1, Neubearbeitung 2011, § 138 Rn. 212.

652 BGH GRUR 1961, 27, 28 (*Holzbauträger* – Entscheidung).

653 OLG München NZG 1999, 821, 822.

654 Vgl. auch schon oben unter § 1 I 2 und § 11 III 1 a.

bestehen hinsichtlich der Höhe einer zeitlich unbegrenzten Versorgungsleistung besondere Unsicherheitsfaktoren aufgrund der unvorhersehbaren Lebensdauer der Altsozien bzw. ihrer Witwen und der Ungewissheit über die konkrete Lebenserwartung[655]. So wie sich bei Lizenzverträgen nicht vorhersehen lässt, wie sich z.B. der betroffene Markt entwickelt und wie werthaltig damit eine Lizenz für den Lizenznehmer ist, lässt sich bei der Vereinbarung von zeitlich unbegrenzten Versorgungsregelungen nicht abschätzen, wie alt die versorgungsberechtigten Personen werden und welchen Umfang damit die Versorgungsleistungen haben. Abgesehen von den Fällen, in denen eine zeitliche (bzw. beitragsmäßige) Höchstgrenze festgelegt ist, ist eine Bestimmung des Umfangs der Versorgungsleistungen zum Zeitpunkt des Abschlusses des Gesellschaftsvertrages nicht möglich.

Allerdings ergibt sich die Sittenwidrigkeit eines risikobehafteten Rechtsgeschäfts nicht bereits daraus, dass die eingegangenen Risiken einseitig zulasten einer Partei verteilt sind. Der BGH führte in einer weiteren, einen Lizenzvertrag betreffenden Entscheidung[656] aus, dass Lizenzverträge für beide Seiten Risiken bergen würden und dass jeder Vertragsteil die Chancen und Risiken selbst abwägen müsse. Der Umstand, dass die Gewinn- und Verlustaussichten sehr ungleich zugunsten des Lizenzgebers verteilt seien und dies zum wirtschaftlichen Zusammenbruch des Lizenznehmers führen könne, begründe keine Sittenwidrigkeit[657].

Auch zeitlich unbefristete Versorgungsregelungen gehen in der Regel mit einer einseitigen Risikoverteilung zulasten der Jungsozien einher. Denn die steigende Lebenserwartung führt dazu, dass der Umfang der Versorgungsleistungen den Umfang der vermögenswerten Vorteile der Jungsozien regelmäßig übersteigt[658]. Die Jungsozien müssen diese Risiken mit den aus einer Gesellschaftsbeteiligung folgenden wirtschaftlichen Chancen abwägen, und – falls sie sich dennoch für den Abschluss des Gesellschaftsvertrages entscheiden – die Erbringung von Versorgungsleistungen über einen längeren Zeitraum in Kauf nehmen[659]. Diese oftmals

---

655 Römermann NZG 1999, 822; vgl. auch Schmid, in: Kraus/Kunz u.a., Sozietätsrecht, 2. Auflage, § 8 Rn. 112.

656 BGH ZIP 1995, 1021, 1026.

657 In diesem Fall sah der Lizenzvertrag u.a. vor, dass der Lizenznehmer eine auf der Grundlage eines Zehnjahresumsatzes errechnete Vergütung im Voraus zahlen musste, wobei eine Herabsetzung (etwa für den Fall einer nachteiligen Entwicklung der Marktverhältnisse) in jedem Fall ausgeschlossen wurde. Hingegen wurde vereinbart, dass die Lizenzgebühr nach oben korrigiert werde, wenn sich wesentlich höhere als die angenommenen Verkaufszahlen ergeben würden.

658 Vgl. auch Schmid, in: Kraus/Kunz u.a., Sozietätsrecht, 2. Auflage, § 8 Rn. 112.

659 Römermann NZG 1999, 822.

einseitige Risikoverteilung begründet dann aber – wie bei Lizenzverträgen – noch kein auffälliges Missverhältnis zwischen Leistung und Gegenleistung.

(2) Zeitlich befristete Versorgungsregelungen

Bei zeitlich befristeten Versorgungsregelungen, wonach die Versorgungsverpflichtung der Jungsozien ab einem bestimmten Höchstalter (der Jungsozien oder der Altsozien) endet, lässt sich der Umfang der Versorgungsleistungen rechnerisch ermitteln. Die Unwägbarkeit des ungewissen Lebensalters entfällt durch die altersmäßige Beschränkung der Versorgungshaftung. Bei großzügigen Versorgungsregelungen, welche eine Hinterbliebenenversorgung vorsehen, ist die Bestimmung des Umfangs der Versorgungsleistungen jedoch auch bei einer zeitlichen Beschränkung der Versorgungshaftung kaum möglich, weil dieser von einer Vielzahl, zum Zeitpunkt des Abschlusses des Gesellschaftsvertrages noch unsicherer Faktoren abhängt. Hierzu zählt die Unwägbarkeit des nicht vorhersehbaren Eintritts des Todes des Altsozius, aber auch die Unsicherheit darüber, ob und wie viele versorgungsberechtigte Personen ein verstorbener Altsozius hinterlässt.

ccc) Besonderer Beurteilungsmaßstab

(1) RG, Urteil vom 16.10.1925 – II 5832/4[660]

Dass bei Gesellschaftsverträgen die Beurteilung eines auffälligen Missverhältnisses im Wege einer umfassenden Würdigung der Umstände des Einzelfalls erfolgen kann, zeigt eine Entscheidung des Reichsgerichts vom 16.10.1925[661]. In dem zugrundeliegenden Fall hatte die beklagte Stadtgemeinde mit dem klagenden Bezirksverband (und einer anderen Stadtgemeinde) eine Kommanditgesellschaft gegründet, deren Zweck es war, ein Elektrizitätswerk zu erbauen und dieses sowie zwei bereits bestehende Elektrizitätswerke zu betreiben. In dem Gesellschaftsvertrag übertrug die Beklagte ihre gesamte Elektrizitätsanlage samt ihren Wasserkraftanlagen und allen damit zusammenhängenden Berechtigungen auf die Gesellschaft. Weiter wurde vereinbart, dass, soweit eine Übertragung des Eigentums oder Abtretung bzw. Einräumung von Rechten unmöglich war, die Beklagte der Gesellschaft jedenfalls die Ausübung und Ausnutzung ihrer Anlagen gestatten musste. Nach einiger Zeit erklärte die Beklagte den gesamten Gesellschaftsvertrag wegen Formmangels (bezüglich der Übertragung des Eigentums an den Grundstücken nach dem damaligen § 313 BGB) und wegen

660 RG SeuffA 80 Nr. 2, S. 6.
661 RG SeuffA 80 Nr. 2, S. 6.

Wuchers für nichtig. Das zuständige Landgericht wies die auf Feststellung der Rechtswirksamkeit des Gesellschaftsvertrages gerichtete Klage des Bezirksverbandes wegen Nichteinhaltung der Form des § 313 BGB a.F. ab. Das OLG Dresden stellte hingegen die Rechtswirksamkeit des Gesellschaftsvertrages fest, soweit er nicht die Übertragung von Grundstücken zum Gegenstand habe (da auch das OLG Dresden insoweit von der Formunwirksamkeit des Gesellschaftsvertrages überzeugt war). Die Revision der Beklagten, welche sich allein auf die Sittenwidrigkeit des Gesellschaftsvertrages stützte, wurde vom Reichsgericht zurückgewiesen. Das Reichsgericht verneinte die Sittenwidrigkeit des Gesellschaftsvertrages, weil es hierin kein auffälliges Missverhältnis der gegenseitigen Leistungen begründet sah. Zunächst stellte das Reichsgericht klar, dass auch eine Bewucherung des Gesellschafters durch den Abschluss des Gesellschaftsvertrages möglich sei[662]. Bei der Beurteilung eines auffälligen Missverhältnisses sei nicht nur auf den Wert der Einlage, sondern auch auf die sonstigen gesellschaftsvertraglichen Vorteile abzustellen[663]. Da die beiden anderen Gesellschafter der Beklagten durch den Gesellschaftsvertrag die unentgeltliche Lieferung von Strom für die Straßenbeleuchtung eingeräumt und der Beklagten darüber hinaus ihre Ruhegehaltsverpflichtungen abgenommen hatten, lehnte das Reichsgericht schließlich das Vorliegen eines auffälligen Missverhältnisses ab[664].

Das Urteil des Reichsgerichts zeigt, dass es bei der Beurteilung eines gesellschaftsvertraglich begründeten Missverhältnisses zwischen Leistung und Gegenleistung auch auf die „sonstigen“ Vorteile aus dem Gesellschaftsverhältnis ankommt. Anders als bei Kauf-, Miet- oder Darlehensverträgen stellte das Reichsgericht nicht etwa schwerpunktmäßig auf einen Vergleich der objektiven Werte der gegenseitigen Hauptleistungspflichten ab. Vielmehr führte das Gericht eine Gesamtabwägung der gegenseitigen Rechte und Pflichten durch. Dabei zog das Gericht auch die sonstigen Rechte der beklagten Gesellschafterin in Betracht, wie zum Beispiel das Recht auf die unentgeltliche Lieferung von Strom für ihre Straßenbeleuchtung sowie die Abnahme ihrer Ruhegehaltsverpflichtungen durch die anderen Gesellschafter.

Die Berücksichtigung der „sonstigen“ Vorteile dürfte dem Umstand geschuldet sein, dass es sich bei Gesellschaftsverträgen meist um sehr komplexe schuldrechtliche Verträge handelt, welche eine Vielzahl von Vermögens- und Verwaltungsrechten und -pflichten zwischen den Gesellschaftern untereinander

---

662 RG SeuffA 80 Nr. 2, S. 6.

663 RG SeuffA 80 Nr. 2, S. 6.

664 RG SeuffA 80 Nr. 2, S. 7.

und zwischen den Gesellschaftern und der Gesellschaft begründen[665]. Zu den Ansprüchen der Gesellschaft gegen die Gesellschafter gehört u.a die Beitragspflicht des einzelnen Gesellschafters oder der Anspruch auf einen Nachschuss gem. §§ 735, 739 BGB[666]. Die Gesellschafter wiederum haben einen Anspruch gegen die Gesellschaft auf Feststellung und Auszahlung des Gewinnanteils gem. § 721 BGB oder auf Auszahlung einer Abfindung im Falle des Ausscheidens aus einer fortgesetzten GbR (§ 738 Abs. 1 S. 2 BGB)[667]. Da das Gesellschaftsverhältnis aber auch zwischen den Gesellschaftern besteht, können zudem Ansprüche zwischen den Mitgesellschaftern entstehen. Hierzu gehören etwa Schadensersatzansprüche, wenn einem Gesellschafter aufgrund der Verletzung von Gesellschafterpflichten durch einen Mitgesellschafter unmittelbar ein Schaden entsteht[668]. Hierher gehören jedoch auch Versorgungsansprüche der Altsozien gegen die Jungsozien.

Um dieser Komplexität von gegenseitigen Leistungen genügend Rechnung zu tragen, ist es nicht nur gerechtfertigt, sondern auch geboten, bei der Frage nach einem auffälligen Missverhältnis den Verpflichtungen eines Gesellschafters die „sonstigen" Vorteile aus dem Gesellschaftsverhältnis gegenüberzustellen, d.h. eine Abwägung der gegenseitigen Rechte und Pflichten aus dem Gesellschaftsverhältnis vorzunehmen. Dieses Vorgehen findet auch Zustimmung in der Literatur[669].

(2) Besonderer Beurteilungsmaßstab bei Versorgungsregelungen

Vor dem Hintergrund der Entscheidung des Reichsgerichts vom 16.10.1925[670] ist auch bei der Beurteilung eines auffälligen Missverhältnisses aufgrund einer sozietätsvertraglichen Versorgungsregelung eine Gesamtabwägung der gegenseitigen Rechte und Pflichten geboten, ohne dabei die objektiven Werte der gegenseitigen Leistungen genau ermitteln und miteinander vergleichen zu müssen. Dies gilt umso mehr, weil eine genaue Bewertung der Versorgungsleistungen wegen der genannten Unwägbarkeiten nicht möglich ist und es für Versorgungsverbindlichkeiten darüber hinaus auch keinen marktüblichen Vergleichswert gibt, anhand dessen die vereinbarten Versorgungsverbindlichkeiten gemessen werden

665 Hadding/Kießling, in: Soergel, 13. Auflage, § 705 Rn. 42 und 46.
666 Hadding/Kießling, in: Soergel, 13. Auflage, § 705 Rn. 47.
667 Hadding/Kießling, in: Soergel, 13. Auflage, § 705 Rn. 51.
668 Hadding/Kießling, in: Soergel, 13. Auflage, § 705 Rn. 54.
669 Hefermehl, in: Soergel, BGB, 13. Auflage, § 138 Rn. 76.
670 RG SeuffA 80 Nr. 2, S. 6; vgl. aber auch OLG München NZG 1999, 821, 822.

könnten[671]. So hat das OLG München in seiner Entscheidung vom 18.02.1999[672] betont, dass der entscheidungsgegenständliche Sozietätsvertrag nicht mit einem normalen Austauschverhältnis vergleichbar sei, in welchem sich genau abgegrenzte und bewertbare Leistungen gegenüberstünden. Darüber hinaus lässt sich auch die Werthaltigkeit der Mitnahme von Mandanten – und damit der Umfang der Gegenleistung – nicht eindeutig bestimmen. Der Wert der Mandantenmitnahme hängt (ebenso wie der Umfang der Versorgungshaftung) von vielen Unwägbarkeiten, insbesondere von der Treue der Mandanten zur Sozietät, ab[673]. Vor diesem Hintergrund erscheint der von der ständigen Rechtsprechung entwickelte Beurteilungsmaßstab, welcher in erster Linie an einen Vergleich der objektiv bestimmbaren Werte der gegenseitigen (Haupt-)Leistungen anknüpft, unpassend. Vielmehr erfordert der besondere Charakter von Sozietätsverträgen die Heranziehung eines besonderen Beurteilungsmaßstabes.

Anstelle einer an dem Verhältnis der objektiven Werte orientierten Beurteilung eines auffälligen Missverhältnisses ist eine umfassende Würdigung der Umstände des Einzelfalls durchzuführen[674]. Dabei sind die besonderen Begleitumstände beim Abschluss eines Sozietätsvertrages, insbesondere etwaige Risikofaktoren, zu berücksichtigen[675]. Vor dem Hintergrund der steigenden Lebenserwartung geht die Vereinbarung einer Versorgungsregelung stets mit dem Risiko einher, dass die Jungsozien über einen längeren Zeitraum hinweg Versorgungszahlungen leisten müssen. Dieses Risiko gehen die Jungsozien – anders als bei typischen Austauschverträgen, bei denen sich der Umfang der Leistung bereits von vornherein bestimmen lässt – bewusst ein, um im Gegenzug Sozietätsanteile übernehmen zu können[676]. Dieses in Kauf genommene Risiko führt in der Regel dazu, dass ein

---

671 Vgl. allgemein Sack/Fischinger, in: Staudinger, BGB, Buch 1, Neubearbeitung 2011, § 138 Rn. 208.

672 OLG München NZG 1999, 821, 822.

673 Vgl. zur Treue von Anwaltsmandanten ausführlich oben unter § 4 IV 1 b aa.

674 Aus BGH NJW 1982, 2436, wonach es bei der Prüfung eines wucherähnlichen Rechtsgeschäfts auf die Gesamtwürdigung aller objektiven und subjektiven Geschäftsumstände ankommen soll, folgt, dass die Sittenwidrigkeitsprüfung (einschließlich der Prüfung des auffälligen Missverhältnisses) nicht schematisch, sondern entsprechend den Besonderheiten des Einzelfalls erfolgen muss.

675 Armbrüster, in: Münchener Kommentar zum Bürgerlichen Gesetzbuch, Band 1, 6. Auflage, § 138 Rn. 144; Brox/Walker, Allgemeiner Teil des BGB, 38. Auflage, S. 155 f.; Hefermehl, in: Soergel, BGB, 13. Auflage, § 138 Rn. 74.

676 Römermann NZG 1999, 821, 822.

auffälliges Missverhältnis weniger leicht angenommen werden kann[677]. Bei der Beurteilung des auffälligen Missverhältnisses muss zudem auch der Umstand berücksichtigt werden, dass der Zusammenschluss in einer Freiberufler-Sozietät auf eine längere Zusammenarbeit angelegt ist, wenngleich es heutzutage – anders als noch vor 20 Jahren – vermehrt zu Partnerwechseln zwischen den Sozietäten kommt[678].

dd) Feststellung eines auffälligen Missverhältnisses

Mangels Bestimmbarkeit des genauen Wertes von Versorgungsleistungen ist zur Beurteilung eines auffälligen Missverhältnisses eine Gesamtabwägung der gegenseitigen Rechte und Pflichten sowie der besonderen Begleitumstände vorzunehmen. Aus der Entscheidung des Reichsgerichts vom 16.10.1925[679] folgt, dass auch die „sonstigen" Vorteile in die Gesamtabwägung einzubeziehen sind.

aaa) Maßgebliche Rechte und Pflichten

Fraglich ist, welche „sonstige(n)" Vorteile einer Versorgungsverpflichtung gegenüberzustellen sind. Das OLG München führte in seiner Entscheidung vom 18.02.1999[680] aus, bei der Gegenüberstellung der gegenseitigen Rechte und Pflichten sei zu berücksichtigen, dass dem aus Altersgründen ausgeschiedenen Kläger zugebilligt werden müsse, dass dieser in die Gemeinschaft die von ihm erarbeitete und angesehene Kanzlei mit gutem Namen und Ruf eingebracht habe. Damit stellte das Gericht der Versorgungsverpflichtung den Vorteil gegenüber, den die beiden beklagten Sozien dadurch erhielten, dass sie sich an der Sozietät des Klägers beteiligen durften.

Die Entscheidung des OLG München zeigt, dass der Versorgungsverpflichtung eines (Jung-)Sozius die unmittelbar aus seiner Mitgliedschaft in der Sozietät folgenden Vorteile gegenüberzustellen sind[681].

Ein wesentlicher, aus der Sozietätsmitgliedschaft folgender Vorteil ist der Anspruch der Jungsozien gegen die Sozietät auf Feststellung und Auszahlung des Gewinnanteils nach § 721 BGB. Der Gewinnanteil der Jungsozien ergibt sich dabei aus dem im Sozietätsvertrag festgelegten Gewinnverteilungsschlüssel.

---

677 Römermann NZG 1999, 822; vgl. auch Hefermehl, in: Soergel, BGB, 13. Auflage, § 138 Rn. 74.

678 Vgl. hierzu ausführlich oben unter § 4 IV 1 b aa bb.

679 RG SeuffA 80 Nr. 2, S. 6.

680 OLG München NZG 1999, 821, 822.

681 So wohl auch Römermann NZG 1999, 822.

Üblicherweise ergibt sich bei erwerbswirtschaftlichen BGB-Gesellschaften die Gewinnverteilung aus dem Verhältnis des jeweiligen Kapitalanteils[682]. Da es bei Freiberufler-Sozietäten jedoch häufiger vorkommt, dass eintretende Sozien kein Eintrittsgeld für ihre Geschäftsanteile zahlen müssen, dafür aber ihre volle Arbeitskraft schulden, sehen die Gesellschaftsverträge zumeist vor, dass sich die zunächst noch relativ geringen Kapitalanteile neu eingetretener Jungsozien erst mit zunehmender Mitgliedschaftsdauer (z. B. gestaffelt nach Jahren der Mitgliedschaft) vergrößern[683]. Ein nachträgliches „Zuwachsen" des Kapitalanteils ist deshalb gerechtfertigt, weil ein Sozius im Laufe der Zeit den Wert seiner Beiträge für die Sozietät steigert (etwa durch das Sammeln von Berufserfahrung und damit Erhöhung der Qualität seiner Dienstleistung; Auf- und Ausbau von Mandantenbeziehungen etc.). Im Falle einer umsatzstarken Sozietät kann dies dazu führen, dass die Sozien bereits nach einigen Jahren Mitgliedschaft in der Sozietät erhebliche Gewinne verbuchen können.

Ein weiterer Vorteil der Sozietätsmitgliedschaft ist der Anspruch auf Abfindung im Falle des Ausscheidens aus der gleichwohl fortgesetzten Gesellschaft. Wenn der Sozietätsvertrag keine Abfindungsbeschränkung enthält und ausscheidende Jungsozien damit den wahren Anteilswert ausgezahlt bekommen, werden diese am Good Will der Sozietät beteiligt und partizipieren auf diese Weise über ihr Ausscheiden hinaus an dem Wert der Mandantenbeziehungen der Sozietät[684]. Weniger ins Gewicht fällt der Abfindungsanspruch hingegen, wenn der Sozietätsvertrag eine Abfindungsbeschränkung, etwa auf den Buchwert der Beteiligung, vorsieht.

Des Weiteren wird es den Jungsozien während ihrer Mitgliedschaft ermöglicht, in ein bereits existierendes – möglicherweise gut aufgestelltes – Mandantennetzwerk einzutreten und bestenfalls einzelne Mandanten derart an sich zu binden, dass diese auch nach einem Ausscheiden der Jungsozien aus der Sozietät weiterhin von diesen betreut werden möchten. Deshalb stellt die Möglichkeit der Mitnahme dieser Mandanten einen weiteren aus der Mitgliedschaft in der Sozietät folgenden Vorteil dar, welcher in der Gegenüberstellung der Rechte und Pflichten in Betracht gezogen werden muss. Die Mitnahme von Mandanten ist – neben der

682 Gummert, in: Gummert/Weipert, Münchener Handbuch des Gesellschaftsrechts, Band 1, 4. Auflage, § 15 Rn. 22.

683 Vgl. etwa den Gesellschaftsvertrag, welcher der Entscheidung des LG München I NJW 2014, 478, zugrunde lag. Demnach musste der Beklagte bei Aufnahme in die Anwaltssozietät kein Eintrittsgeld zahlen. Deshalb betrug sein Geschäftsanteil zunächst noch 10%. Am Ende seiner Mitgliedschaft betrug sein Geschäftsanteil bereits 27%.

684 Vgl. hierzu bereits oben unter § 4 IV 2 b.

Abfindung nach dem wahren Anteilswert – eine Art der Beteiligung am Good Will der Sozietät[685]. Die Realisierung dieses Vorteils setzt allerdings voraus, dass der Sozietätsvertrag keine Mandantenschutzklausel enthält. Darüber hinaus ist bei der Bewertung dieses Vorteils darauf zu achten, welchen Wert die Mandantenmitnahme für einen ausscheidenden Jungsozius hat. Insbesondere bei Anwaltssozietäten hat ein Wandel der tatsächlichen Verhältnisse des Anwaltsmarktes dazu geführt, dass der Wert der Mandantenmitnahme gesunken ist[686].

Darüber hinaus werden die Jungsozien begünstigt, wenn diese an einer wirtschaftlich gut situierten Sozietät beteiligt werden, ohne hierfür ein Eintrittsgeld zahlen zu müssen. Denn dann erhalten die Jungsozien die genannten vermögenswerten Vorteile ohne ein eigenes Vermögensopfer erbringen zu müssen. Deshalb ist auch das Fehlen eines Eintrittsgeldes als Vorteil in die Gegenüberstellung einzubeziehen[687].

Bei den vorstehend aufgezählten Vorteilen handelt es sich um die typischen, aus der Mitgliedschaft einer Sozietät folgenden Vorteile von Jungsozien. Im jeweiligen Einzelfall können jedoch je nach Ausgestaltung des Sozietätsvertrages weitere abwägungsrelevante Vorteile hinzutreten. Wegen der Vielzahl möglicher Fallgestaltungen ist eine abschließende Aufzählung der in dem Vergleich der gegenseitigen Leistungen zu berücksichtigenden Vorteile nicht möglich.

bbb) Fallkonstellationen

Das OLG München ging in seinem Urteil vom 18.02.1999[688] von einem ausgewogenen Verhältnis der gegenseitigen Rechte und Pflichten aus und begründete dies mit den Gesamtumständen des entscheidungsgegenständlichen Falles, anstatt auf eine genaue Bestimmung des objektiven Wertverhältnisses der gegenseitigen Leistungen abzustellen. In dem der Entscheidung des OLG München zugrundeliegenden Sozietätsvertrag standen der (zeitlich unbefristeten) Versorgungsverpflichtung der Jungsozien im Wesentlichen folgende Vorteile gegenüber: Eine Gewinnbeteiligung (deren Höhe unbekannt ist), ein Anspruch auf eine Buchwertabfindung im Falle des Ausscheidens aus der fortgesetzten Gesellschaft sowie die Möglichkeit der Mandantenmitnahme. Darüber hinaus wurde vereinbart, dass den beklagten Jungsozien die Geschäftsanteile des klagenden Altsozius zu gleichen Teilen anwuchsen, falls dieser vor der allgemein geltenden Pensionsgrenze von 60 Jahren

685 Vgl. hierzu bereits oben unter § 4 IV 1.
686 Vgl. hierzu ausführlich oben unter § 4 IV 1 b.
687 So wohl auch Römermann NZG 1999, 822.
688 OLG München NZG 1999, 821, 822.

aus der Sozietät ausschied. Damit erhielten die Jungsozien mit dem Ausscheiden des Altsozius nicht nur eine höhere Gewinnbeteiligung, sondern es erhöhte sich durch die Anwachsung auch deren Auseinandersetzungsguthaben. Die Mandantenmitnahme sicherte den Sozien für den Fall des kündigungsbedingten Ausscheidens aus der Sozietät eine Beteiligung am Good Will der Sozietät und damit eine Einnahmequelle, welche ihnen die Finanzierung ihrer Versorgungsverbindlichkeiten ermöglichte. Unter Berücksichtigung des von den Jungsozien mit der Vereinbarung der Versorgungsregelung eingegangenen Risikos sowie des auf eine längere Zusammenarbeit ausgerichteten Charakters des Sozietätsvertrages, konnte man bei dem entscheidungsgegenständlichen Sozietätsvertrag zu Recht von einem ausgeglichenen Verhältnis der Rechte und Pflichten der Sozien ausgehen, ohne dabei das exakte Wertverhältnis bestimmen zu müssen. Vielmehr genügte es, im Wege einer summarischen Prüfung die Ausgewogenheit zwischen den Rechten und Pflichten der Sozien festzustellen, da einerseits eine genaue Bewertung der Versorgungsleistungen wegen der vielen Unwägbarkeiten[689] nicht möglich und andererseits der Wert der Möglichkeit der Mandantenmitnahme nicht exakt bestimmbar war[690].

Selbst wenn den verbleibenden Sozien die Geschäftsanteile des ausgeschiedenen Altsozius nicht zu gleichen Teilen angewachsen wären, wäre ein auffälliges Missverhältnis der gegenseitigen Rechte und Pflichten der Sozien wohl dennoch zu verneinen. Denn die unbeschränkte Möglichkeit der Mandantenmitnahme und die dadurch ermöglichte Beteiligung am Good Will der Sozietät stellt in der Regel auch heute noch einen Vorteil dar, der für sich genommen schon eine angemessene Gegenleistung für die Versorgungsverpflichtung der Jungsozien bietet[691]. Umgekehrt wäre auch dann kein auffälliges Missverhältnis begründet, wenn die Jungsozien einen Anspruch auf eine Abfindung nach dem wahren Anteilswert (und damit eine Beteiligung am Good Will) hätten und die Möglichkeit der Mandantenmitnahme ausgeschlossen wäre.

Fraglich ist jedoch, wie es sich verhält, wenn den Jungsozien keine Abfindung oder nur eine Buchwertabfindung zusteht und ihnen darüber hinaus die Möglichkeit der Mandantenmitnahme verwehrt ist. In diesen Fällen wird man – vorbehaltlich anderweitiger Vorteile – ein auffälliges Missverhältnis bejahen

---

689 Vgl. näher hierzu oben unter § 11 III 1 b cc bbb (1).

690 Vgl. hierzu bereits oben unter § 11 III 1 b cc ccc (2).

691 Allerdings sollte die Werthaltigkeit der Mandantenmitnahme im Einzelfall immer genau geprüft werden; vgl. hierzu am Beispiel einer Anwaltssozietät oben unter § 4 IV 1 b bb.

können, ohne das prozentuale Wertverhältnis genau bestimmen zu müssen[692]. Durch die Vereinbarung einer Versorgungsregelung sollen die Jungsozien in der Regel von der Notwendigkeit befreit werden, sich in die Sozietät einzukaufen; darüber hinaus profitieren sie vom guten Namen und von einem bereits bestehenden Mandantennetzwerk der Sozietät, welches die Altsozien mühsam aufgebaut haben[693]. Die Jungsozien versprechen sich von der Mitgliedschaft in der Sozietät eine Möglichkeit, sich beruflich und wirtschaftlich zu verwirklichen und zu entfalten, und gehen im Gegenzug dafür die (in der Regel auch nach einem Ausscheiden fortbestehenden) Versorgungsverbindlichkeiten ein[694]. Wenn den Jungsozien allerdings gar kein Abfindungsanspruch oder lediglich eine Abfindung nach dem Buchwert des Gesellschaftsanteils gewährt wird und darüber hinaus die Mitnahme von Mandanten ausgeschlossen ist, sodass keine Teilhabe am Good Will der Sozietät für den Fall des Ausscheidens vorgesehen ist, ist die berufliche und vor allem wirtschaftliche Entfaltung der Jungsozien erheblich eingeschränkt, wenn nicht sogar ausgeschlossen. Denn die Jungsozien würden sich nach ihrem Ausscheiden erheblichen Versorgungsverbindlichkeiten ausgesetzt sehen, deren Erwirtschaftung sie ohne Gewinnbeteiligung und Partizipation am Good Will – sei es über eine Abfindung nach dem wahren Anteilswert oder über die Mitnahme von Mandanten – sicherstellen müssten. Eine solche einseitige finanzielle Belastung seitens der Jungsozien begründet ein auffälliges Missverhältnis zwischen den gegenseitigen Rechten und Pflichten aus dem Sozietätsvertrag. Allerdings ist ein auffälliges Missverhältnis zu verneinen, wenn der Sozietätsvertrag nur für den Fall des *freiwilligen Ausscheidens* eines Sozius (d.h. ein Ausscheiden, das weder auf eine Kündigung aus wichtigem Grund gem. § 723 Abs. 1 S. 2 BGB (zu welcher der Sozius im Prinzip veranlasst wird) noch auf einen Ausschluss nach § 737 BGB zurückzuführen ist) keine Beteiligung am Good Will vorsieht. Anders als bei § 723 Abs. 3 BGB steht bei § 138 BGB nicht der kündigungsbeschränkende Effekt einer Versorgungsregelung, sondern vielmehr eine gegen die guten Sitten verstoßende Äquivalenzstörung im Mittelpunkt der Prüfung. Wenn ein Sozius nun aus freien Stücken aus der Sozietät ausscheidet und hierdurch selbst eine Äquivalenzstörung herbeiführt, widerspricht eine fortbestehende Versorgungshaftung trotz fehlender Beteiligung am Good Will nicht gegen das „Rechts- und Anstandsgefühl aller billig und gerecht Denkenden", weil die nachteiligen Folgen des Ausscheidens durch einen Verbleib in der Sozietät

692 Zur Begründung vgl. bereits oben im ersten Absatz dieses Unterabschnitts; siehe auch oben unter § 11 III 1 b cc ccc (2).

693 Offermann-Burckart NJW 2014, 434; vgl. auch Römermann NZG 1999, 822.

694 Offermann-Burckart NJW 2014, 434.

hätten vermieden werden können. Anders stellt sich die Situation hingegen bei einem Ausscheiden aus wichtigem Grund dar, da in einem solchen Fall die Äquivalenzstörung unfreiwillig herbeigeführt wird und dies nach dem „Rechts- und Anstandsgefühl aller billig und gerechten Denkenden" nicht zum Nachteil des betroffenen Sozius gereichen darf.

Sofern ein auffälliges Missverhältnis festgestellt wurde, kann diesem Ergebnis nicht das von den Jungsozien bewusst eingegangene Risiko einer überlangen Zahlung von Versorgungsleistungen entgegenhalten werden. Denn dieses Risiko schließt das Vorliegen eines auffälligen Missverhältnisses nicht aus, sondern führt lediglich dazu, dass ein solches schwerer angenommen werden kann[695].

Gegen das Vorliegen eines auffälligen Missverhältnisses spricht auch nicht, dass ein Sozietätsvertrag ein auf eine langfristige Zusammenarbeit ausgerichtetes Vertragswerk ist und die Jungsozien ohnehin bis zu ihrer eigenen Pension Mitglieder der Sozietät bleiben. Denn die Vorstellung von einer Sozietät von Freiberuflern, deren Mitgliedschaft ein Leben lang bestehen bleibt, ist überholt[696]. Insbesondere im Anwaltsmarkt hat angesichts der tatsächlichen Entwicklungen die Möglichkeit eines Sozietätswechsels für Anwälte erheblich an Bedeutung gewonnen[697]. Vor diesem Hintergrund können die Sozien beim Abschluss des Sozietätsvertrages nicht (mehr) davon ausgehen, dass es zu einer dauerhaften Partnerschaft kommt und die Jungsozien ja ohnehin niemals in die Situation kommen, nach einem Ausscheiden weiterhin Versorgungsleistungen an die Altsozien leisten zu müssen, ohne dabei an den Gewinnen beteiligt zu sein. Eine solche Sichtweise würde die (rechts-)tatsächlichen Gegebenheiten außer Acht lassen.

ee) Zwischenergebnis

Eine sozietätsvertragliche Versorgungsregelung, welche eine Versorgungsverpflichtung der Jungsozien auch nach ihrem kündigungsbedingten Ausscheiden vorsieht, kann ein auffälliges Missverhältnis der gegenseitigen Rechte und Pflichten aus dem Gesellschaftsverhältnis nach § 138 Abs. 2 BGB begründen. Allerdings begegnet die Beurteilung eines auffälligen Missverhältnisses einigen Schwierigkeiten. So fehlt eine marktübliche Versorgungshaftung, welche als Bezugsgröße für die vereinbarte Versorgungshaftung der Jungsozien herangezogen kann. Zudem lässt sich der objektive Wert des Versorgungsanspruchs zum Zeitpunkt des

695 Hefermehl, in: Soergel, BGB, 13. Auflage, § 138 Rn. 74.

696 OLG Köln, Urteil vom 14.03.2007 – 6 U 7/06, BeckRS 2007, 09374; vgl. auch BGH NJW 2007, 295, 296.

697 BGH NJW 2007, 295, 296; vgl. ausführlich hierzu oben unter § 4 IV 1 b aa aaa.

Vertragsschlusses nicht genau bestimmen. Dies ist u.a. dem Umstand geschuldet, dass sich die Lebensdauer der versorgungsberechtigten Personen nicht vorhersehen lässt. Aus diesem Grund ist der in ständiger Rechtsprechung entwickelte Beurteilungsmaßstab, wonach ein auffälliges Missverhältnis von Leistung und Gegenleistung in der Regel bei einem Wertunterschied von 100% bejaht werden kann, für die Beurteilung einer sittenwidrigen Äquivalenzstörung aufgrund einer Versorgungsregelung nicht geeignet. Stattdessen wird man auf eine Gesamtabwägung der gegenseitigen Rechte und Pflichten unter besonderer Berücksichtigung der Begleitumstände abstellen müssen. Bei der Gesamtabwägung ist von Bedeutung, ob die Versorgungsverpflichtung der Höhe nach oder zeitlich beschränkt ist. Zudem darf auch nicht unberücksichtigt bleiben, in welchem Lebensalter sich die versorgungsverpflichteten Personen zum Zeitpunkt des Vertragsschlusses befinden. Je fortgeschrittener das Lebensalter der versorgungsberechtigten Personen ist, desto geringer ist der Umfang der Versorgungshaftung[698].

Der Versorgungsverpflichtung sind sodann die „sonstige(n)“ Vorteile aus dem Gesellschaftsverhältnis gegenüberzustellen[699]. Da die Versorgungsverpflichtung als Gegenleistung für die Erlangung der Mitgliedschaft in einer etablierten Sozietät eingegangen wird[700], sind als „sonstige“ Vorteile die aus der Mitgliedschaft folgenden Vermögensvorteile zu verstehen. Hierzu zählen insbesondere der Anspruch der Jungsozien gegen die Gesellschaft auf Feststellung und Auszahlung des Gewinnanteils nach § 721 BGB, der Abfindungsanspruch nach § 738 Abs. 1 S. 2 BGB sowie die Partizipation an einem bestehenden Mandantennetzwerk bzw. die Möglichkeit der Mandantenmitnahme im Falle eines Ausscheidens aus der Sozietät. Darüber hinaus fällt es bei der Gesamtabwägung als „sonstige(r)“ Vorteil ins Gewicht, wenn – was bei Freiberufler-Sozietäten nicht selten der Fall ist – für die Aufnahme neuer Sozien keine oder nur eine verhältnismäßig geringe Einlage verlangt wird[701].

Bei der Gesamtabwägung wird man ohne eine genaue Bestimmung der objektiven Werte der gegenseitigen Leistungen auskommen müssen[702]. Umso mehr wird man die Begleitumstände in Betracht ziehen müssen. Hierzu zählt, dass es sich bei der Vereinbarung einer Versorgungsregelung um ein besonders

---

698 Vgl. – allerdings zur Sittenwidrigkeit nach § 138 Abs. 1 BGB – LG Heidelberg NZG 1181, 1182.

699 Vgl. allgemein für Gesellschaftsverträge RG SeuffA 80 Nr. 2, S. 6.

700 Römermann NZG 1999, 822.

701 Schäfer, in: Münchener Kommentar zum Bürgerlichen Gesetzbuch, Band 5, 6. Auflage, § 738 Rn. 66.

702 Zur Begründung siehe bereits oben unter § 11 III 1 b cc ccc (2).

risikobehaftetes Rechtsgeschäft handelt. Dabei führt nicht schon allein das einseitig zulasten der Jungsozien verteilte Risiko überlanger Versorgungszahlungen dazu, dass die Rechte und Pflichten der Sozien in einem auffälligen Missverhältnis stehen. Denn die Jungsozien gehen dieses Risiko beim Abschluss des Gesellschaftsvertrages bewusst ein. Der Umstand, dass die Vereinbarung von Versorgungsregelungen ein gewisses Wagnis (für die Jungsozien) darstellt, hat vielmehr zur Folge, dass ein auffälliges Missverhältnis nur unter erschwerten Voraussetzungen angenommen werden kann[703]. Erschwerend für die Bejahung eines auffälligen Missverhältnisses kommt hinzu, dass Sozietätsverträge in der Regel auf eine längere Zusammenarbeit der Sozien ausgerichtet sind. Deshalb können die Sozien in der Regel davon ausgehen, dass es nicht zu der Situation kommt, in welcher ausgeschiedene Jungsozien Versorgungszahlungen leisten müssen ohne an den Gewinnen der Sozietät beteiligt zu sein. Dieser Begleitumstand trifft aber nicht mehr uneingeschränkt auf alle Freiberufler-Sozietäten zu. Der Wandel der Verhältnisse im Anwaltsmarkt hat dazu geführt, dass Anwälte (auch die Partner) immer häufiger die Sozietät wechseln und deshalb die Vorstellung von einem dauerhaften Zusammenschluss relativiert werden muss[704].

Aus den vorgenannten Begleitumständen folgt, dass für die Feststellung eines durch eine sozietätsvertragliche Versorgungsregelung hervorgerufenen auffälligen Missverhältnisses im Sinne von § 138 Abs. 2 BGB sehr hohe Anforderungen bestehen. Wenn den versorgungsverpflichteten Jungsozien ein Abfindungsanspruch nach § 738 Abs. 1 S. 2 BGB zusteht und/oder ihnen die Möglichkeit der Mandantenmitnahme gewährt wird, wird man von einem angemessenen Verhältnis der gegenseitigen Rechte und Pflichten ausgehen müssen. Denn den Jungsozien steht für den Fall ihres (kündigungsbedingten) Ausscheidens eine Beteiligung am Good Will der Sozietät zu, welche die Finanzierung fortdauernder Versorgungsverbindlichkeiten (zumindest weitgehend) gewährleisten sollte. Selbst wenn die kapitalisierte Rente der Altsozien die Abfindung bzw. die aus der Weiterbetreuung der Mandanten resultierenden Gewinne bei Weitem übersteigt, wird man aufgrund des Risikocharakters von Versorgungsregelungen wohl kaum ein auffälliges Missverhältnis im Sinne von § 138 Abs. 2 annehmen können. Etwas anderes gilt, wenn den Jungsozien jegliche Beteiligung am Good Will der Sozietät verwehrt wird.

703 Hefermehl, in: Soergel, BGB, 13. Auflage, § 138 Rn. 74.

704 § 4 IV 1 b aa.

Aus den vorstehenden Erwägungen folgt, dass Versorgungsregelungen nur in den seltensten Fällen ein auffälliges Missverhältnis der gegenseitigen sozietätsvertraglichen Leistungen im Sinne von § 138 Abs. 2 BGB begründen können. Zuzugeben ist, dass der hier angebotene Beurteilungsmaßstab nicht die Rechtssicherheit bietet, welche eine an einem festen Wertverhältnis der gegenseitigen Leistungen orientierte Beurteilung eines auffälligen Missverhältnisses mit sich bringt. Während sich für andere Rechtsgeschäfte im Laufe der Jahrzehnte eine ständige Rechtsprechung zum Vorliegen eines auffälligen Missverhältnisses herausgebildet hat[705], hat sich bis auf das LG München I[706] und das OLG München[707] bisher noch kein Gericht mit der Frage befasst, ob ein Gesellschaftsvertrag wegen einer darin enthaltenen Versorgungsregelung gem. § 138 Abs. 2 BGB sittenwidrig ist. Auch in der Literatur wird diese Thematik kaum diskutiert[708].

c) Subjektives Element

Neben einem auffälligen Missverhältnis der gegenseitigen Leistungen muss eine der subjektiven Voraussetzungen des § 138 Abs. 2 BGB erfüllt sein. Das LG München I lehnte in seiner Entscheidung vom 22.07.1998[709]die Sittenwidrigkeit des Vertrags nach § 138 Abs. 2 BGB deshalb ab, weil die Parteien die Versorgungsregelung in völlig gleicher und freier Weise getroffen hätten. In seinem Berufungsurteil vom 18.02.1999[710] stimmte das OLG München dem LG München I zu und sah die subjektiven Merkmale der Ausbeutung einer Zwangslage, der Unerfahrenheit und des Mangels an Urteilsvermögen als nicht gegeben.

Wie die beiden Gerichtsentscheidungen verdeutlichen, wird es in der Regel besondere Schwierigkeiten bereiten, das Vorliegen einer der subjektiven Tatbestandsvoraussetzungen des Wuchers zu begründen und nachzuweisen. Vor allem, wenn es sich um einen Zusammenschluss von Rechtsanwälten handelt, wird es sehr schwierig zu begründen, dass beim Abschluss des Gesellschaftsvertrages Unerfahrenheit oder ein Mangel an Urteilsvermögen vorlag[711]. Noch weniger wird man annehmen können, dass die Jungsozien sich in einer Zwangslage befanden, weil ein Zustand wirtschaftlicher Bedrängnis oder andere Umstände zwingend den Abschluss des Sozietätsvertrages und damit die Eingehung

705 Vgl. hierzu bereits oben unter § 11 I 2.
706 LG München I, Urteil v. 22.07.1998 – 25 O 6395/98, BeckRS 2013, 18383, Tz. 1.2.2.
707 OLG München NZG 1999, 821.
708 Nur sehr knapp Römermann NZG 1999, 822.
709 LG München I, Urteil v. 22.07.1998 – 25 O 6395/98, BeckRS 2013, 18383, Tz. 1.2.2.
710 OLG München NZG 1999, 821, 822.
711 LG München I, Urteil v. 22.07.1998 – 25 O 6395/98, BeckRS 2013, 18383, Tz. 1.2.2.

der Versorgungsverbindlichkeit erforderlich machten[712]. Dasselbe gilt für das subjektive Element der erheblichen Willensschwäche[713]. Neben dem Vorliegen einer dieser vier Schwächesituationen müsste als weitere Voraussetzung ein Ausbeutungsbewusstsein auf Seiten der Altsozien gegeben sein[714]. Es ist zwar vorstellbar, dass im Einzelfall ein Sozius eine unangemessene Versorgungsregelung infolge eines seinen Mitgesellschaftern bewussten Mangels an Urteilsvermögen oder wegen Unerfahrenheit eingeht. Praktische Relevanz dürften derartige Situationen allerdings nicht haben, da diese Fälle wohl kaum vorkommen[715].

d) Zwischenergebnis

Die vorstehenden Ausführungen verdeutlichen, dass nur in Ausnahmefällen eine Sittenwidrigkeit von sozietätsvertraglichen Versorgungsregelungen nach § 138 Abs. 2 BGB angenommen werden kann. Dies ist einerseits dem Umstand geschuldet, dass an das Vorliegen eines auffälligen Missverhältnisses der gegenseitigen Leistungen besonders hohe Anforderungen zu stellen sind. Wenn man dennoch von einem auffälligen Missverhältnis der gegenseitigen Leistungen ausgehen kann, so wird die Anwendung des Wuchertatbestandes spätestens an der Schwierigkeit scheitern, den Schwächezustand auf Seiten der Jungsozien und das Ausbeutungsbewusstsein auf Seiten der Altsozien nachzuweisen[716].

Daneben ist zu beachten, dass der heranzuziehende Beurteilungsmaßstab keine rechtssicheren Ergebnisse liefern kann. Denn die Beurteilung eines durch eine gesellschaftsvertragliche Versorgungsregelung herbeigeführten auffälligen Missverhältnisses muss gänzlich ohne eine Gegenüberstellung der objektiven Werte der in die Abwägung einzustellenden Leistungen auskommen. Aus diesem Grund ist § 138 Abs. 2 BGB nicht wirklich ein geeignetes Instrument, um die Wirksamkeit von Versorgungsregelungen zu überprüfen. Dies wird auch der Hauptgrund dafür sein, dass die Gerichte Versorgungsregelungen bislang kaum unter diesem Aspekt auf ihre Wirksamkeit überprüft haben.

---

712 Vgl. zum Vorliegen einer Zwangslage im Sinne von § 138 Abs. 2 BGB oben unter § 11 I 3.

713 Vgl. hierzu oben unter § 11 I 3.

714 Hefermehl, in: Soergel, BGB, 13. Auflage, § 138 Rn. 86.

715 Zur fehlenden praktischen Relevanz solcher Konstellationen im Zusammenhang mit der Vereinbarung von Abfindungsklauseln vgl. Brückner, Die Kontrolle von Abfindungsklauseln in Personengesellschafts- und GmbH-Verträgen, S. 116.

716 OLG München NZG 1999, 821, 822; LG München I, Urteil v. 22.07.1998 – 25 O 6395/98, BeckRS 2013, 18383, Tz. 1.2.2; vgl. auch allgemein Hefermehl, in: Soergel, BGB, 13. Auflage, § 138 Rn. 86.

2. *Wucherähnliche Versorgungsregelungen*

Sind demnach die Voraussetzungen des Wuchertatbestandes nicht erfüllt, ist stets weiter zu prüfen, ob das Rechtsgeschäft nicht nach § 138 Abs. 1 BGB aufgrund einer Gesamtwürdigung des Inhalts, Zwecks und des Beweggrundes sittenwidrig ist[717]. In der Praxis hat sich die Prüfung der Sittenwidrigkeit von Äquivalenzstörungen von dem Sonderfall des § 138 Abs. 2 BGB auf die Grundnorm des § 138 Abs. 1 BGB verlagert[718]. Dies ist darauf zurückzuführen, dass der BGH in ständiger Rechtsprechung aus dem objektiv besonders groben Missverhältnis zwischen Leistung und Gegenleistung den Schluss auf eine verwerfliche Gesinnung des Übervorteilenden zulässt[719]. Damit wird der oftmals schwierige Nachweis einer Schwächesituation im Sinne von § 138 Abs. 2 BGB überflüssig[720].

a) Objektive Voraussetzungen

Für die Feststellung eines auffälligen Missverhältnisses gelten die zuvor unter § 11 III 1 b zum Wuchertatbestand dargelegten Grundsätze entsprechend.

b) Subjektive Voraussetzungen

Ähnlich wie beim subjektiven Tatbestand des § 138 Abs. 2 BGB bereitet es auch bei der rechtlichen Beurteilung einer sozietätsvertraglichen Versorgungsregelung nach § 138 Abs. 1 BGB besondere Schwierigkeiten, das subjektive Tatbestandsmerkmal eines wucherähnlichen Rechtsgeschäfts – d.h. die besondere verwerfliche Gesinnung des Übervorteilenden, welche dadurch hervortreten kann, dass er die wirtschaftlich schwächere Lage seines Vertragspartners bewusst zu seinem eigenen Vorteil ausgenutzt oder sich wenigstens leichtfertig der Erkenntnis verschlossen hat, dass sich der Übervorteilte nur unter dem Zwang der Verhältnisse, wegen Mangels an Urteilsvermögens oder erheblicher Willensschwäche auf den für ihn ungünstigen Vertrag eingelassen hat[721] – zu begründen

---

717 Hefermehl, in: Soergel, BGB, 13. Auflage, § 138 Rn. 73; Palm/Arnold, in: Erman, BGB, Band I, 13. Auflage, § 138 Rn. 11.

718 Armbrüster, in: Münchener Kommentar zum Bürgerlichen Gesetzbuch, Band 1, 6. Auflage, § 138 Rn. 112; Hefermehl, in: Soergel, BGB, 13. Auflage, § 138 Rn. 73 und 86.

719 Jüngst BGH NJW 2014, 1652; vgl. auch BGH NJW 1992, 899, 900 (Wohnungskauf); 2001, 1127, 1128; 2007, 2841, 2842 (jeweils Grundstückskaufvertrag); 2010, 363, 364 (Verkauf einer Eigentumswohnung); vgl. auch Armbrüster, in: Münchener Kommentar zum Bürgerlichen Gesetzbuch, Band 1, 6. Auflage, § 138 Rn. 112 und 116.

720 Vgl. auch Hefermehl, in: Soergel, BGB, 13. Auflage, § 138 Rn. 86.

721 BGHZ 146, 298, 301 f.; vgl. auch Armbrüster, in: Münchener Kommentar zum Bürgerlichen Gesetzbuch, Band 1, 6. Auflage, § 138 Rn. 116.

und nachzuweisen. Deshalb könnte es an dieser Stelle für die Jungsozien von besonderer praktischer Bedeutung sein, die Voraussetzungen eines objektiv besonders groben Missverhältnisses nachzuweisen, da dies nach der Rechtsprechung regelmäßig eine (widerlegbare) Vermutung für eine verwerfliche Gesinnung des Übervorteilenden zulässt[722]. Die tatsächliche Vermutung erleichtert die Beweisführung für das Vorliegen der verwerflichen Gesinnung, befreit den Übervorteilten jedoch nicht von der Behauptungslast[723].

Fraglich ist, ob sich diese Vermutungsregelung auf sozietätsvertragliche Versorgungsregelungen übertragen lässt.

aa) Bestimmbarkeit eines besonders groben Missverhältnisses

In seiner Entscheidung vom 22.07.1998 lehnte das LG München I[724] einen Verstoß der streitgegenständlichen Versorgungsregelung gegen die guten Sitten nach § 138 Abs. 1 BGB schon deshalb ab, weil die lebenslange Rente auch von den beklagten Jungsozien in gleicher freier Weise mit dem klagenden Altsozius vereinbart worden sei und die Jungsozien somit die Möglichkeit gehabt hätten, die Folgen einer solchen Rente wirtschaftlich zu berechnen oder sich berechnen zu lassen. Folglich musste das LG München I nicht mehr auf die Frage der Vermutung einer verwerflichen Gesinnung des Altsozius eingehen.

Nach der ständigen Rechtsprechung des BGH besteht ein grobes, besonders krasses Missverhältnis der gegenseitigen Leistungen in der Regel dann, wenn der Wert der Leistung nahezu doppelt so hoch ist wie der Wert der Gegenleistung[725]. In den Fällen, in denen der BGH wegen eines besonders groben Missverhältnisses der gegenseitigen Leistungen den Schluss auf eine verwerfliche Gesinnung zuließ, handelte es sich jeweils um Verträge, welche Leistungen zum Gegenstand hatten, deren Wert mit dem (Verkehrs-)Wert gleichartiger Leistungen verglichen werden konnte, wie z.B. beim Verkauf eines bestimmten Mobiltelefons eines bekannten Herstellers[726]. In einem weiteren Fall nahm der BGH ein grobes, besonders krasses Missverhältnis bei einem Automaten-Kaufvertrag an, welcher für mehrere Spielautomaten, deren Verkehrswert höchstens DM 30.000,00 betrug, einen Kaufpreis in Höhe von DM 80.000,00 vorsah[727]. Bei

722 Vgl. breits oben unter § 11 II 2.

723 BGH NJW 2010, 363, 364; 2014, 1652.

724 LG München I, Urteil v. 22.07.1998 – 25 O 6395/98, BeckRS 2013, 18383.

725 BGH NJW 2012, 2723 (Verkauf eines Mobiltelefons über eBay); vgl. näher hierzu oben unter § 11 II 2.

726 Vgl. BGH NJW 2012, 2723.

727 BGH BB 1998, 393.

(Raten-)Kreditverträgen bzw. Finanzierungsleasingverträgen entspricht es der ständigen Rechtsprechung des BGH[728], dass die Vereinbarung eines Kreditzinses, welcher etwa doppelt so hoch ist wie der marktübliche Zins[729], in der Regel ein besonders grobes Missverhältnis begründet und damit den Schluss auf die verwerfliche Gesinnung des Kreditgebers zulässt. All diesen Fällen ist gemein, dass sich der Vertragsgegenstand mit einer verkehrs- bzw. marktüblichen Bezugsgröße vergleichen ließ. Für Versorgungsregelungen fehlt allerdings eine verkehrsübliche Versorgungshaftung und damit eine vergleichbar werthaltige Bezugsgröße[730]. Darüber hinaus ist der Umfang der Versorgungshaftung aufgrund der vielen Unwägbarkeiten (z.B. ungewisse Lebensdauer der Altsozien etc.) nur in den seltensten Fällen genau bestimmbar[731]. Hieraus folgt, dass sich die von der Rechtsprechung entwickelten Grundsätze für die Bestimmung eines den Schluss auf die verwerfliche Gesinnung zulassenden auffälligen Missverhältnisses zwischen Leistung und Gegenleistung nicht auf sozietätsvertragliche Versorgungsregelungen übertragen lassen, da die einschlägige Rechtsprechung fest auf prozentuale Richtwerte ausgerichtet ist und damit zwingend die Bestimmbarkeit der objektiven Werte der vereinbarten Leistungen voraussetzt[732].

bb) Vermutung einer verwerflichen Gesinnung der Altsozien

Selbst wenn eine sozietätsvertragliche Versorgungsregelung ein grobes, besonders krasses Missverhältnis der gegenseitigen Rechte und Pflichten der Sozien begründen würde, stellt sich die Frage, ob dies den Schluss auf eine verwerfliche Gesinnung der Altsozien rechtfertigen würde.

aaa) *Ratio* der Vermutung

Bei den Vertragstypen, bei denen die Rechtsprechung regelmäßig von einem besonders groben Missverhältnis der gegenseitigen Leistungen auf eine verwerfliche Gesinnung des Übervorteilenden schließt, ist typischerweise eine bestimmte Benachteiligungssituation auf Seiten einer Vertragspartei gegeben[733]. So verhält es sich beispielsweise bei (Raten-)Kreditverträgen zwischen Kreditinstituten

728 BGH NJW 1982, 2433, 2435; BGHZ 128, 255, 265 f.

729 Zur Bestimmung des marktüblichen Zinses vgl. bereits oben unter § 11 I 2.

730 Vgl. hierzu bereits oben unter § 11 III 1 b cc aaa.

731 Vgl. zu den wenigen Fällen, in denen eine Bestimmung des Umfangs der Versorgungshaftung möglich ist, oben unter § 11 III 1 b cc bbb (2).

732 Vgl. BGH NJW 2014, 1652 (Grundstückskauf).

733 Eickelmann Jura 2011, 451, 453. Zu den Vertragstypen, bei denen die Rechtsprechung aufgrund eines besonders groben Missverhältnisses der gegenseitigen Leistungen

und Privatpersonen[734]. Hier tritt eine Privatperson meist aus Geldnöten an ein Kreditinstitut heran und bittet um die Bereitstellung einer Geldsumme. Während die Privatperson mit einer wirtschaftlich schwachen Position in die Vertragsverhandlungen einsteigt, hat das Kreditinstitut von Anfang an eine wirtschaftlich stärkere Ausgangsposition inne[735]. Ähnliches gilt für Maklerverträge[736], bei welchen der Makler aufgrund seiner besonderen Sachkunde und Erfahrung auf dem Immobilienmarkt mit einer stärkeren Position in die Verhandlungen eintritt als der – meist unerfahrene – Immobilieninteressent[737]. In all diesen Fällen findet der Schluss von einem auffälligen, groben Missverhältnis auf eine verwerfliche Gesinnung des Übervorteilenden seine Rechtfertigung darin, dass erfahrungsgemäß außergewöhnliche Leistungen nicht ohne Not oder einen anderen, den Übervorteilten hemmenden Umstand zugestanden werden und der Übervorteilende diese Erfahrung teilt[738].

bbb) Ausnahmen von der Vermutung

Von einem solchen Beweisanzeichen kann man allerdings nicht ohne Weiteres ausgehen, wenn die Besonderheiten des Einzelfalles einem Rückschluss auf eine verwerfliche Gesinnung entgegenstehen[739].

(1) Kaufmann

So gilt die tatsächliche Vermutung einer verwerflichen Gesinnung in der Regel nicht, wenn der Übervorteilte Kaufmann ist[740]. Denn ein Kaufmann befindet sich bei Vertragsverhandlungen regelmäßig nicht in einer Benachteiligungssituation (wirtschaftlich schwache Stellung, Unerfahrenheit)[741].

---

regelmäßig auf eine verwerfliche Gesinnung des Übervorteilenden schließt, siehe oben unter § 11 II 2.

734 BGH NJW 1986, 2564, 2565; 2004, 3553, 3555; vgl. auch Armbrüster, in: Münchener Kommentar zum Bürgerlichen Gesetzbuch, Band 1, 7. Auflage, § 138 Rn. 116.

735 Vgl. zu Ratenkreditverträgen und Finanzierungsleasingverträgen Eickelmann Jura 2011, 451, 453.

736 BGH NJW 1994, 1475.

737 Eickelmann Jura 2011, 451, 453.

738 BGHZ 146, 298, 302 f. (betr. Grundstückskauf); BGH NJW 2012, 2723 (allgemein).

739 BGH NJW 2012, 2723; vgl. auch Palm/Arnold, in: Erman, BGB, Band I, 13. Auflage, § 138 Rn. 199.

740 BGH NJW 1991, 1810, 1811; 1995, 1019, 1022; 2003, 2230, 2231.

741 Eickelmann Jura 2011, 451, 453.

(2) Internetversteigerungen

Darüber hinaus lehnte der BGH bei einem über die Online-Auktionsplattform „eBay" abgeschlossenen Kauf eines Mobiltelefons den Schluss auf eine verwerfliche Gesinnung des Bieters ab, obwohl der (vom Bieter behauptete) Wert des Mobiltelefons den gebotenen Höchstpreis um das Zwölffache überstieg[742]. Zur Begründung führte der BGH aus, dass sich die Situation einer Internetversteigerung grundlegend von den bisher entschiedenen Fällen unterscheiden würde, in denen sich in den Vertragsverhandlungen, welche zu den Zugeständnissen des Übervorteilten führten, ausschließlich die Vertragsparteien gegenübergestanden hätten[743]. Es mache gerade den Reiz einer (Internet-)Auktion aus, mit der Abgabe eines zunächst niedrigen Angebots die Chance wahrzunehmen, den Versteigerungsgegenstand zu einem besonders günstigen Preis zu erwerben, während umgekehrt der Anbieter durch das gegenseitige Überbieten einen verhältnismäßig hohen Kaufpreis erzielen könne[744].

Der Ansicht des BGH ist zuzustimmen. Wie der BGH richtig erkannt hat, ist der erzielte Kaufpreis bei Internetversteigerungen letztlich Folge verschiedener taktischer Vorgänge und nicht etwa einer wirtschaftlichen oder psychischen Schwächesituation einer Vertragspartei, insbesondere des Verkäufers. Der Verkäufer wird regelmäßig ein relativ niedriges Mindestgebot wählen, um möglichst viele Bieter anzuziehen und dadurch im Wege des gegenseitigen Überbietens einen möglichst hohen Preis zu erzielen[745]. Je nachdem, wie viele Bieter „angelockt" werden und wie sie sich im Zusammenspiel miteinander überbieten, kann es zu einem niedrigen oder hohen Kaufpreis kommen. Dieser Unwägbarkeit ist sich der Verkäufer durchaus bewusst. Deshalb kann man grundsätzlich nicht davon ausgehen, dass der Verkäufer – sollte ein völlig unter dem Wert des Artikels liegender Kaufpreis erzielt werden – das Mindestgebot aufgrund einer bei ihm vorliegenden Benachteiligungssituation eingestellt hat[746]. Zwar kann es in Einzelfällen durchaus vorkommen, dass ein niedriges Mindestgebot aufgrund einer

---

742 BGH NJW 2012, 2723.

743 BGH NJW 2012, 2723.

744 BGH NJW 2012, 2723, 2724; vgl. auch OLG Oldenburg NJW 2004, 168, 169; OLG Köln CR 2007, 598, 600 f.

745 Eickelmann Jura 2011, 451, 454.

746 Eickelmann Jura 2011, 451, 454. Vgl. zu der typischerweise bei einem Schluss auf die verwerfliche Gesinnung vorliegenden Benachteiligungsituation bereits oben unter § 11 III 2 b bb aaa.

Benachteiligungssituation erfolgt[747]. Da dies bei Internetversteigerungen wohl eher die Ausnahme ist, wäre die Vermutung einer verwerflichen Gesinnung, welche allein auf einen Vergleich des Marktwertes des Artikels mit dem erzielten Kaufpreis abstellen würde, realitätsfern[748].

Umgekehrt wird sich auch der Käufer taktisch entsprechend seines Ziels, ein „Schnäppchen" zu erlangen, verhalten. So wird er versuchen, erst möglichst spät ein Gebot abzugeben und dadurch ein preistreibendes mehrmaliges Überbieten verschiedener Bieter zu verhindern[749]. Wird der Preis dennoch infolge des Zusammenspiels mehrerer Bieter in die Höhe getrieben und kommt der Kaufvertrag letztlich mit einem völlig überhöhten Kaufpreis zustande, so ist auch dies regelmäßig nicht auf eine Benachteiligungssituation, sondern vielmehr auf ein taktisch unkluges Bieterverhalten des Käufers zurückzuführen.

Darüber hinaus bestünde erhebliche Rechtsunsicherheit darüber, wann von der Wirksamkeit des Rechtsgeschäfts ausgegangen werden könnte, wenn der Verkauf eines Artikels nur für den Fall der Erzielung eines „angemessenen" Preises verbindlich wäre[750].

(3) Zwischenergebnis

Ein auffälliges, grobes Missverhältnis zwischen Leistung und Gegenleistung lässt regelmäßig nur bei solchen Rechtsgeschäften den Schluss auf eine verwerfliche Gesinnung des Übervorteilenden zu, bei welchen eine Vertragspartei typischerweise wirtschaftlich schwächer oder unerfahrener als die andere Vertragspartei ist[751]. In solchen Fällen entspricht es der – auch vom Übervorteilenden geteilten – Lebenserfahrung, dass der Übervorteilte sich regelmäßig nur aufgrund einer Notsituation auf unangemessene Zugeständnisse einlässt.

Umgekehrt sind allerdings auch Fälle denkbar, bei denen das Wertverhältnis von Leistung und Gegenleistung regelmäßig durch den besonderen Charakter des Geschäftstyps bestimmt wird und nur in Ausnahmefällen eine Schwächesituation auf Seiten einer Partei in Frage kommt. Dies ist etwa der

747 So noch LG Saarbrücken, Urteil v. 21.08.2009 – 12 O 75/09, ZVertriebsR 2013, 323 (Vorinstanz von BGH NJW 2012, 2723), welches im Ergebnis davon ausgeht, dass man bei niedrigen Startpreisen in der Regel eine Schwächesituation des Verkäufers annehmen müsse und deshalb der Schluss auf die verwerfliche Gesinnung gerechtfertigt sei.

748 Vgl. auch Eickelmann Jura 2011, 451, 454.

749 Eickelmann Jura 2011, 451, 454.

750 OLG Köln CR 2007, 598, 600 f.; vgl. auch LG Bonn, Urteil vom 12.11.2004 – 1 O 307/04, BeckRS 2012, 17893.

751 Eickelmann Jura 2011, 451, 454.

Fall bei Internetversteigerungen, bei denen letztlich das taktische Verhalten der Beteiligten entscheidend für die Höhe des Kaufpreises ist[752]. Der Verkäufer wird den Artikel regelmäßig zu einem niedrigen Startpreis einstellen, um viele Bieter „anzulocken" und dadurch den Kaufpreis in die Höhe zu treiben, riskiert dadurch allerdings den Verkauf zu einem unangemessen niedrigen Kaufpreis. Der Käufer wird sich mit der Abgabe eines Gebots möglichst lange zurückhalten, um nicht ein gegenseitiges Überbieten durch mehrere Bieter auszulösen, riskiert aber dennoch die Zahlung eines hohen Kaufpreises, wenn er taktisch ungeschickt bietet. Deshalb ist bei Internetversteigerungen ein etwaiges grobes Missverhältnis der gegenseitigen Leistungen regelmäßig nicht auf eine einseitige Schwächesituation, sondern vielmehr auf ein von allen Beteiligten bewusst in Kauf genommenes Risiko zurückzuführen. Es würde weder der Lebenserfahrung noch den Besonderheiten von Internetversteigerungen entsprechen, wenn man allein anhand des Marktwertes des Artikels beurteilen würde, ob seitens des Übervorteilenden eine verwerfliche Gesinnung vorliegt. Aus diesem Grund gilt die Vermutung der verwerflichen Gesinnung bei Internetversteigerungen gerade nicht[753].

ccc) Anwendbarkeit der Vermutung auf Versorgungsregelungen

Fraglich ist, ob bei sozietätsvertraglichen Versorgungsregelungen die Vermutung der verwerflichen Gesinnung Anwendung findet. Hierzu muss ausgehend von den zuvor dargestellten Grundsätzen untersucht werden, in welcher Ausgangslage sich die Beteiligten regelmäßig befinden, wenn sie eine Versorgungsregelung treffen.

Die Jungsozien werden in einer etablierten Sozietät aufgenommen und können ohne eigene Anstrengungen von einem bestehenden Mandantennetzwerk profitieren[754]. Die Jungsozien erhoffen sich hierdurch die Erreichung ihrer beruflichen und wirtschaftlichen Ziele und nehmen dafür sogar in Kauf, persönlich für die Versorgungsansprüche der Altsozien zu haften. Dabei gehen die Jungsozien von einer möglichst langen Mitgliedschaft in einer umsatzstarken Sozietät aus und versprechen sich – selbst nach Abzug ihrer Versorgungslasten – hohe Gewinne.

752 Eickelmann Jura 2011, 451, 454.

753 Ellenberger, in: Palandt, Bürgerliches Gesetzbuch, 72. Auflage, § 138 Rn. 34c.

754 Offermann-Burckart NJW 2014, 434; Römermann NZG 1999, 822; vgl. auch OLG München NZG 1999, 821, 822.

Die Altsozien möchten dafür, dass sie die Jungsozien an ihrer langjährigen Aufbauleistung teilhaben lassen, für sich oder ihre Angehörigen eine Versorgung für das Alter sicherstellen[755]. Dabei erhoffen sie sich, dass ihre Versorgungsbezüge durch die erfolgreiche Weiterführung ihrer Sozietät erwirtschaftet und gewährleistet werden.

Was allerdings auf den ersten Blick nach einem für alle Beteiligten vorteilhaften Geschäftsabschluss aussieht, kann sich für eine Partei (oder gar für alle Parteien) schnell als ungünstiges Rechtsgeschäft entpuppen. Wenn die Sozietät – anders als erwartet – Umsatzrückgänge verzeichnet, kann eine persönliche Versorgungsverpflichtung der Jungsozien schnell zu einer unliebsamen Last werden. Dies gilt umso mehr für etwaige Witwen- oder Waisenrenten, da diese Personen der Sozietät noch weniger nahe stehen als die bereits ausgeschiedenen Altsozien[756]. Darüber hinaus kann es zu Streitigkeiten unter den aktiven Partnern und damit zu einer Kündigung des Sozietätsverhältnisses kommen. Schlimmstenfalls müssen kündigende Sozien trotz ihres Ausscheidens aus der Sozietät weiterhin Versorgungsleistungen an die Altsozien erbringen. Diese Versorgungslast kann aufgrund der steigenden Lebenserwartung sogar bis ins hohe Lebensalter der Altsozien bzw. ihrer Angehörigen fortbestehen.

Für Altsozien können unvorhergesehene Umsatzrückgänge besonders schmerzhaft sein, weil nicht nur ihre lebenslange Aufbauleistung, sondern darüber hinaus auch ihre Versorgungsbezüge gefährdet werden. Dies gilt insbesondere für die Fälle, in denen für sämtliche Versorgungsleistungen eine Höchstgrenze (z.B. 20% des Jahresgewinnes) vorgesehen ist, bei deren Nichterreichung die Versorgung auch nicht ausgezahlt werden muss[757].

Wie die vielen Unwägbarkeiten zeigen, gehen alle Beteiligten bei der Vereinbarung sozietätsvertraglicher Versorgungsregelungen bewusst Risiken ein. Diese können darin bestehen, dass die Jungsozien langfristig Versorgungsleistungen erbringen müssen, obwohl sie wegen Umsatzeinbußen oder Ausscheidens aus der Sozietät kaum oder keine Gewinne aus der Sozietät erhalten. In Anbetracht der steigenden Lebenserwartung und der Ungewissheit über die Lebensdauer und die Anzahl von Versorgungsberechtigten kann der Umfang der Versorgungshaftung schnell in ein krasses Missverhältnis zur Gegenleistung geraten. Umgekehrt birgt die Vereinbarung einer Versorgungsregelung, welche sich am Jahresgewinn der Sozietät orientiert[758], für die Altsozien das Risiko, dass sie bei

755 Offermann-Burckart NJW 2014, 434; Römermann NZG 1999, 822.
756 Schmid, in: Kraus/Kunz u.a., Sozietätsrecht, 2. Auflage, § 8 Rn. 112.
757 Schmid, in: Kraus/Kunz u.a., Sozietätsrecht, 2. Auflage, § 8 Rn. 111.
758 Vgl. hierzu etwa oben unter § 1 II 3 a.

einem schlechten Geschäftsjahr nur sehr geringe Versorgungsbezüge erhalten, obwohl die Jungsozien von ihrem Mandantennetzwerk und dem guten Ruf der Sozietät profitieren.

Wenn nun die Vereinbarung einer Versorgungsregelung für eine Vertragspartei eine unangemessene Benachteiligung mit sich bringt, ist dies regelmäßig keine Folge einer bestimmten Schwächesituation eines der Beteiligten. Vielmehr führen die benannten Unwägbarkeiten typischerweise dazu, dass sich Leistung und Gegenleistung der Parteien nicht immer annähernd angemessen gegenüberstehen. Ähnlich wie bei einer Internetversteigerung verfolgen die Parteien jeweils ein bestimmtes Ziel, für dessen Erreichung sie bewusst gewisse Risiken eingehen. Zwar kann die Vereinbarung einer Versorgungsregelung in Ausnahmefällen aus einer bestimmten Notlage heraus resultieren. Dies rechtfertigt allerdings nicht die Vermutung einer verwerflichen Gesinnung des Übervorteilenden, da dies voraussetzt, dass die Schwächesituation gerade charakteristisch für diesen Geschäftstyp ist[759].

Hieraus folgt, dass die Vermutung der verwerflichen Gesinnung bei Versorgungsregelungen nicht anwendbar ist. Vielmehr steht der besondere Charakter von Versorgungsregelungen einer solchen Beweiserleichterung entgegen. Dem Übervorteilten wird dadurch nicht etwa der Schutz des § 138 Abs. 1 BGB versagt. Ihm wird lediglich aufgegeben, die verwerfliche Gesinnung im Einzelfall nachzuweisen, was vor dem Hintergrund, dass ein Missverhältnis von Leistung und Gegenleistung erfahrungsgemäß nicht auf einer Schwächesituation beruht, gerechtfertigt erscheint.

cc) Zwischenergebnis

Die Rechtsprechung, wonach aufgrund eines besonders groben Missverhältnisses der gegenseitigen Leistungen auf eine verwerfliche Gesinnung des Übervorteilenden geschlossen werden kann, ist auf die Überprüfung sittenwidriger Äquivalenzstörungen infolge sozietätsvertraglicher Versorgungsregelungen nach § 138 Abs. 1 BGB nicht übertragbar. Dies liegt einerseits daran, dass sich ein grobes, besonders krasses Missverhältnis im Einklang mit der höchstrichterlichen Rechtsprechung nur aufgrund des objektiven Wertes der gegenseitigen Leistungen ermitteln lässt, dieser jedoch im Falle einer Versorgungsregelung nicht bestimmbar ist. Darüber hinaus ist die Vermutung der verwerflichen Gesinnung aufgrund der Besonderheiten bei der Vereinbarung von Versorgungsregelungen nicht anwendbar.

---

759 Eickelmann Jura 2011, 451, 454.

Dies hat zur Folge, dass die Jungsozien das Vorliegen einer verwerflichen Gesinnung der Altsozien nachweisen müssen, was jedoch kaum möglich sein wird[760].

c) Zwischenergebnis

Im Ergebnis stellt auch der Tatbestand des „wucherähnlichen Rechtsgeschäfts" nach § 138 Abs. 1 BGB keine passende Norm dar, um die Wirksamkeit von Versorgungsregelungen verlässlich und rechtssicher überprüfen zu können. Wie beim Wuchertatbestand gem. § 138 Abs. 2 BGB dürfte es erhebliche Schwierigkeiten bereiten, das Vorliegen der Tatbestandsvoraussetzungen des wucherähnlichen Rechtsgeschäfts zu begründen und nachzuweisen, nicht zuletzt deshalb, weil die von der Rechtsprechung entwickelte Vermutungsregelung für die verwerfliche Gesinnung des Übervorteilenden bei sozietätsvertraglichen Versorgungsregelungen keine Anwendung findet.

§ 12 Sittenwidrige Freiheitsbeschränkung durch Versorgungsregelung

Da sich Jungsozien wegen einer etwaigen, für den Fall des Ausscheidens aus der Sozietät fortbestehenden Versorgungsverpflichtung von einer Kündigung abgehalten sehen können, stellt sich nicht nur die Frage nach einer unzulässigen Kündigungsbeschränkung nach § 723 Abs. 3 BGB, sondern auch nach einer sittenwidrigen Freiheitsbeschränkung gem. § 138 Abs. 1 BGB[761].

I. Allgemeine Überlegungen

Verpflichtungsgeschäfte bringen bis zu einem gewissen Grad notwendigerweise eine Freiheitsbeschränkung der Parteien mit sich. Allerdings können diese Freiheitsbeschränkungen so weit gehen, dass hierdurch ein die Sittenwidrigkeit des Rechtsgeschäfts auslösendes Maß überschritten wird[762]. Da § 138 Abs. 1 BGB auf die Wahrung der Persönlichkeitsentfaltung abzielt, sind Rechtsgeschäfte namentlich dann sittenwidrig, wenn sie mit einer Einschränkung des Persönlichkeitsrechts

760 Vgl. bereits zum Nachweis der subjektiven Voraussetzungen des § 138 Abs. 2 BGB oben unter § 11 III 1 c.

761 Vgl. zum Sittenwidrigkeitskriterium der Freiheitsbeschränkung bereits oben unter § 10 III.

762 Armbrüster, in: Münchener Kommentar zum Bürgerlichen Gesetzbuch, Band 1, 6. Auflage, § 138 Rn. 68.

des Betroffenen einhergehen[763]. So sind rechtgeschäftliche Verpflichtungen zur Wahl oder zum Wechsel einer bestimmten Konfession ebenso sittenwidrig[764] wie ein Scheidungsvergleich, welcher die freie Wahl des Wohnsitzes beschränkt[765], oder die Verpflichtung zur Einnahme empfängnisverhütender Mittel[766].

Darüber hinaus schützt § 138 Abs. 1 BGB die wirtschaftliche Entscheidungsfreiheit der an einem Rechtsgeschäft Beteiligten. So werden sog. „Knebelungsverträge", welche die geschäftliche Selbständigkeit des Betroffenen gänzlich aufheben, als Verstoß gegen die guten Sitten angesehen. Das Vorliegen eines Knebelungsvertrages wurde beispielsweise in einem Fall angenommen, in welchem einem Autor durch seinen Verlag die Verpflichtung auferlegt wurde, künftig alle seine Werke ohne Gegenleistung dem Verlag anzubieten[767]. Auch die einseitige Erwerbsverpflichtung eines Eigenheiminteressenten wurde als sittenwidrige Knebelung angesehen[768].

Weitere prominente Fälle sittenwidriger Einschränkung der wirtschaftlichen Entscheidungsfreiheit bilden überlange Bierlieferungsverträge (durch welche die Dauer der Pflicht zur Abnahme einer bestimmten Biersorte an die Laufzeit eines von der Brauerei gewährten Darlehens gekoppelt wird) mit einer Laufzeit von mehr als 20 Jahren[769], überlange Automaten-Aufstellverträge[770] sowie Wettbewerbsverbote, welche ausscheidende Sozien für mehr als zwei Jahre binden[771].

II. Insbesondere: Freiheitsbeschränkungen in Gesellschaften

Gesellschaftsrechtliche Zusammenschlüsse führen zwangsläufig zu einer Beschränkung der Entscheidungsfreiheit, da sich die Gesellschafter in den Dienst der gemeinsamen Zweckerreichung stellen. Dabei bergen besonders weitgehende

763 Vgl. Armbrüster, in: Münchener Kommentar zum Bürgerlichen Gesetzbuch, Band 1, 6. Auflage, § 138 Rn. 69 f.
764 Armbrüster, in: Münchener Kommentar zum Bürgerlichen Gesetzbuch, Band 1, 6. Auflage, § 138 Rn. 69.
765 BGH NJW 1972, 1414, 1415.
766 BGH NJW 1986, 2043, 2045.
767 BGHZ 22, 347, 355.
768 BGH MDR 1974, 1006.
769 BGH NJW 1985, 2693, 2695; 1992, 2145.
770 BGHZ 51, 55, 56.
771 BGH NJW 2004, 66; vgl. auch OLG Stuttgart NJW 2002, 1431, 1432 (nachvertragliches Wettbewerbsverbot von sieben Jahren).

Freiheitsbeschränkungen die Gefahr sittenwidriger Knebelung nach § 138 Abs. 1 BGB[772].

1. *Freiheitsbeschränkung durch Bindung an die Gesellschaft*

Neben Freiheitsbeschränkungen in Bezug auf das laufende Gesellschaftsverhältnis[773] finden sich in Gesellschaftsverträgen häufig Beschränkungen, welche im Zusammenhang mit der Beendigung des Gesellschaftsverhältnisses stehen. Hierunter fallen solche Regelungen, welche die Gesellschafter – sei es mittelbar oder unmittelbar – an die Gesellschaft binden und damit die Entscheidungsfreiheit über den Austritt aus der Gesellschaft einschränken. Zu den Vereinbarungen, welche eine mittelbare bzw. faktische Bindung der Gesellschafter an die Gesellschaft mit sich bringen können, gehören z. B. vertragliche Abfindungsklauseln[774]. Namentlich können Abfindungsklauseln, welche für den Fall des Ausscheidens aus der Gesellschaft einen Abfindungsausschluss vorsehen oder die Höhe des Abfindungsanspruchs beschränken, faktisch dazu führen, dass die Gesellschafter die mit dem Ausschluss oder der Beschränkung der Abfindung verbundene Vermögenseinbuße nicht in Kauf nehmen möchten und sich deshalb von einem Austritt aus der Gesellschaft abgehalten sehen[775].

Eine unmittelbare Bindung an die Gesellschaft beinhalten solche Vereinbarungen, welche die Kündigungsmöglichkeit der Gesellschafter für eine fest bestimmte Zeit ausschließen. So wurde die Errichtung einer Rechtsanwaltssozietät unter

---

772 Vgl. auch Armbrüster, in: Münchener Kommentar zum Bürgerlichen Gesetzbuch, Band 1, 6. Auflage, § 138 Rn. 80.

773 Z. B. sog „Hinauskündigungsklauseln", wonach Gesellschafter ohne das Vorliegen eines sachlichen Grundes aus der Gesellschaft ausgeschlossen werden können. Solche Hinauskündigungsklauseln sind grundsätzlich unter dem Aspekt sittenwidriger Freiheitsbeschränkungen nach § 138 Abs. 1 BGB nichtig, da sie die betroffenen Gesellschafter permanent einem gewissen Druck aussetzen, der dazu führen kann, dass sie unter dem Eindruck, der Willkür der ausschließungsberechtigten Gesellschafter ausgesetzt zu sein, von der Ausübung ihrer Mitgliedschaftsrechte Abstand nehmen. Vgl. näher hierzu Hefermehl, in: Soergel, BGB, 13. Auflage, § 138 Rn. 140; Armbrüster, in: Münchener Kommentar zum Bürgerlichen Gesetzbuch, Band 1, 6. Auflage, § 138 Rn. 83.

774 Armbrüster, in: Münchener Kommentar zum Bürgerlichen Gesetzbuch, Band 1, 6. Auflage, § 138 Rn. 81 f.; vgl. hierzu bereits im Zusammenhang mit § 723 Abs. 3 BGB oben unter § 3 I 2 b bb und cc.

775 Brückner, Die Kontrolle von Abfindungsklauseln in Personengesellschafts- und GmbH-Verträgen, S. 116; vgl. zu den Voraussetzungen einer sittenwidrigen Freiheitsbeschränkung durch Abfindungsklauseln unten unter § 12 II 2.

Ausschluss des Kündigungsrechts auf eine Dauer von 30 Jahren für sittenwidrig gem. § 138 Abs. 1 BGB gehalten[776].

2. *Sittenwidrige Freiheitsbeschränkung durch Abfindungsklauseln*

Grundsätzlich sind gesellschaftsvertragliche Abfindungsbeschränkungen als legitim und zulässig anzusehen, weil sie der Vereinfachung der Abrechnung dienen oder die Gesellschaft vor einem zu hohen Kapitalabfluss schützen sollen[777]. Bei erwerbswirtschaftlich tätigen GbRs (z. B. Freiberufler-Sozietäten) unterliegen solche Vereinbarungen allerdings einer Inhaltskontrolle nach 138 Abs. 1 BGB unter dem Aspekt sittenwidriger Knebelung[778].

a) Bisherige Rechtsprechung

Die höchstrichterliche Rechtsprechung hat gesellschaftsvertragliche Abfindungsregelungen in einer Vielzahl von Entscheidungen nach dem Wertmaßstab des § 138 Abs. 1 BGB überprüft[779]. So hielt das Reichsgericht den Ausschluss jedes Abfindungsanspruchs für sittenwidrig[780]. Der BGH sah – unabhängig vom Vorliegen besonderer sachlicher Gründe – die Beschränkung der Abfindung auf die Hälfte des Buchwertes[781] und – für den Fall einer „Hinauskündigung"[782] oder eines Ausschlusses ohne wichtigen Grund[783] – sogar eine Abfindungsbeschränkung auf den vollen Buchwert als sittenwidrig nach § 138 Abs. 1 BGB an.

---

776 OLG Düsseldorf NJW-RR 2005, 288. In der Revisionsinstanz ließ der BGH offen, ob die 30-jährige Bindungsfrist des Sozietätsvertrages gem. § 138 Abs. 1 BGB sittenwidrig war und bejahte stattdessen einen Verstoß gegen § 723 Abs. 3 BGB, vgl. BGH NJW 2007, 295, 296 f.

777 Sprau, in: Palandt, Bürgerliches Gestzbuch, 72. Auflage, § 138 Rn. 7; Dauner-Lieb ZHR 158, 271, 273; vgl. zu Buchwertklauseln bereits oben unter § 3 I 2 b cc bbb (1).

778 Sprau, in: Palandt, Bürgerliches Gesetzbuch, 72. Auflage, § 138 Rn. 7. Bei GbRs mit ideeller Zwecksetzung sind Abfindungsbeschränkungen (und sogar Abfindungsausschlüsse) uneingeschränkt zulässig; vgl. BGHZ 135, 387, 390 f.

779 RG Recht 1909 Nr. 2387; BGH WM 1962, 462, 463 (betr. KG); BGH WM 1978, 1044, 1045 (betr. KG); BGH NJW 1989, 2685, 2686 (betr. KG).

780 RG Recht 1909 Nr. 2387.

781 BGH NJW 1989, 2685, 2686. In dem entschiedenen Fall hatte der ausscheidende Gesellschafter, dem aus wichtigem Grund gekündigt wurde, seine Einlage vom herrschenden Gesellschafter geschenkt bekommen.

782 BGH WM 1978, 1044, 1045. Vgl. zum Begriff der sog „Hinauskündigung" bereits oben unter Fn. 773.

783 BGH WM 1962, 462, 463.

In den genannten Entscheidungen ging es jeweils um gesellschaftsvertragliche Abfindungsklauseln, welche die ausscheidenden Gesellschafter von vornherein in sittenwidriger Weise benachteiligten[784]. Als Ansatzpunkt für die gerichtliche Überprüfung einer sittenwidrigen Freiheitsbeschränkung wurde in allen Gerichtsentscheidungen die Frage herangezogen, ob zwischen der vertraglich vereinbarten Abfindung und dem wahren Wert des Anteils ein „erheblich(es)" Missverhältnis besteht[785]. Auch wenn sich – vor allem bei wirtschaftlich erfolgreichen Unternehmen – erst nach Vertragsschluss im Laufe der Zeit ein erhebliches Missverhältnis zwischen vereinbartem und wirklichem Anteilswert entwickelte, nahm der BGH[786] noch bis in die 1980er-Jahre hinein Sittenwidrigkeit an[787]. Allerdings hat sich der BGH zwischenzeitlich der Kritik aus der Literatur[788] angeschlossen und in Abänderung seiner bisherigen Rechtsprechung erklärt, dass eine ursprünglich wirksame, weder nach § 138 BGB zu beanstandende noch das Kündigungsrecht entgegen § 723 Abs. 3 BGB beeinträchtigende Abfindungsklausel nicht dadurch nichtig werde, dass sich Abfindungsanspruch und tatsächlicher Anteilswert im Laufe der Zeit immer weiter voneinander entfernten[789]. Die vertragliche Regelung als solche bleibe wirksam. Vielmehr müsse man sich die Frage stellen, welchen Inhalt die Abfindungsvereinbarung unter Berücksichtigung der Grundsätze von Treu und Glauben habe und ob sie eventuell in Anbetracht der geänderten Verhältnisse durch ergänzende Vertragsauslegung anzupassen sei[790]. Demnach stellt sich der BGH zunächst die Frage, ob die Parteien, hätten sie bei Vertragsschluss die

784 Vgl. auch BGH ZIP 1993, 1160, 1161.

785 BGH WM 1978, 1044, 1045 (Beschränkung des Abfindungsanspruchs, die zur Folge habe, dass dieser "erheblich" hinter dem Wert des Anteils zurückbleibe, sei in der Regel nach § 138 Abs. 1 BGB unwirksam); BGH NJW 1989, 2685, 2686 (Beschränkung der Abfindung auf die Hälfte des Buchwertes entferne sich "erheblich" vom gesetzlichen Leitbild des § 738 BGB); vgl. zur GmbH BGHZ 116, 359, 369 (eine Abfindungsbeschränkung enge das Recht eines austrittswilligen Gesellschafters, sich zum Austritt zu entschließen, unzumutbar im Sinne von § 138 Abs. 1 BGB ein, wenn hierdurch ein „grobes Mißverhältnis" zwischen dem vertraglichen Abfindungsanspruch und dem gesetzlichen Abfindungsanspruch begründet werde). Siehe auch Dauner-Lieb ZHR 158, 271, 274; Büttner, in: FS Nirk (1992), 119, 123.

786 BGH WM 1984, 1506, 1507 (betr. KG).

787 Vgl. auch Armbrüster, in: Münchener Kommentar zum Bürgerlichen Gesetzbuch, Band 1, 6. Auflage, § 138 Rn. 81.

788 Rasner NJW 1983, 2905, 2908; Büttner, in: FS Nirk (1992), 119, 124 f.

789 BGH ZIP 1993, 1611, 1612 (betr. KG).

790 BGH ZIP 1993, 1611, 1612; vgl. auch OLG Naumburg NZG 2000, 698, 700 (betr. GmbH), wo neben einer Anpassung der Abfindungsklausel im Wege der ergänzenden

spätere Entwicklung der Diskrepanz zwischen vereinbartem und tatsächlichem Anteilswert in Betracht gezogen, es gleichwohl bei der vereinbarten Abfindung belassen hätten oder ob sie bei einer angemessenen Abwägung ihrer Interessen nach Treu und Glauben als redliche Parteien jener Entwicklung durch eine anderweitige vertragliche Bestimmung Rechnung getragen hätten[791]. Nur im letzten Fall füllt der BGH die so festgestellte Vertragslücke im Wege der ergänzenden Vertragsauslegung. Die durch die Auslegung ermittelte Abfindungsvereinbarung der Gesellschafter wird sodann im nächsten Schritt inhaltlich auf ihre Wirksamkeit hin überprüft[792]. Trotz dieser Rechtsprechungsänderung hat der BGH das Kriterium des erheblichen Missverhältnisses für die Feststellung der Sittenwidrigkeit einer Abfindungsklausel nicht aufgegeben[793].

Bis auf ganz wenige Fälle, in denen der BGH eine Abfindungsbeschränkung bei Unterschreitung einer bestimmten Wertgrenze als in jedem Fall sittenwidrig ansieht[794], verzichtet der BGH bislang auf die Festlegung eines festen Maßes, ab welchem ein erhebliches, den ausscheidenswilligen Gesellschafter in seiner Freiheit beschränkendes Missverhältnis zwischen vertraglichem und wirklichem Anteilswert bejaht werden kann[795]. Vielmehr bestimmt der BGH im Wege einer umfassenden, einzelfallbezogenen Abwägung der Interessen des ausscheidenden Gesellschafters und der Gesellschaft, ob eine Abfindungsbeschränkung ein erhebliches Missverhältnis zum wahren Anteilswert begründet[796]. Der Rechtsprechung des BGH lässt sich entnehmen, dass die Grenze zu einer sittenwidrigen Abfindungsbeschränkung je nach den Umständen des Einzelfalls unterschiedlich hoch zu ziehen ist. So wird in den Fällen der grundlosen Hinauskündigung bereits eine Beschränkung der Abfindung auf den Buchwert als sittenwidrig angesehen[797], während in den Fällen einer Ausschließung aus wichtigem Grund die

---

Vertragsauslegung auch eine Anpassung des Abfindungsanspruchs nach den Grundsätzen der Störung der Geschäftsgrundlage für möglich gehalten wird.

791 BGH ZIP 1993, 1611, 1613.

792 Vgl. Dauner-Lieb ZHR 158, 271, 277 f.

793 BGH ZIP 1993, 1611, 1613 (der BGH verwendet in dieser Entscheidung den Begriff „grobes“ Missverhältnis synonym).

794 BGH WM 1978, 1044, 1045 (26% des wahren Anteilswertes als "erhebliche(n) Beschränkung des Abfindungsanspruchs"); BGH NJW 1989, 2685, 2686 (Beschränkung der Abfindung auf die Hälfte des Buchwertes sei „nicht mehr als ein rechtlich zulässiger Abschlag“ anzusehen); vgl. auch Büttner, in: FS Nirk (1992), 119, 124.

795 Vgl. auch Büttner, in: FS Nirk (1992), 119, 124 und 129.

796 Büttner, in: FS Nirk (1992), 119, 135.

797 BGH WM 1978, 1044, 1045 (es sei denn, die Art des Anteilserwerbs oder die besondere Situation der Gesellschaft rechtfertigt eine stärkere Beschränkung des

Vermögensinteressen des Ausgeschiedenen hinter diejenigen der Gesellschaft treten und deshalb eine größere Abfindungsbeschränkung gerechtfertigt ist[798]. Während der Grund des Ausscheidens stets in der Abwägung zu berücksichtigen ist, liegt in dem Umstand, dass ein Gesellschafter beim Eintritt in die Gesellschaft seine Einlage von einem Mitgesellschafter geschenkt bekommen hat, kein die Abfindungsbeschränkung rechtfertigender Grund[799]. Denn laut BGH handelt es sich bei einem Gesellschafter, der aufgrund einer Schenkung der Kapitaleinlage in die Gesellschaft eingetreten ist, nicht um einen Gesellschafter „minderen Rechts", für welchen der durch § 138 BGB für Abfindungsbeschränkungen geforderte Mindeststandard keine Geltung hat[800].

b) Die Literatur

Die Literatur zieht für die Beurteilung der Sittenwidrigkeit einer freiheitsbeschränkenden Abfindungsvereinbarung nach § 138 Abs. 1 BGB den gleichen oder einen zumindest ähnlichen Maßstab wie die Rechtsprechung heran[801]. Während einige Autoren[802] auch das Kriterium eines „erheblichen Missverhältnis(ses)" nennen, stellen andere darauf ab, ob die Abfindungsklausel in dem Ausmaß der Abfindungsbeschränkung „völlig außer Verhältnis" zu den mit ihr verfolgten

---

Abfindungsanspruchs, z.B. wenn die zur Ausschließung ohne wichtigen Grund berechtigten Gesellschafter wegen besonderer Fähigkeiten und Begabungen das Gesellschaftsunternehmen tragen und dadurch der innere Wert des Unternehmens entscheidend von diesen Gesellschaftern abhängt).

798 Büttner, in: FS Nirk (1992), 119, 131. Vgl. zur Anerkennung des Bestandsinteresses der Gesellschaft, welche ein ausscheidender Gesellschafter aufgrund der Vereinbarung einer beschränkenden Abfindungsklausel zum Ausdruck bringt und gegen sich gelten lassen muss, Flume, Allgemeiner Teil des Bürgerlichen Rechts I/1, § 12 IV, S. 185.

799 BGH NJW 1989, 2685, 2686.

800 BGH NJW 1989, 2685, 2686. Vgl. zur Frage der Gesellschafterstellung „minderen Rechts" bereits oben unter § 4 IV 3 a.

801 Brückner, Die Kontrolle von Abfindungsklauseln in Personengesellschafts- und GmbH-Verträgen, S. 140 ff.; Büttner, in: FS Nirk (1992), 119, 121; Mentz DStR 2007, 453, 455; Hadding/Kießling, in: Soergel, BGB, 13. Auflage, § 738 Rn. 44; Sack/Fischinger, in Staudinger, BGB, Buch 1, Neubearbeitung 2011, § 138 Rn. 478 ff.; offen lassend hingegen Dauner-Lieb ZHR 158, 271, 288. Kritisch gegenüber der Rechtsprechung des BGH Sigle ZGR 1999, 659, 663 f.

802 Sack/Fischinger, in Staudinger, BGB, Buch 1, Neubearbeitung 2011, § 138 Rn. 478.

Zwecken steht[803] oder ein „gravierendes, anderweitig nicht zu rechtfertigendes Missverhältnis“ zwischen vertraglicher Abfindung und wirklichem Anteilswert gegeben ist[804]. Andere Autoren ziehen für die Beurteilung einer sittenwidrigen Freiheitsbeschränkung die Frage heran, ob sich die vertragliche Abfindung so weit vom gesetzlichen Leitbild des § 738 BGB entfernt, dass der Regelungszweck dieser Vorschrift, dem Gesellschafter eine angemessene Abfindung zu gewährleisten, völlig verfehlt wird[805]. Die h.L. lässt im Falle des Abfindungsausschlusses in der Regel die Nichtigkeitsfolge des § 138 Abs. 2 BGB eingreifen[806], während sie bei Buchwertklauseln nur in Ausnahmefällen eine sittenwidrige Freiheitsbeschränkung annimmt[807].

In der Rechtsliteratur ist umstritten, ob sich ein freiheitsbeschränkendes Missverhältnis anhand eines festen prozentualen Wertverhältnisses zwischen vereinbartem und wahrem Anteilswert bestimmen lässt. Nach einer vorzugswürdigen Auffassung ist dies zu verneinen[808]. Anknüpfungspunkt für die Bestimmung eines erheblichen Missverhältnisses ist die Frage, ob sich ein Gesellschafter hierdurch von der Ausübung seines Kündigungsrechts abgehalten sieht. Diese Frage lässt sich nicht pauschal aufgrund fester Wertgrenzen beantworten, sondern muss differenziert anhand der Besonderheiten des Einzelfalls beurteilt werden[809].

---

803 Brückner, Die Kontrolle von Abfindungsklauseln in Personengesellschafts- und GmbH-Verträgen, S. 140.

804 Büttner, in: FS Nirk (1992), 119, 121.

805 Mentz DStR 2007, 453, 455.

806 Habermeier, in: Staudinger, BGB, Buch 2, Dreizehnte Bearbeitung 2003, § 738 Rn. 23; Hadding/Kießling, in: Soergel, BGB, 13. Auflage, § 738 Rn. 52; Schäfer, in: Münchener Kommentar zum Bürgerlichen Gesetzbuch, Band 5, 6. Auflage, § 738 Rn. 45; Knöchlein DNotZ 1960, 452, 455; a.A. Heckelmann, Abfindungsklauseln in Gesellschaftsverträgen, S. 112 f, 123 f.

807 Habermeier, in: Staudinger, BGB, Buch 2, Dreizehnte Bearbeitung 2003, § 738 Rn. 23; Schilling ZGR 1979, 419 ff.; Hirtz BB 1981, 761, 764 f.; Ulmer NJW 1979, 82, 84.

808 Büttner, in: FS Nirk (1992), 119, 129 ff.; Flume, Allgemeiner Teil des Bürgerlichen Rechts I/1, § 12 IV, S. 187; Westermann, in: Erman, BGB, Band I, 13. Auflage, § 738 Rn. 15; Kort DStR 1995, 1961, 1966, 1967; a.A. Erman, in: FS Westermann (1974), 75, 78 f.; Hadding/Kießling, in: Soergel, BGB, 13. Auflage, § 738 Rn. 47; Mecklenbrauck BB 2000, 2001, 2005 (jeweils Abfindungsbeschränkung auf 50% des tatsächlichen Anteilswertes als kritische Grenze); Ulmer/Schäfer ZGR 1995, 134, 153; Schäfer, in: Münchener Kommentar zum Bürgerlichen Gesetzbuch, Band 5, 6. Auflage, § 738 Rn. 52 (jeweils Abfindungsbeschränkung auf 2/3 des wirklichen Anteilswertes als kritische Grenze).

809 Westermann, in: Erman, BGB, Band I, 13. Auflage, § 738 Rn. 15; Büttner, in: FS Nirk (1992), 119, 129 f.; vgl. auch Brückner, Die Kontrolle von Abfindungsklauseln in Personengesellschafts- und GmbH-Verträgen, S. 139 f.

Die Anwendung starrer Richtwerte würde selbst in den Fällen, in denen sich ein Gesellschafter trotz einer Abfindungsbeschränkung auf unter 50% des wahren Anteilswertes nicht von einer Kündigung abgehalten sehen würde (etwa weil es sich um eine neu gegründete Freiberufler-Sozietät handelt, bei welcher ein Good Will noch kaum vorhanden ist), zu der unwiderleglichen Vermutung einer sittenwidrigen Freiheitsbeschränkung führen und damit die Vermögensinteressen der Gesellschaft ungebührlich vernachlässigen.

Neben der Frage, um was für eine Gesellschaft es sich handelt, sollen nach der vorzugswürdigen Literaturauffassung die Dauer der Mitgliedschaft des Ausscheidenden, Grund und Anlass seines Ausscheidens oder sein Anteil am Aufbau der Gesellschaft zu berücksichtigen sein[810].

III. Sittenwidrige Freiheitsbeschränkung durch Versorgungsregelungen

1. Bisherige Rechtsprechung / Literatur

Fraglich ist, ob sich dem Urteil des LG Heidelberg vom 18.08.2009[811] Maßstäbe für die Überprüfung sittenwidrig freiheitsbeschränkender Versorgungsregelungen entnehmen lassen.

In dieser Entscheidung beschäftigte sich das Gericht mit der Frage, ob eine Ausscheidensvereinbarung, nach der ein ausgeschiedener Jungsozius weiterhin persönlich (entsprechend der Höhe seiner Beteiligung an der Sozietät) für die Versorgungszahlungen an die Ehefrau eines verstorbenen Altsozius einstehen musste, gegen § 138 Abs. 1 BGB verstößt. Das Gericht verneinte dies mit der Begründung, dass die streitgegenständliche Ausscheidensvereinbarung die beiderseitigen Interessen in angemessener Art und Weise berücksichtige.

Zum einen hafte der ausgeschiedene Jungsozius nur anteilig für die Witwenrente und sei von der Haftung für sämtliche übrigen Dauerverpflichtungen der Sozietät freigestellt worden, sodass seine Haftung der Höhe nach überschaubar sei. Darüber hinaus sei die übernommene Versorgungsverpflichtung auch zeitlich überschaubar, weil die rentenberechtigte Witwe schon älteren Jahrgangs sei und die Haftung des Jungsozius ende, sobald er selbst Altersrente beziehe. Des

---

810 Westermann, in: Erman, BGB, Band I, 13. Auflage, § 738 Rn. 15. Laut Flume NJW 1979, 902 ff., und Huber ZGR 1980, 177, 193, sind gegenüber Gesellschaftern ohne Kapitalanteil weitgehendere Abfindungsbeschränkungen zulässig, weil es sich bei diesen um "Gesellschafter minderen Rechts" handeln soll.

811 LG Heidelberg NZG 2009, 1181, 1182. Zum Sachverhalt vgl. oben unter § 4 I 3.

Weiteren habe der ausgeschiedene Jungsozius eine Abfindung erhalten, welche gerade im Hinblick auf seine Dauerverpflichtung vereinbart worden sei.

Das Gericht zog zwar die Vorschrift des § 138 Abs. 1 BGB heran, ließ dabei jedoch offen, ob es die Ausscheidensvereinbarung unter dem Aspekt einer sittenwidrigen Freiheitsbeschränkung oder unter dem Aspekt einer sittenwidrigen Äquivalenzstörung (wucherähnliches Rechtsgeschäft) überprüfte.

Es ist sehr wahrscheinlich davon auszugehen, dass das LG Heidelberg die fortbestehende Versorgungshaftung nicht unter dem Aspekt einer sittenwidrigen Freiheitsbeschränkung überprüfte. Hiergegen spricht vor allem, dass die Ausscheidensvereinbarung (und damit auch die darin enthaltene fortbestehende Versorgungshaftung) den Kündigungswillen des Jungsozius gar nicht in sittenwidriger Weise einschränken konnte, weil diese erst vereinbart wurde, nachdem sich der betroffene Jungsozius bereits für den Austritt aus der Sozietät entschieden hatte. Die fortbestehende Versorgungshaftung resultierte gar nicht aus dem Sozietätsvertrag, sondern wurde mit dem Abschluss der separaten Ausscheidensvereinbarung nachträglich auf eine völlig neue rechtliche Grundlage gestellt[812]. Vielmehr stellte das Gericht der Versorgungsverpflichtung den Abfindungsanspruch gegenüber[813] und brachte damit zum Ausdruck, dass es auf die Frage des „auffälligen Missverhältnisses" der gegenseitigen Rechte und Pflichten und damit auf den Tatbestand des wucherähnlichen Rechtsgeschäfts abstellte.

Weitere Gerichtsentscheidungen, denen sich ein Prüfungsmaßstab für die Beurteilung sittenwidrig freiheitsbeschränkender Versorgungsregelungen entnehmen ließe, lassen sich nicht finden.

Auch in der Literatur finden sich hierzu keine Stimmen.

2. Rechtsgrundsätze zur Beurteilung von Versorgungsregelungen

Die Rechtsgrundsätze, welche für die Beurteilung sittenwidrig freiheitsbeschränkender Abfindungsklauseln gelten, lassen sich entsprechend für die Prüfung der Sittenwidrigkeit von sozietätsvertraglichen Versorgungsregelungen heranziehen. Denn bei der Vereinbarung einer Versorgungsverpflichtung, welche trotz Ausscheidens aus der Sozietät fortbesteht, ist eine vergleichbare Interessenlage gegeben wie bei der Beschränkung von Abfindungsansprüchen ausscheidender Sozien. In beiden Fällen geht das Ausscheiden aus der Sozietät mit einer Vermögenseinbuße einher, welche dazu führen kann, dass sich kündigungswillige (Jung-)Sozien von der Ausübung ihres Kündigungsrechts abgehalten sehen.

---

812 LG Heidelberg NZG 2009, 1181.
813 LG Heidelberg NZG 2009, 1181, 1182.

Bei Abfindungsklauseln wird die Vermögenseinbuße zunächst durch einen Vergleich der vertraglich vereinbarten Abfindung mit dem wahren Anteilswert bestimmt und sodann dahingehend überprüft, ob sie ein erhebliches Missverhältnis zwischen vertraglich vereinbartem und wahrem Anteilswert begründet. Anders als bei Abfindungsvereinbarungen fehlt bei Versorgungsregelungen allerdings eine entsprechende Vergleichsgröße[814]. Deshalb muss die kündigungsbedingte Vermögenseinbuße bei Versorgungsregelungen auf andere Weise bestimmt werden. Hierfür bietet sich ein Vergleich der Versorgungsverpflichtung mit den für den Fall des Ausscheidens gewährten Rechten der Jungsozien an. Ergibt dieser Vergleich, dass ein erhebliches Missverhältnis zwischen den mit der Versorgungsregelung einhergehenden Vermögensnachteilen und den Rechten der Jungsozien besteht, greift die Versorgungsregelung in sittenwidriger Weise in die Freiheit der Jungsozien ein.

3. *Maßgebliche Rechte*

Zu den für die Gegenüberstellung maßgeblichen Rechten gehören in erster Linie die konkreten sozietätsvertraglichen Vereinbarungen, welche den Jungsozien für den Fall ihres Ausscheidens aus der Sozietät Vorteile gewähren[815].

Hierzu zählt beispielsweise ein Abfindungsanspruch; vgl. § 738 Abs. 1 S. 2 BGB. Darüber hinaus ist eine etwaige, sozietätsvertraglich nicht ausgeschlossene Möglichkeit, Mandanten der Sozietät zu übernehmen oder zu bewerben, in der Abwägung zu berücksichtigen. Diese Aufzählung ist nicht abschließend, sodass je nach Fallgestaltung weitere Kompensationsmöglichkeiten in die Gesamtbetrachtung einbezogen werden können.

4. *Erhebliches Missverhältnis*

Von Teilen der Literatur wird die Einschlägigkeit bzw. Anwendbarkeit des § 138 Abs. 1 BGB auf Buchwertklauseln nur in den seltensten Fällen[816] bejaht. Dies sei dem Umstand geschuldet, dass zum (für die Beurteilung der Sittenwidrigkeit maßgeblichen) Zeitpunkt des Zustandekommens der Vereinbarung meist noch keine erhebliche Diskrepanz zwischen Buchwert und gesetzlicher Abfindung bestehe und eine solche auch nicht vorhersehbar sei, weil die beiden Werte erst mit

---

814 Vgl. hierzu bereits oben unter § 11 III 1 b cc aaa.

815 Vgl. – allerdings in Bezug auf § 723 Abs. 3 BGB – LG München I NJW 2014, 478, 479.

816 Z.B. Sittenwidrigkeit einer Buchwertabfindung für den Fall der Ausschließung ohne wichtigen Grund; vgl. Ulmer NJW 1979, 81, 84.

dem späteren Anstieg der stillen Reserven und/oder des Good Wills (erheblich) auseinander fallen würden[817].

Da es auch für die Beurteilung von Versorgungsregelungen nach § 138 Abs. 1 BGB auf den Zeitpunkt des Vertragsschlusses ankommt, können Versorgungsregelungen nach den von Teilen der Literatur[818] (in Bezug auf Buchwertklauseln) zu Recht vorgebrachten Überlegungen nur dann nach § 138 Abs. 1 BGB überprüft werden, wenn das Verhältnis zwischen den mit der Versorgungsverpflichtung verbundenen Nachteilen und den für den Fall des Ausscheidens aus der Sozietät gewährten Vorteilen zum Zeitpunkt der Vereinbarung (zumindest) vorhersehbar ist[819]. Zwar können die Sozien zum Zeitpunkt der Vereinbarung einer Versorgungsverpflichtung noch nicht abschätzen, welchen genauen Umfang diese letztlich haben wird[820]. Genauso wenig lässt sich bestimmen, welchen exakten Wert eine etwaige Möglichkeit der Mandantenmitnahme für die ausscheidenden Sozien hat[821]. Anders als bei der Beurteilung der Sittenwidrigkeit von Buchwertklauseln nach § 138 Abs. 1 BGB kommt es für die Bestimmung des erheblichen Missverhältnisses zwischen der Versorgungsverpflichtung und den für den Fall des Ausscheidens gewährten Vorteilen allerdings nicht auf eine Gegenüberstellung der exakten Werte an. Vielmehr ist im Rahmen der Beurteilung von Versorgungsregelungen nach § 138 Abs. 1 BGB auf die Frage abzustellen, ob die Rechte und Pflichten der Jungsozien in einem ausgewogenen Verhältnis zueinander stehen, was bereits zum Zeitpunkt des Vertragsschlusses und ohne die Heranziehung der genauen Werte beurteilt werden kann[822].

Dabei scheidet eine rein schematische Beurteilung eines erheblichen Missverhältnisses aus[823]. Da das (ohnehin nicht exakt bestimmbare) Wertverhältnis nach zutreffender Literaturansicht[824] allenfalls ein Indiz für oder gegen ein erhebliches

---

817 Schäfer, in: Münchener Kommentar zum Bürgerlichen Gesetzbuch, Band 5, 6. Auflage, § 738 Rn. 46; Brückner, in: Die Kontrolle von Abfindungsklauseln in Personengesellschafts- und GmbH-Verträgen, S. 141; Ulmer NJW 1979, 81, 82; a.A. etwa Dauner-Lieb ZHR 158, 271, 288; Weber, Buchwertabfindungsklauseln in Gesellschaftsverträgen von Personengesellschaften, S. 80.

818 Schäfer, in: Münchener Kommentar zum Bürgerlichen Gesetzbuch, Band 5, 6. Auflage, § 738 Rn. 46; Ulmer NJW 1979, 81, 82.

819 Vgl. zu Buchwertklauseln Dauner-Lieb ZHR 158, 271, 288.

820 Vgl. zu den Unwägbarkeiten bereits oben unter § 11 III 1 b cc bbb.

821 Vgl. hierzu ausführlich oben unter § 4 IV 1.

822 Vgl. (zu § 723 Abs. 3 BGB) bereits oben unter § 4 II 3 a und § 4 IV 6.

823 LG München I NJW 2014, 478, 479.

824 Büttner, in: FS Nirk (1992), S. 129.

Missverhältnis sein kann, kommt es bei Versorgungsregelungen umso mehr auf die sonstigen Umstände des Einzelfalles an.

a) Gegenüberstellung von Vor- und Nachteilen

Von einem erheblichen Missverhältnis kann ungeachtet sonstiger besonderer Umstände immer dann ausgegangen werden, wenn eine Versorgungsregelung mit einem Abfindungsausschluss und einer Mandantenschutzklausel kombiniert wird[825]. In einem solchen Fall steht den fortlaufenden Versorgungsleistungen überhaupt keine wirtschaftliche Kompensation gegenüber, welche dazu geeignet wäre, den Austrittswillen eines Jungsozius aufrechtzuerhalten. Vielmehr ist die drohende Vermögenseinbuße von solch erheblichem Umfang, dass der an sich kündigungswillige Sozius von der Ausübung seines Kündigungsrechts Abstand nehmen wird[826].

Wenngleich dies in der Praxis wohl kaum vorkommen wird, kann die Sittenwidrigkeit von Versorgungsregelungen nach § 138 Abs. 1 BGB immer dann verneint werden, wenn den versorgungsverpflichteten Jungsozien neben der gesetzlichen Abfindung die unbeschränkte Mitnahme von Mandanten gestattet ist[827]. Dasselbe wird für die Fälle anzunehmen sein, in denen eine Versorgungsregelung zwar mit einem Ausschluss des Abfindungsanspruchs oder dessen Beschränkung auf den Buchwert kombiniert wird, im Gegenzug jedoch auf eine Mandantenschutzklausel verzichtet wird[828]. Umgekehrt darf nichts anderes gelten, wenn die Versorgungsregelung zwar mit einer Mandantenschutzklausel verbunden wird, den Jungsozien jedoch der volle gesetzliche Abfindungsanspruch zusteht[829]. Denn in beiden Konstellationen wird der ausscheidende Jungsozius auf die eine oder andere Weise am Good Will der Sozietät beteiligt, sodass

---

825 In diesem Fall kann auch ein "auffälliges Missverhältnis" nach § 138 Abs. 2 BGB bejaht werden; vgl. oben unter § 11 III 1 b dd.

826 Vgl. bereits im Rahmen von § 723 Abs. 3 BGB oben unter § 4 IV 6 b cc.

827 In diesem Fall kann auch ein „auffälliges Missverhältnis“ nach § 138 Abs. 2 BGB verneint werden, vgl. oben unter § 11 III 1 b dd.

828 Zur Zulässigkeit von Abfindungsausschlüssen bzw. -beschränkungen bei Freiberufler-Sozietäten vgl. BGH NJW 1994, 796, 797 (als GbR organisierte ärztliche Gemeinschaftspraxis); 1995, 1551 (Steuerberatersozietät in der Rechtsform einer GbR); 2000, 2584 (Anwaltssozietät); vgl. auch Schäfer, in: Münchener Kommentar zum Bürgerlichen Gesetzbuch, Band 5, 6. Auflage, § 738 Rn. 52 und 67.

829 Zur Zulässigkeit von Mandantenschutzklauseln vgl. Schäfer, in: Münchener Kommentar zum Bürgerlichen Gesetzbuch, Band 5, 6. Auflage, § 738 Rn. 67 m.w.N.

eine sittenwidrige Einschränkung des Kündigungswillens nicht angenommen werden kann[830].

b) Grund des Ausscheidens

Insbesondere ist unter dem Gesichtspunkt der Schutzbedürftigkeit der Jungsozien nach dem Grund bzw. Anlass des Ausscheidens zu fragen. Dabei ist zwischen den Fällen einer ordentlichen Kündigung nach § 723 Abs. 1 S. 1 BGB und den Fällen einer außerordentlichen Kündigung gem. § 723 Abs. 1 S. 2. BGB zu unterscheiden.

Der ordentlich Kündigende tritt aus freien Stücken aus der Sozietät aus, obwohl er stattdessen Mitglied der Sozietät bleiben und über die Gewinnbeteiligung seine Versorgungsverpflichtungen finanzieren könnte. In diesen Fällen überwiegt das Versorgungsinteresse der Altsozien, da sie den Austritt des Jungsozius nicht durch eigenes vorwerfbares Verhalten veranlasst haben. Deshalb sind in den Fällen, in denen die Versorgungsverpflichtung trotz ordentlicher Kündigung fortbesteht, größere Vermögenseinbußen für ausscheidende Jungsozien gerechtfertigt.

Anders verhält es sich, wenn die Versorgungsverpflichtung auch bei einer außerordentlichen Kündigung nach § 723 Abs. 1 S. 2 u. 3 BGB fortbesteht. Zu einer außerordentlichen Kündigung entschließt sich ein Jungsozius wegen eines im Verhalten eines Mitgesellschafters liegenden wichtigen Grundes (z.B. weil ein Mitgesellschafter eine ihm nach dem Sozietätsvertrag obliegende wesentliche Verpflichtung vorsätzlich verletzt, vgl. § 723 Abs. 1 S. 3 Nr. 1 Alt. 1 BGB), der ihm die Fortsetzung des Gesellschaftsverhältnisses unzumutbar macht[831]. In diesen Fällen ist regelmäßig das Interesse des ausscheidenden Jungsozius an der Befreiung von den Versorgungsverbindlichkeiten höher zu bewerten als das Versorgungsinteresse der Altsozien, da sich der ausscheidende Jungsozius nicht freiwillig der Gewinnbeteiligung und damit der Grundlage für die Finanzierung der Versorgungsleistungen begibt. Deshalb können bereits kleinere Vermögenseinbußen zur Bejahung eines erheblichen Missverhältnisses führen.

---

830 In diesem Fall kann auch ein „auffälliges Missverhältnis“ nach § 138 Abs. 2 BGB verneint werden, vgl. oben unter § 11 III 1 b dd.

831 Vgl. Schäfer, in: Münchener Kommentar zum Bürgerlichen Gesetzbuch, Band 5, 6. Auflage, § 723 Rn. 28.

c) *Sonstige abwägungsrelevante Umstände*

Daneben können im Einzelfall weitere Umstände zu berücksichtigen sein. Hierzu zählt z. B. eine etwaige Beschränkung der Versorgungshaftung[832]. Wenn die fortbestehende Versorgungshaftung ausscheidender Jungsozien entsprechend der Höhe ihrer Beteiligung oder der Dauer ihrer Sozietätszugehörigkeit der Höhe nach und/oder zeitlich beschränkt ist[833], spricht dies gegen die freiheitsbeschränkende Wirkung einer Versorgungsregelung. Denn eine beschränkte und damit überschaubare Versorgungshaftung übt auf die Jungsozien in der Regel einen weniger kündigungsbeschränkenden Effekt aus als eine unbeschränkte, möglicherweise über Jahrzehnte hinweg fortbestehende Versorgungsverpflichtung.

Andersherum kann die fehlende Verpflichtung zur Zahlung eines Eintrittsgeldes wiederum eine größere Versorgungslast rechtfertigen, da die Jungsozien „unentgeltlich" von den bereits bestehenden Mandantenbeziehungen profitieren und – in Abwesenheit einer Mandantenschutzklausel – auch nach ihrem Ausscheiden aus der Sozietät die bisherigen Mandate weiterbetreuen können[834].

IV. Zwischenergebnis

Sozietätsvertragliche Versorgungsregelungen können insbesondere unter dem Aspekt einer sittenwidrigen Freiheitsbeschränkung nach § 138 Abs. 1 BGB nichtig sein. Diese Frage stellt sich namentlich immer dann, wenn Jungsozien trotz eines Austritts aus der Sozietät weiterhin für die Versorgungsansprüche der Altsozien haften. Denn in solchen Fällen könnten Jungsozien wegen der drohenden Vermögenseinbußen von einer Kündigung abgehalten und letztlich in ihrer persönlichen und wirtschaftlichen Bewegungsfreiheit eingeschränkt werden. Als Prüfungsmaßstab können die Grundsätze, welche für die Beurteilung von (freiheitsbeschränkenden) Abfindungsbeschränkungen gelten, entsprechend herangezogen werden. Dies gilt insbesondere für das Sittenwidrigkeitskriterium des erheblichen Missverhältnisses, welches im Falle von Versorgungsregelungen zwischen den damit einhergehenden Nachteilen und den sozietätsvertraglich (für den Fall des Ausscheidens aus der Sozietät) gewährten Vorteilen bestehen muss. Dabei ist es für die Beurteilung eines erheblichen Missverhältnisses nicht erforderlich, die exakten Werte der gegenüberzustellenden Rechte und Pflichten zu bestimmen und miteinander zu vergleichen[835]. Vielmehr folgt aus dem

---

832 Vgl. hierzu im Einzelnen bereits oben unter § 4 IV 5.

833 Vgl. LG München I NJW 2014, 478, 481.

834 Vgl. hierzu bereits oben unter § 4 IV 3.

835 Vgl. oben unter § 12 III 4.

Umstand, dass die Werte der gegenüberzustellenden Vor- und Nachteile (z.B. Versorgungsverpflichtung, Möglichkeit der Mandantenmitnahme etc.) nicht genau beziffert werden können, ein nicht an festen Wertverhältnissen orientierter Prüfungsmaßstab, welcher allein auf die Frage abstellt, ob die mit der Versorgungsverpflichtung verbundenen Nachteile in einem ausgewogenen Verhältnis zu den für den Fall des Ausscheidens aus der Sozietät gewährten Vorteilen stehen. Hier verbietet sich allerdings eine rein schematische Betrachtungsweise. Vielmehr ist eine Gesamtabwägung der Interessen der Jung- und Altsozien unter besonderer Berücksichtigung der Umstände des Einzelfalles vorzunehmen. Hierfür ist zunächst zu prüfen, ob der Versorgungsverpflichtung Vorteile (wie z.B. ein Abfindungsanspruch oder die Möglichkeit der Mandantenmitnahme) gegenüberstehen, welche generell dazu geeignet sind, die Nachteile zu kompensieren und damit den Kündigungswillen der Jungsozien aufrechtzuerhalten. Des Weiteren ist zu berücksichtigen, ob die Versorgungsverpflichtung der Jungsozien nur im Falle einer ordentlichen Kündigung oder darüber hinaus auch im Falle einer außerordentlichen Kündigung fortbestehen soll. Während im ersten Fall größere Vermögenseinbußen gerechtfertigt erscheinen, weil der Jungsozius freiwillig aus der Sozietät ausscheidet und damit selbst die Ursache für eine Versorgungshaftung ohne Gewinnbeteiligung setzt, können im letzten Fall schon geringere Vermögenseinbußen ein erhebliches Missverhältnis begründen, weil den Jungsozien eine Fortsetzung des Gesellschaftsverhältnisses nicht mehr zugemutet werden kann und sie sich deshalb unfreiwillig der Gewinnbeteiligung begeben. Des Weiteren können insbesondere etwaige Haftungsbeschränkungen sowie die Frage der Zahlung eines Eintrittsgeldes für die Gesamtabwägung relevant werden.

5. Teil: Sonstige rechtliche Schranken für Versorgungsregelungen

§ 13 Versorgungsregelungen im Lichte von § 242 BGB

I. Allgemeines

Nach § 242 BGB ist der Schuldner verpflichtet, die ihm obliegende Leistung so zu bewirken, wie Treu und Glauben mit Rücksicht auf die Verkehrssitte es erfordern. Der unbestimmte Rechtsbegriff „Treu und Glauben" ist eine historisch gewachsene Paarformel, welche ihre Ursprünge in der *bona fides* und der *aequitas* des römischen Rechts hat[836]. Letztlich nimmt „Treu und Glauben" Bezug auf den Vertrauensschutz und die „billige" Rücksichtnahme auf schutzwürdige Interessen anderer Beteiligter[837]. Dabei folgt der inhaltliche Maßstab aus den sozialen Geboten und ethischen Prinzipien, welche der gesamten Rechtsordnung zugrunde liegen[838]. Im Gegensatz dazu ist der Begriff der „Verkehrssitte" kein unbestimmter Rechtsbegriff, sondern nimmt Bezug auf die in der Gesellschaft tatsächlich geübte Verhaltensordnung[839].

Seinem Wortlaut nach erscheint § 242 BGB als eine Vorschrift des allgemeinen Schuldrechts, welche allein die Art und Weise der Erbringung einer geschuldeten Leistung regelt[840]. Allerdings ist allgemein anerkannt, dass § 242 BGB eine über seinen Wortlaut weit hinausgehende Bedeutung zukommt[341]. In dem hier interessierenden privatrechtlichen Bereich lassen sich insbesondere drei Anwendungsgebiete mit jeweils typischen Rechtsfolgen unterscheiden, in denen § 242 BGB Anwendung findet[842]: (1) Grundsätze für die Erbringung der Leistung,

---

836 Ulp. D. 1, 1, 1 pr.: "Ius est ars boni et aequi".

837 Roth/Schubert, in: Münchener Kommentar zum Bürgerlichen Gesetzbuch, Band 2, 6. Auflage, § 242 Rn. 11.

838 Looschelders/Olzen, in: Staudinger, BGB, Buch 2, Neubearbeitung 2015, § 242 Rn. 143.

839 Roth/Schubert, in: Münchener Kommentar zum Bürgerlichen Gesetzbuch, Band 2, 6. Auflage, § 242 Rn. 12.

840 Roth/Schubert, in: Münchener Kommentar zum Bürgerlichen Gesetzbuch, Band 2, 6. Auflage, § 242 Rn. 1.

841 Grüneberg, in: Palandt, Bürgerliches Gesetzbuch, 72. Auflage, § 242 Rn. 1; Sutschet, in: Bamberger/Roth, BGB, Band 1, 3. Auflage, § 242 Rn. 30 ff.

842 Vgl. hierzu ausführlich Roth/Schubert, in: Münchener Kommentar zum Bürgerlichen Gesetzbuch, Band 2, 6. Auflage, § 242 Rn. 76 ff.

(2) Modifizierung subjektiver Rechte (Versagung, Einschränkung, Begründung oder Erweiterung von Rechten und Pflichten) und (3) inhaltliche Schranken privatautonom gestalteter Rechtsverhältnisse.

II. Anwendung des § 242 BGB auf Versorgungsregelungen

Fraglich ist, wie sich die Vorschrift des § 242 BGB auf den Bestand sozietätsvertraglicher Versorgungsregelungen auswirken kann.

1. Grundsätze für die Erbringung von Leistungen

Die unmittelbar aus dem Wortlaut folgende Funktion des § 242 BGB ist die Konkretisierung der Leistungspflichten des Schuldners nach den Grundsätzen von Treu und Glauben. Dabei dient § 242 BGB als Generalklausel des allgemeinen Schuldrechts der Konkretisierung der Rechte und Pflichten im Rahmen bestehender Rechtsverhältnisse[843]. In erster Linie betrifft dies die Art und Weise der Erfüllung einer Leistungspflicht[844]. Darüber hinaus richtet sich die Generalklausel auf die Konkretisierung der Rechte und Pflichten der Parteien eines Rechtsverhältnisses, welches in einem besonderen Ausmaß durch eine gegenseitige Treuebindung gekennzeichnet ist (z.B. gesellschaftsrechtliche Treuepflicht der Gesellschafter)[845].

Da die nach § 242 BGB geltenden Grundsätze für die Erbringung von Leistungen lediglich die Pflichtenstellung des Schuldners konkretisieren bzw. erweitern und es daher, soweit es um diesen Aspekt des § 242 BGB geht, keine Auswirkungen auf den Bestand einer Leistungspflicht geben kann, scheidet eine Heranziehung dieser Grundsätze für die Zwecke der vorliegenden Untersuchung aus.

2. Modifizierung subjektiver Rechte

a) Rechtsfolge

Darüber hinaus dient § 242 BGB der Modifizierung subjektiver Rechte. Hierzu zählt insbesondere die Modifizierung vertraglicher Regelungen durch Beschränkung, Ausschluss, Entstehung oder Erweiterung von Rechtsinhalten[846]. So kann die

843 Roth/Schubert, in: Münchener Kommentar zum Bürgerlichen Gesetzbuch, Band 2, 6. Auflage, § 242 Rn. 77.

844 Grüneberg, in: Palandt, Bürgerliches Gesetzbuch, 72. Auflage, § 242 Rn. 15; Brox/Walker, Allgemeines Schuldrecht, 38. Auflage, § 7 Rn. 8.

845 Roth/Schubert, in: Münchener Kommentar zum Bürgerlichen Gesetzbuch, Band 2, 6. Auflage, § 242 Rn. 173 f.

846 Roth/Schubert, in: Münchener Kommentar zum Bürgerlichen Gesetzbuch, Band 2, 6. Auflage, § 242 Rn. 78 f.

Anwendung des § 242 BGB dazu führen, dass einer Vertragspartei ein Rechtsvorteil verweigert wird, der ihr in Erfüllung aller Tatbestandsmerkmale einer Vertragsregelung an und für sich zustehen müsste[847]. Umgekehrt kann aber auch eine mangels Erfüllung aller Tatbestandsmerkmale an und für sich nicht gegebene Rechtsstellung durch „Ersetzung" der fehlenden Umstände zu bejahen sein[848]. Die Rechtsfolgen des § 242 BGB können mithin nicht nur darin bestehen, dass dem betroffenen Vertragspartner ein an sich bestehendes Recht aberkannt wird, sondern auch darin, dass dem anderen Vertragspartner ein an sich nicht gegebenes Recht zuerkannt wird[849].

b) Voraussetzungen

Die Modifizierung vertraglicher Rechte setzt die Verwirklichung des Tatbestandes des Rechtsmissbrauchs bzw. der unzulässigen Rechtsausübung[850], der nach h.M.[851] eine besondere Ausprägung des § 242 BGB darstellt, voraus. Ein Rechtsmissbrauch setzt ganz allgemein voraus, dass die Ausübung eines Rechts dem Gebot von Treu und Glauben widerspricht[852]. Dabei ist insbesondere auf eine Abwägung aller durch die Inanspruchnahme des Rechts objektiv betroffenen Interessen abzustellen[853]. Auf diese Weise können Fälle erfasst werden, in denen

---

847 Roth/Schubert, in: Münchener Kommentar zum Bürgerlichen Gesetzbuch, Band 2, 6. Auflage, § 242 Rn. 78 und 198.

848 Looschelders/Olzen, in: Staudinger, BGB, Buch 2, Neubearbeitung 2015, § 242 Rn. 225; Roth/Schubert, in: Münchener Kommentar zum Bürgerlichen Gesetzbuch, Band 2, 6. Auflage, § 242 Rn. 198.

849 Roth/Schubert, in: Münchener Kommentar zum Bürgerlichen Gesetzbuch, Band 2, 6. Auflage, § 242 Rn. 198; vgl. speziell zur Versorgungsregelung LG München I NJW 2014, 478, 482 (hierzu näher unten unter § 13 II 2 d aa bbb).

850 Die beiden Begriffe werden z.T. synonym verwendet; vgl. Looschelders/Olzen, in: Staudinger, BGB, Buch 2, Neubearbeitung 2015, § 242 Rn. 213; Schulze, in: Handkommentar BGB, 8. Auflage, § 242 Rn. 21 ff. Differenzierend allerdings Roth/Schubert, in: Münchener Kommentar zum Bürgerlichen Gesetzbuch, Band 2, 6. Auflage, § 242 Rn. 197.

851 Looschelders/Olzen, in: Staudinger, BGB, Buch 2, Neubearbeitung 2015, § 242 Rn. 213; Roth/Schubert, in: Münchener Kommentar zum Bürgerlichen Gesetzbuch, Band 2, 6. Auflage, § 242 Rn. 197 ff.; Mansel, in: Jauernig, BGB, 15. Auflage, § 242 Rn. 7; Schulze, Handkommentar BGB, 8. Auflage, § 242 Rn. 21 ff.

852 BAG NJW 1997, 2256, 2258; BAG ZIP 2007, 643, 647; vgl. auch Schulze, in: Handkommentar BGB, 8. Auflage, § 242 Rn. 21.

853 Zur subjektiven Komponente des Rechtsmissbrauchstatbestandes siehe Looschelders/Olzen, in: Staudinger, BGB, Buch 2, Neubearbeitung 2015, § 242 Rn. 222.

die Ausübung bzw. Nichtgewährung eines Rechts zu einem groben und unerträglichen Interessenungleichgewicht führen und deshalb ein Abweichen von der gesetzlichen Rechtslage erforderlich machen[854].

Dabei wird allgemein zwischen dem institutionellen und dem individuellen Rechtsmissbrauch unterschieden[855]. Ein individueller Rechtsmissbrauch setzt voraus, dass die Ausübung eines Rechts aufgrund der besonderen Umstände des Einzelfalls nicht mit den Geboten von Treu und Glauben übereinstimmt[856]. Hingegen bezeichnet man als institutionellen Rechtsmissbrauch den Fall, in dem sich der Verstoß gegen Treu und Glauben nicht erst aus den besonderen Umständen des Einzelfalls, sondern schlechthin aus Sinn und Zweck der Rechtsnorm ergibt[857].

Der Vorwurf der Missbräuchlichkeit knüpft dabei immer an das Verhalten der betroffenen Partei an. Dabei kann ein Rechtsmissbrauch entweder in einem früheren Verhalten, einem gegenwärtigen Verhalten oder in einer Kombination aus früherem und gegenwärtigem Verhalten begründet sein.

c) *Einzelne Fälle*

aa) Früheres Verhalten

Ein die Annahme des Rechtsmissbrauchs begründendes früheres Verhalten kann im unredlichen[858] oder rechtlich missbilligten[859] Erwerb der eigenen Rechtsposition, in der rechtlich missbilligten Schaffung der Tatbestandsvoraussetzungen[860], der unredlichen Vereitelung der gegnerischen Rechtsposition[861] oder in einem eigenen vertragswidrigen Verhalten (*tu quoque*) liegen[862].

---

854 Looschelders/Olzen, in: Staudinger, BGB, Buch 2, Neubearbeitung 2015, § 242 Rn. 216 und 221.

855 Grünberg, in: Palandt, Bürgerliches Gesetzbuch, 72. Auflage, § 242 Rn. 40; Krebs, in: Dauner-Lieb/Langen, BGB, Band 2/1, 2. Auflage, § 242 Rn. 69.

856 Looschelders/Olzen, in: Staudinger, BGB, Buch 2, Neubearbeitung 2015, § 242 Rn. 217.

857 Krebs, in: Dauner-Lieb/Langen, BGB, Band 2/1, 2. Auflage, § 242 Rn. 69; Looschelders/Olzen, in: Staudinger, BGB, Buch 2, Neubearbeitung 2015, § 242 Rn. 217.

858 BAG ZIP 2007, 643. 647; BGH NJW 2010, 289, 290 f.

859 Looschelders/Olzen, in: Staudinger, BGB, Buch 2, Neubearbeitung 2015, § 242 Rn. 239 ff.

860 BGH NJW 2010, 289, 291; BGHZ 12, 337, 345.

861 Mansel, in: Jauernig, BGB, 15. Auflage, § 242 Rn. 46; Schulze, in: Handkommentar BGB, 8. Auflage, § 242 Rn. 28.

862 Looschelders/Olzen, in: Staudinger, BGB, Buch 2, Neubearbeitung 2015, § 242 Rn. 250 ff.; Schulze, in: Handkommentar BGB, 8. Auflage, § 242 Rn. 29. Näher zum *tu quoque* – Einwand unten unter § 13 II 2 d aa aaa (1).

bb) Gegenwärtiges Verhalten

Der Vorwurf des Rechtsmissbrauchs aufgrund eines gegenwärtigen Verhaltens kann gegeben sein, wenn der Gläubiger mit der Inanspruchnahme seines Rechts keine schutzwürdigen Interessen verfolgt[863] oder seine Interessen zwar schutzwürdig, die gegnerischen Interessen aber weitaus schutzwürdiger sind[864], ferner, wenn die Rechtsausübung eine unverhältnismäßige Reaktion auf das Verhalten des Gegners darstellt[865] oder wenn der beanspruchte Leistungsgegenstand ohnehin alsbald wieder zurückgewährt werden muss (*dolo agit qui petit quod statim redditurus est*)[866].

cc) Gesamtschau von früherem und gegenwärtigem Verhalten

Wenngleich widersprüchliches Verhalten grundsätzlich zulässig ist[867], kann die Rechtsausübung im Widerspruch zu früherem Verhalten unter bestimmten Voraussetzungen rechtsmissbräuchlich sein[868]. Das ist insbesondere dann der Fall, wenn ein Rechtsinhaber durch sein früheres Verhalten bei der anderen Partei ein schutzwürdiges Vertrauen dahingehend geschaffen hat, dass er sein Recht nicht oder nicht so ausüben werde, und sich die andere Partei darauf verlassen hat, sodass ihr die Rechtsausübung nicht zugemutet werden kann[869]. Auch in Ermangelung eines solchen Vertrauenstatbestandes kann ein widersprüchliches Verhalten dann unzulässig sein, wenn der Rechtsinhaber durch sein früheres Verhalten erhebliche Rechtsvorteile erhalten hat oder die Zusammenschau von früherem und gegenwärtigem Verhalten zu einem unauflösbaren Selbstwiderspruch führt[870].

---

863 BGH NJW 2011, 1957, 1958; OLG Frankfurt BeckRS 2013, 04350; vgl. auch Teichmann JA 1985, 497, 499.

864 BGH NJW 1994, 728, 730; vgl. auch Looschelders/Olzen, in: Staudinger, BGB, Buch 2, Neubearbeitung 2015, § 242 Rn. 262 ff.

865 BGHZ 88, 91, 95.

866 BGHZ 79, 201, 204; 110, 30, 34; 115, 132, 137.

867 BGHZ 32, 273, 279 (Zulässigkeit der Änderung von Rechtsansichten); BGHZ 87, 169, 177 (Zulässigkeit der Berufung auf die Nichtigkeit von selbst abgegebenen Erklärungen).

868 Krebs, in: Dauner-Lieb/Langen, BGB, Band 2/1, 2. Auflage, § 242 Rn. 92 ff.

869 BGHZ 94, 344, 352; zu weiteren Fallbeispielen vgl. Krebs, in: Dauner-Lieb/Langen, BGB, Band 2/1, 2. Auflage, § 242 Rn. 95.

870 Vgl. näher hierzu Krebs, in: Dauner-Lieb/Langen, BGB, Band 2/1, 2. Auflage, § 242 Rn. 98; Looschelders/Olzen, in: Staudinger, BGB, Buch 2, Neubearbeitung 2015, § 242 Rn. 296 ff.

d) Unzulässige Rechtsausübung bei Versorgungsregelungen

aa) Früheres Verhalten

aaa) Eigenes vertragswidriges Verhalten

Während die Fälle des unredlichen oder rechtlich missbilligten Erwerbs des Versorgungsanspruchs, der rechtlich missbilligten Schaffung der Tatbestandsvoraussetzungen des Versorgungsanspruchs und der unredlichen Vereitelung einer Rechtsposition der Jungsozien wohl eher selten vorkommen dürften, dürfte der Fallgruppe des vertragswidrigen Verhaltens eine höhere Praxisrelevanz zukommen. Denn die Verletzung (gesellschafts-)vertraglicher Pflichten stellt ein „alltägliches" Phänomen dar. Aus diesem Grund beschränkt sich die nachfolgende Untersuchung auf die Frage, ob die Verletzung eigener sozietätsvertraglicher Pflichten der Geltendmachung von Versorgungsansprüchen entgegenstehen bzw. die Geltendmachung von Versorgungsansprüchen begründen kann.

Es gibt keinen Grundsatz, wonach nur derjenige seine vertraglichen Rechte fordern kann, der sich selbst vertragstreu verhalten hat[871]. Stattdessen führen (wechselseitige) Vertragsverstöße grundsätzlich zur Anwendung des Leistungsstörungsrechts nach den §§ 273 ff. BGB[872] oder zu der Möglichkeit der anderen Partei, sich nach § 314 Abs. 1 und 2 BGB durch Kündigung eines Dauerschuldverhältnisses oder gem. § 324 BGB durch Rücktritt vom gegenseitigem Vertrag von ihren vertraglichen Verpflichtungen zu lösen[873].

Allerdings kann die Geltendmachung vertraglicher Rechte in begrenzten Ausnahmefällen rechtsmissbräuchlich sein, wenn der Rechtsinhaber seinerseits eine Vertragspflichtverletzung von erheblichem Gewicht begangen hat[874]. Voraussetzung hierfür ist, dass eine Interessenabwägung zwischen dem Schutzinteresse des Schuldners und dem Leistungsinteresse des Gläubigers eine Abweichung von den gesetzlichen Vorstellungen ergibt und deshalb das Leistungsinteresse des Gläubigers zurückgestellt werden muss[875].

---

871 Krebs, in: Dauner-Lieb/Langen, BGB, Band 2/1, 2. Auflage, § 242 Rn. 79; Mansel, in: Jauernig, BGB, 15. Auflage, § 242 Rn. 47.

872 Krebs, in: Dauner-Lieb/Langen, BGB, Band 2/1, 2. Auflage, § 242 Rn. 79; Mansel, in: Jauernig, BGB, 15. Auflage, § 242 Rn. 47.

873 Vgl. auch Looschelders/Olzen, in: Staudinger, BGB, Buch 2, Neubearbeitung 2015, § 242 Rn. 251.

874 Looschelders/Olzen, in: Staudinger, BGB, Buch 2, Neubearbeitung 2015, § 242 Rn. 253; Krebs, in: Dauner-Lieb/Langen, BGB, Band 2/1, 2. Auflage, § 242 Rn. 79.

875 Looschelders/Olzen, in: Staudinger, BGB, Buch 2, Neubearbeitung 2015, § 242 Rn. 253.

So kann der Ausübung eines Rücktrittsrechts nach § 323 BGB wegen eigener Vertragsuntreue der *tu quoque* – Einwand entgegengehalten werden, wenn der Berechtigte seinerseits seine Leistung nicht erbringen kann oder will und dieses vertragswidrige Verhalten in einem sachlichen Zusammenhang mit der Pflichtverletzung der Gegenseite steht[876]. Ein Vermieter, der zur Erteilung einer vom Mieter fristgerecht erbetenen Untermieterlaubnis vertraglich verpflichtet ist, kann den Mietvertrag nicht wegen unerlaubter Untervermietung kündigen[877]. Dabei ist der *tu quoque* – Einwand nicht nur auf die Ausübung von (vertraglichen) Gestaltungsrechten wie Rücktritt und Kündigung beschränkt[878]. Vielmehr kann die eigene Vertragsuntreue auch der Geltendmachung eines vertraglichen Leistungsanspruchs entgegenstehen[879].

Umgekehrt kann eigenes vertragswidriges Verhalten auch dazu führen, dass der Gegenpartei ein an sich nicht bestehendes Recht gewährt wird[880]. Hierfür gelten die für die anspruchsbeschränkende bzw. -ausschließende Wirkung des § 242 BGB geltenden Grundsätze entsprechend.

bbb) Vertragswidriges Verhalten des Altsozius als Grund für den Ausschluss des Versorgungsanspruchs

(1) Grundlagen / Bisherige Rechtsprechung

Der Ausschluss von Versorgungsansprüchen infolge eigenen vertragswidrigen Verhaltens war schon mehrfach Gegenstand höchstrichterlicher Entscheidungen[881].

So führte der BGH in einer Entscheidung vom 07.01.1971[882] aus, dass ein im Rahmen eines Geschäftsführungs- oder Beratungsvertrages vorbehaltlos zugesagtes Ruhegehalt, selbst wenn es ausschließlich als Entgelt für geleistete Dienste

876 BGH NJW 1999, 352, 353.

877 Mansel, in: Jauernig, BGB, 15. Auflage, § 242 Rn. 47.

878 Zu weiteren Beispielen siehe Mansel, in: Jauernig, BGB, 15. Auflage, § 242 Rn. 47.

879 Vgl. Krebs, in: Dauner-Lieb/Langen, BGB, Band 2/1, 2. Auflage, § 242 Rn. 81 ff.

880 Vgl. LG München I NJW 2014, 478, 482; vgl. näher hierzu unten unter § 13 II 2 d aa ccc.

881 BGH NJW 1971, 1127; 2000, 1197; BAG NJW 1980, 1127; 1981, 188.

882 BGH NJW 1971, 1127, 1128 (Pensionszusagen einer GmbH an ihren Geschäftsführer). Der BGH hob das angefochtene Urteil des Berufungsgerichts, mit dem die auf Zahlung des Ruhegehalts gerichtete Klage des Geschäftsführers abgewiesen wurde, auf und verwies die Sache an das Berufungsgericht zurück, weil die bisherigen Feststellungen des Berufungsgerichts nicht erkennen ließen, dass der Geschäftsführer den Pensionsschuldner durch sein wettbewerbswidriges Verhalten schwerwiegend beeinträchtigt hatte.

zugesagt wurde, gem. § 242 BGB ausgeschlossen sein könne, wenn der Berechtigte aufgrund eines schwerwiegenden Verstoßes gegen ein Wettbewerbsverbot die wirtschaftliche Grundlage des Pensionsschuldners gefährde und deshalb die Einstellung der Pensionszahlungen nicht außer Verhältnis zu Art, Ausmaß und Folgen der Verletzung stünde.

In einer weiteren Entscheidung vom 13.12.1999 führte der BGH[883] aus, dass Versorgungsansprüche dem Rechtsmissbrauchseinwand ausgesetzt seien, wenn der Pensionsberechtigte seine Vertragspflichten in „grober Weise" verletzt und dadurch seinem Dienstherrn einen so „schweren, seine Existenz bedrohenden Schaden" zugefügt habe, dass sich die in der Vergangenheit bewiesene Betriebstreue nachträglich als wertlos oder zumindest erheblich entwertet herausstelle.

Auch das BAG äußerte sich in diversen Entscheidungen zu dem *tu quoque* – Einwand gegen Versorgungsansprüche. In einer Entscheidung vom 18.10.1979 führte das BAG[884] aus, dass die Berufung eines Arbeitnehmers auf die Versorgungszusage des Arbeitsgebers bei „ungewöhnlich schwerwiegenden Verstößen" gegen die eigenen vertraglichen Pflichten rechtmissbräuchlich sein könne. Dabei gelte die Unzulässigkeit des Rechtsmissbrauchs für alle Rechtsgebiete und unabhängig davon, wie Versorgungsansprüche zu beurteilen und einzuordnen seien. Ein ungewöhnlich schwerwiegender, der Geltendmachung von Versorgungsansprüchen entgegenstehender Verstoß gegen vertragliche Pflichten liege z.B. dann vor, wenn der Versorgungsberechtigte durch ruinösen Wettbewerb die wirtschaftliche Grundlage seines Schuldners gefährde oder wenn die vergütete Betriebstreue

883 BGH NJW 2000, 1197, 1198. Der BGH ließ den Rechtsmissbrauchseinwand des Dienstherrn, einer Genossenschaftsbank, zu, weil der Versorgungsberechtigte, ein ehemaliges Vorstandsmitglied, zahlreiche Kredite in Höhe von mehreren Millionen DM gewährt hatte, ohne dabei die Maßnahmen der Risikovorsorge beachtet zu haben. So hatte der Versorgungsberechtigte völlig unzureichende Sicherheiten für die Kredite genommen, Kreditüberschreitungen in Millionenhöhe sowie die wahre Lage des Kreditengagements verschleiernde Hin- und Herbuchungen zugelassen. Dieses ausschweifende Kreditengagement stellte der Versorgungsberechtigte trotz Beanstandungen des zuständigen Prüfungsverbandes nicht ab, sodass sich die uneinbringlichen Kreditforderungen auf über DM 26,5 Mio. beliefen. Da der Dienstherr diese Notlage nicht mehr aus eigener Kraft stemmen konnte, war dieser zur Abwendung des Konkurses auf Unterstützungsmaßnahmen der Sanierungseinrichtung der genossenschaftlichen Bankinstitute angewiesen.

884 BAG NJW 1980, 1127. Das BAG hob das Berufungsurteil, durch welches der auf die Zahlung des Ruhegehalts gerichteten Klage des Arbeitnehmers stattgegeben wurde, auf und verwies die Sache an das Berufungsgericht zurück, weil dieses nach Ansicht des BAG die Rechtsgrundsätze des Rechtsmissbrauchs nicht angewandt hatte.

rückblickend wertlos erscheine, weil ein Arbeitnehmer seine Stellung jahrelang dazu missbraucht habe, seinen Arbeitgeber zu schädigen[885]. Diesen Grundsätzen schloss sich das BAG in einem weiteren Urteil vom 19.06.1980[886] an.

(2) Ausschluss sozietätsvertraglicher Versorgungsansprüche

Wenngleich sich die bisherige Rechtsprechung auf Versorgungsansprüche von Geschäftsführern bzw. leitenden Angestellten beschränkt, lassen sich die hierzu entwickelten Grundsätze auf die Versorgungsansprüche von Gesellschaftern übertragen, da der Einwand des Rechtsmissbrauchs für alle Rechtsgebiete und unabhängig von der Art der Versorgungsansprüche Anwendung findet[887]. Es ist kein Grund ersichtlich, warum diese Grundsätze nicht auch auf sozietätsvertragliche Versorgungsansprüche übertragen werden könnten.

Aus der oben aufgeführten Rechtsprechung ergibt sich, dass Versorgungsansprüche selbst bei schweren Pflichtverletzungen des Versorgungsberechtigten bestehen bleiben, es sei denn, die Pflichtverletzung ist ausnahmsweise so schwerwiegend, dass sie bei dem Versorgungsverpflichteten einen unzumutbaren, d.h. ruinösen bzw. die wirtschaftliche Existenz gefährdenden Schaden verursacht[888]. Gleichgültig ist, aus welchem Grund der Versorgungsschuldner die Versorgungsleistungen verspricht[889]. Entscheidend ist allein die Überlegung, dass einem Versorgungsschuldner nach § 242 BGB nicht zugemutet werden kann, Versorgungsleistungen an den Versorgungsberechtigten zu erbringen, wenn dessen Pflichtenverstoß den Grund für die Erbringung der Versorgungsleistungen rückblickend

885 BAG NJW 1980, 1127, 1128.

886 BAG NJW 1981, 188. In dem dieser Entscheidung zugrunde liegenden Fall hatte der versorgungsberechtigte Arbeitnehmer über einen Zeitraum von etwa einem Jahr fortgesetzt bei Lieferfirmen seines Arbeitgebers Waren für den eigenen Bedarf bezogen und diese von seinem Arbeitgeber mittels fingierter Rechnungen bezahlen lassen. Das BAG erblickte in dem fortgesetzten Betrug zwar einen schwerwiegenden Pflichtenverstoß. Dieser rechtfertige allerdings nicht einen „Widerruf" der gesamten Versorgungsleistungen, sondern nur für die Zeit, in der der Versorgungsberechtigte seine Stellung ausgenutzt habe, um seinem Versorgungsschuldner Schaden zuzufügen.

887 BAG NJW 1980, 1127.

888 Vgl. auch Krebs, in: Dauner-Lieb/Langen, BGB, Band 2/1, 2. Auflage, § 242 Rn. 81; Schulze, in: Handkommentar BGB, 8. Auflage, § 242 Rn. 29 a.E.

889 In BGH NJW 1971, 1127, 1128, führte der BGH aus, dass der Geltendmachung von Ruhegeldansprüchen der Einwand der unzulässigen Rechtsausübung nach § 242 BGB auch dann entgegengehalten werden kann, wenn der Versorgungsschuldner die Versorgungsleistungen nicht aus reinem Fürsorgewillen, sondern als Entgelt für erbrachte Dienste versprochen hat.

wertlos erscheinen lässt[890]. Dabei kann ein gröblicher Pflichtenverstoß die mit dem Ruhegehalt vergütete Betriebstreue[891] eines Arbeitnehmers rückblickend genauso wertlos erscheinen lassen wie die mit dem sozietätsvertraglichen Rentenanspruch „entlohnte" – meist lebenslange – Aufbauleistung eines Altsozius[892].

Anknüpfungspunkt ist bei sozietätsvertraglichen Versorgungsansprüchen die Frage, ob ein versorgungsberechtigter Altsozius so schwerwiegend gegen seine vertraglichen (Treue-)Pflichten verstoßen hat, dass sein Arbeitseinsatz, welcher den Erfolg der Sozietät (mit-)geprägt hat, wertlos wird. Die erforderliche Schwere der Pflichtverletzung hängt mithin maßgeblich davon ab, in welchem Umfang der Erfolg bzw. der Wert der Sozietät auf die Dienste des versorgungsberechtigten Altsozius zurückzuführen ist. Hat ein Altsozius den Auf- und Ausbau der Sozietät maßgeblich vorangetrieben (indem er etwa einen Großteil der Mandanten akquiriert hat oder der Sozietät einen marktbekannten Namen verschafft hat), so kann nur ein besonders schwerer, ruinöser Verstoß gegen vertragliche Pflichten einen (umfassenden) Ausschluss des Versorgungsanspruchs rechtfertigen. Dies wäre z.B. dann zu bejahen, wenn ein Altsozius durch sein Verhalten den guten Ruf der Sozietät dauerhaft beschädigt oder den Mandantenstamm der Sozietät dazu veranlasst, sich von konkurrierenden Sozietäten beraten zu lassen, oder etwa seine Rechtsberatung den Mandanten der Sozietät unentgeltlich zur Verfügung stellt.

Versorgungsansprüche von Altsozien, die den Erfolg der Kanzlei nur zu einem geringen Teil mitgetragen haben, dürften hingegen schon bei einer unterhalb der Schwelle der Existenzgefährdung liegenden Pflichtverletzung ausgeschlossen sein. Dies bedeutet allerdings nicht, dass die geforderte Pflichtverletzung nicht trotzdem von erheblichem Gewicht sein muss. Ansonsten würde nämlich der Grundsatz, dass nicht nur die vertragstreu handelnde Partei ihre vertraglichen Rechte geltend machen kann, ausgehöhlt werden.

ccc) Vertragswidriges Verhalten des Jungsozius als „anspruchsbegründender" Grund

Da eine unzulässige Rechtsausübung auch umgekehrt dazu führen kann, dass einem Vertragspartner ein an sich nicht gegebenes Recht zuerkannt wird, wäre es denkbar, dass sich ein vertragsuntreuer Jungsozius nach § 242 BGB an eine an

890 BAG NJW 1980, 1127, 1128.
891 BGH NJW 1980, 1127, 1128.
892 Vgl. oben unter § 1 I 1.

sich unwirksame Rentenklausel festhalten lassen müsste bzw. sich nicht auf die Unwirksamkeit einer Rentenklausel berufen dürfte[893].

(1) Grundlagen / Bisherige Rechtsprechung

In seiner Entscheidung vom 04.03.2013 warf das LG München I[894] die Frage auf, ob sich der beklagte Jungsozius deshalb an die unwirksame Rentenklausel festhalten lassen müsse, weil er – wie vom klagenden Altsozius behauptet – unlauter Mandanten abgeworben habe und seiner Pflicht zur Gewinnung von Nachwuchssozien nicht genügend nachgekommen sei. Bezüglich einer etwaigen unlauteren Abwerbung von Mandanten versagte das Gericht dem Kläger den Rechtsmissbrauchseinwand und verwies ihn stattdessen auf die Geltendmachung von Schadensersatzansprüchen[895]. Auch der Vorwurf, dass sich der Beklagte nicht genügend für die Nachwuchsgewinnung eingesetzt habe, führte nicht zur Annahme der Wirksamkeit der Rentenklausel. Dies wurde damit begründet, dass die Nachwuchsgewinnung eine Obliegenheit und keine Rechtspflicht der Sozien darstelle. Darüber hinaus sei der Vortrag des Klägers unsubstanziiert und lasse

893 Die Grenze zwischen dem „rechtsverweigernden“ und dem „anspruchsbegründenden“ Charakter des § 242 BGB ist fließend und lässt sich in vielen Fällen nicht klar ziehen. Denn oftmals geht die Versagung eines Rechts auf der einen mit der Gewährung eines Rechts auf der anderen Seite einher. Dies wird z.B. deutlich bei Nachbarschaftsstreitigkeiten, in denen die Beschränkung von Rechten und Befugnissen des einen Nachbarn zugleich die Unterlassungsansprüche des anderen Nachbarn mit sich bringen kann; deutlich in BGHZ 113, 384, 389. Ähnlich verhält es sich in den Fällen der Missachtung eines Formerfordernisses, wenn die Berufung der Gegenpartei auf die Formnichtigkeit des Rechtsgeschäfts für rechtsmissbräuchlich und deshalb unbeachtlich gehalten wird und die Unschädlichkeit des Formmangels notwendigerweise die Gewährung eines an sich gem. § 125 S. 1 BGB nicht bestehenden Rechts zur Folge hat; vgl. Roth/Schubert, in: Münchener Kommentar zum Bürgerlichen Gesetzbuch, Band 2, 6. Auflage, § 242 Rn. 199 m.w.N. Dieselben Erwägungen treffen auf Versorgungsregelungen zu. Wenn die Berufung eines Jungsozius auf die Unwirksamkeit einer Versorgungsregelung rechtsmissbräuchlich und deshalb unbeachtlich ist, führt dies auf der anderen Seite dazu, dass den Altsozien der an sich nicht bestehende Versorgungsanspruch gewährt wird. Da es sich jedoch bei der „Berufung auf die Unwirksamkeit“ einer Vertragsklausel nicht um die Ausübung eines Rechts handelt, sondern die Rechtsfolge der Unwirksamkeit bereits von Gesetzes wegen eintritt (rechtshindernde Einwendung nach §§ 138, 723 Abs. 3 BGB), werden diese Fälle in der vorliegenden Untersuchung unter dem „anspruchsbegründenden“ Aspekt des § 242 BGB behandelt.

894 LG München I NJW 2014, 478, 482. Vgl. zum Sachverhalt § 4 II 2.

895 LG München I NJW 2014, 478, 482.

eine konkrete Benennung der schuldhaft vom Beklagten unterlassenen Maßnahmen vermissen.

(2) Gewährung eines an sich nicht bestehenden Versorgungsanspruchs

Wenngleich das LG München I in seinem Urteil vom 04.03.2013[896] den *tu quoque* – Einwand des klagenden Altsozius im Ergebnis ablehnte, ergibt sich aus den Erwägungen des Gerichts, dass ein eigenes vertragswidriges Verhalten des Jungsozius grundsätzlich dazu führen kann, dass ein Versorgungsanspruch, der nach Maßgabe der §§ 138, 723 Abs. 3 BGB eigentlich nicht besteht, dennoch gewährt wird.

Die Anforderungen hierfür sind allerdings hoch. Es bedarf eines so schwerwiegenden Verstoßes gegen eine vertragliche Pflicht, dass eine Interessenabwägung zwischen dem Schutzinteresse des Jungsozius und dem Leistungsinteresse des Altsozius eine Abweichung von der gesetzlichen Wertung ergibt und deshalb das Schutzinteresse des Jungsozius zurückgestellt werden muss[897]. Ein weniger strenger Maßstab hätte die tiefgreifende Folge, dass Jungsozien trotz eigentlicher Unwirksamkeit der Versorgungsregelung schon bei weniger schweren Pflichtverletzungen möglicherweise über Jahre hinweg Versorgungsleistungen an die Altsozien zahlen müssten und damit einer enormen finanziellen Belastung ausgesetzt wären.

Ein hinreichend schwerer Pflichtenverstoß, der dazu führt, dass sich ein Jungsozius an eine an sich unwirksame Versorgungsregelung festhalten lassen muss, wird man nur in Ausnahmefällen annehmen können. In diesem Zusammenhang werden sicherlich wieder die Fälle der existenzbedrohenden Pflichtverletzung relevant. Wenn z.B. die Vertragsuntreue eines Jungsozius dazu führt, dass für einen Altsozius praktisch keine Altersversorgung mehr sichergestellt ist (z.B. Verlust des gesamten oder eines Großteils des Vermögens oder Verlust des Anspruchs auf berufsständische Versorgung), könnte das Leistungsinteresse des Altsozius mehr wiegen als das Interesse des Jungsozius, sich persönlich und wirtschaftlich frei zu entfalten. Welche Vertragspflichtverletzungen einen Altsozius in solch eine existenziell bedrohliche Situation bringen können, ist immer nach den jeweiligen Umständen des Einzelfalls zu entscheiden.

Das LG München I erblickte in einem unlauteren Abwerben von Mandanten jedenfalls keinen so schwerwiegenden Pflichtenverstoß und folgte stattdessen

896 LG München I NJW 2014, 478, 482.

897 Vgl. auch Roth/Schubert, in: Münchener Kommentar zum Bürgerlichen Gesetzbuch, Band 2, 6. Auflage, § 242 Rn. 198.

dem Grundsatz, dass Vertrags- und Rechtsverstöße nur zu Ersatzansprüchen und sich daraus ergebenden Verteidigungsmitteln führen (z.B. §§ 273, 320 etc.)[898]. Dem ist zuzustimmen. Denn das Abwerben von Mandanten durch einen ausgeschiedenen Sozius kann in der Regel nicht zu einer Existenzgefährdung der Altsozien, sondern lediglich zu Umsatzeinbußen für die alte Sozietät führen.

ddd) Zwischenergebnis

Innerhalb der Fallgruppe der unzulässigen Rechtsausübung aufgrund eines früheren Verhaltens wird bei sozietätsvertraglichen Versorgungsregelungen insbesondere die Unterfallgruppe der eigenen Vertragsuntreue relevant. Grundsätzlich gilt, dass sich eine Partei bei der Vertragsuntreue der Gegenpartei zunächst auf die vom Gesetz vorgesehenen Ersatzansprüche oder Verteidigungsmittel verweisen lassen muss. Ausnahmsweise – namentlich dann, wenn die eigene Vertragsuntreue besonders schwer wiegt – kann aus § 242 BGB folgen, dass ein Altsozius einen an sich wirksamen Versorgungsanspruch nicht geltend machen oder sich ein Jungsozius nicht auf eine eigentlich unwirksame Versorgungsregelung berufen kann. Letztlich geht es darum, die zwischen den Sozien bestehende Interessenlage zu beurteilen und die angemessene Rechtsfolge in Abweichung von den eigentlichen Rechtsfolgen zu bestimmen[899]. Ist das Interesse der Gegenpartei wegen der eigenen Vertragsuntreue schutzwürdiger, so muss der eigentlich berechtigte Sozius aufgrund des aus § 242 BGB folgenden Gebots der Rücksichtnahme auf sein Recht verzichten. Eine Abweichung von den gesetzlich vorgesehenen Rechtsfolgen kann allerdings nur unter strengen Voraussetzungen gerechtfertigt sein. Deshalb muss die eigene Pflichtverletzung so schwerwiegende Folgen für die Gegenpartei mit sich bringen (z.B. Existenzgefährdung), dass die Aufrechterhaltung bzw. Verneinung des Versorgungsanspruchs zu schlechthin unzumutbaren Härten und letztlich untragbaren Ergebnissen führen würde.

bb) Gegenwärtiges Verhalten

Die Fallgruppe einer unzulässigen Rechtsausübung aufgrund eines gegenwärtigen Verhaltens ist bei der Beurteilung von sozietätsvertraglichen Versorgungsregelungen von wenig Relevanz.

Die Altsozien verfolgen mit der Inanspruchnahme der Versorgungsleistungen stets ein sachlich gerechtfertigtes Eigeninteresse, namentlich die Sicherstellung

---

898 Krebs, in: Dauner-Lieb/Langen, BGB, Band 2/1, 2. Auflage, § 242 Rn. 79.

899 Roth/Schubert, in: Münchener Kommentar zum Bürgerlichen Gesetzbuch, Band 2, 6. Auflage, § 242 Rn. 198.

ihrer Versorgung im Alter, sodass die Unterfallgruppe des „Fehlens eines schutzwürdigen Eigeninteresses" keine Anwendung findet. Dies gilt auch dann, wenn die Altsozien bereits anderweitig gut für das Alter versorgt sind (etwa durch eine private Zusatzrentenversicherung), da diejenigen nicht benachteiligt werden dürfen, welche zur Erhaltung eines gewohnt hohen Lebensstandards zusätzliche Vorkehrungen getroffen haben.

Auch die Unterfallgruppe des „geringfügigen Eigeninteresses" hat für Versorgungsregelungen keine Relevanz. Wenn eine Versorgungsregelung keine unzulässige Kündigungsbeschränkung im Sinne von § 723 Abs. 3 BGB enthält und auch kein auffälliges bzw. besonders grobes Missverhältnis der gegenseitigen Leistungen im Sinne von § 138 BGB begründet, kann nicht davon ausgegangen werden, dass die Interessen der Jungsozien schutzwürdiger sind als das Leistungsinteresse der Altsozien. Selbst wenn die anderweitig gewährten Vorteile (Abfindung, Mandantenmitnahme etc.) die mit der (fortdauernden) Versorgungsverpflichtung verbundenen Nachteile nicht gänzlich kompensieren können, liegt keine atypische Interessenlage vor, welche die Grenze der bloßen Ungleichgewichtung der gegenseitigen Interessen übersteigt[900]. Vielmehr stellt dies ein Risiko dar, welches der Vereinbarung von Versorgungsregelungen (wegen der vielen Unwägbarkeiten, z. B. ungewisse Lebensdauer der Altsozien etc.) immanent ist. Zudem gibt es keinen allgemeinen Grundsatz, wonach man dazu angehalten ist, seine eigenen Interessen hinter diejenigen der Gegenpartei zu stellen[901].

Da die Geltendmachung von Versorgungsansprüchen keine unverhältnismäßige Reaktion auf ein Verhalten der Jungsozien darstellt, und auch der *dolo agit* – Einwand nicht in Betracht kommt, scheidet ein Ausschluss von Versorgungsansprüchen auch unter diesen Gesichtspunkten aus.

cc) Widerspruch zwischen früherem und gegenwärtigem Verhalten

Wohl kaum dürfte in der Praxis der Fall vorkommen, in dem ein Altsozius durch sein früheres Verhalten bei einem Jungsozius ein schutzwürdiges Vertrauen dahingehend schafft, dass er seinen Versorgungsanspruch nicht geltend machen werde, und sich der Jungsozius darauf verlassen hat. Aus diesem Grund verzichtet die vorliegende Arbeit auf eine nähere Untersuchung dieser Fallgruppe der unzulässigen Rechtsausübung.

---

900 Looschelders/Olzen, in: Staudinger, BGB, Buch 2, Neubearbeitung 2015, § 242 Rn. 263.

901 Looschelders/Olzen, in: Staudinger, BGB, Buch 2, Neubearbeitung 2015, § 242 Rn. 263.

3. *Inhaltliche Schranken privatautonom gestalteter Rechtsverhältnisse*

a) Grundlagen

Eine weitere Funktion des § 242 BGB liegt in der materiellen Inhaltskontrolle von Rechtsgeschäften, insbesondere von Verträgen[902]. Dies ist dem Umstand geschuldet, dass die privatautonome Gestaltung von Rechtsverhältnissen in der Praxis nicht immer zu einem angemessenen Interessenausgleich (i.S. einer *iustitia commutativa*) führt und deshalb eine inhaltliche Korrektur nach den Grundsätzen von Treu und Glauben geboten sein kann.

Dabei kommt § 242 BGB vor allem als Instrument der Äquivalenzkontrolle in Betracht[903]. § 242 BGB ist als inhaltliches Korrektiv nur dort heranzuziehen, wo nicht andere zwingende Normen des Privatrechts vorrangig Anwendung finden. Grundsätzlich vorrangig anzuwenden ist die Vorschrift des § 138 BGB, welche als „Grundnorm des BGB zur Inäquivalenz" auf ein „auffälliges Missverhältnis" der gegenseitigen Leistungen abstellt[904]. In Fällen gestörter Vertragsparität befürwortet allerdings ein Teil der Literatur eine „erweiterte Inhaltskontrolle" nach § 242 BGB[905]. Dies wird damit begründet, dass die Rechtsfolgen des § 138 BGB – vorbehaltlich einer zulässigen „geltungserhaltenden Reduktion"[906] – auf ein „Alles-oder-Nichts-Prinzip" beschränkt seien[907], während § 242 BGB stellenweise besser geeignet sei, um einen angemessenen Ausgleich der kollidierenden Interessen sicherzustellen[908].

---

902 Roth/Schubert, in: Münchener Kommentar zum Bürgerlichen Gesetzbuch, Band 2, 6. Auflage, § 242 Rn. 470 ff.

903 Roth/Schubert, in: Münchener Kommentar zum Bürgerlichen Gesetzbuch, Band 2, 6. Auflage, § 242 Rn. 464 ff.

904 Roth/Schubert, in: Münchener Kommentar zum Bürgerlichen Gesetzbuch, Band 2, 6. Auflage, § 242 Rn. 464. Zu weiteren – hier nicht erörterten Konkurrenzen – vgl. Looschelders/Olzen, in: Staudinger, BGB, Buch 2, Neubearbeitung 2015, § 242 Rn. 352 ff.

905 Becker, Der unfaire Vertrag, S. 11; Roth/Schubert, in: Münchener Kommentar zum Bürgerlichen Gesetzbuch, Band 2, 6. Auflage, § 242 Rn. 465 und 467; a.A Looschelders/Olzen, in: Staudinger, BGB, Buch 2, Neubearbeitung 2015, § 242 Rn. 464. Zum Maßstab einer „erweiterten Inhaltskontrolle" nach § 242 BGB vgl. unten unter § 13 II 3 b.

906 Vgl. hierzu oben unter § 10 IV.

907 Die Berufung auf das „Alles-oder-Nichts-Prinzip" des § 138 BGB als Argument für eine „erweiterte Inhaltskontrolle" nach § 242 BGB ist allerdings nicht (mehr) überzeugend, da sich im Bereich des § 138 BGB eine Tendenz zur Aufrechterhaltung des Rechtsgeschäfts unter modifizierten Bedingungen abzeichnet; vgl. hierzu näher unten unter § 13 II 3 b aa.

908 Roth/Schubert, in: Münchener Kommentar zum Bürgerlichen Gesetzbuch, Band 2, 6. Auflage, § 242 Rn. 465; vgl. auch Becker, Der unfaire Vertrag, S. 11.

Besondere Bedeutung gewinnt die Inhaltskontrolle nach § 242 BGB auch im Rahmen vorformulierter Vertragsbedingungen, welche nach den §§ 307 Abs. 3, 310 Abs. 4 BGB nicht einer an den Grundsätzen von Treu und Glauben ausgerichteten AGB-Kontrolle nach dem 2. Abschnitt des 2. Buches des Bürgerlichen Gesetzbuches (§§ 305 ff. BGB) unterliegen[909]. Gem. § 310 Abs. 4 S.1 BGB finden die §§ 305 ff. BGB insbesondere keine Anwendung auf Verträge auf dem Gebiet des Gesellschaftsrechts. Hierzu zählen alle Verträge, welche die Gründung von Personengesellschaften (GbR, OHG, KG, Partnerschaftsgesellschaft) oder Kapitalgesellschaften (GmbH, AG, KGaA) oder von Genossenschaften, Vereinen, Partnereedereien oder EWIVs (Europäische Wirtschaftliche Interessenvereinigung) zum Gegenstand haben[910]. Der Grund für die Einschränkung der AGB-Kontrolle im Bereich des Gesellschaftsrechts liegt darin, dass die Vertragsbedingungen in Gesellschaftsverträgen von Personengesellschaften, bei denen die Gesellschafter persönlich oder geschäftlich eng miteinander verbunden sind und infolgedessen einen mitgestaltenden, ihre Interessen wahrenden Einfluss ausüben können, in der Regel einen angemessenen Interessenausgleich gewährleisten[911], bzw. dass bei Kapitalgesellschaften (z.B. AG) oder Genossenschaften wegen der umfangreichen gesetzlichen Bestimmungen die Gefahr unangemessener Regelungen nur relativ gering ist[912].

Die Rechtsfolge eines inhaltlich gegen Treu und Glauben verstoßenden Vertrages richtet sich wegen der Vorrangigkeit der Privatautonomie nach dem Grundsatz des „geringstmöglichen Eingriffs“, d.h. § 242 BGB lässt im Gegensatz zu § 138 BGB – der in der Regel zur Nichtigkeit des Rechtsgeschäfts führt – flexiblere Ergebnisse zu[913].

b) Inhaltliche Kontrolle sozietätsvertraglicher Versorgungsregelungen nach § 242 BGB

Es stellt sich die Frage, ob sozietätsvertragliche Versorgungsregelungen einer inhaltlichen Kontrolle nach § 242 BGB unterzogen werden müssen.

---

909 Zu den Fallgruppen einer erweiterten Inhaltskontrolle nach § 242 BGB vgl. Looschelders/Olzen, in: Staudinger, BGB, Buch 2, Neubearbeitung 2015, § 242 Rn. 467 ff.

910 Basedow, in: Münchener Kommentar zum Bürgerlichen Gesetzbuch, Band 2, 6. Auflage, § 310 Rn. 86.

911 Vgl. das Grundsatzurteil des BGH in BGHZ 64, 238, 241.

912 Basedow, in: Münchener Kommentar zum Bürgerlichen Gesetzbuch, Band 2, 6. Auflage, § 310 Rn. 86.

913 Looschelders/Olzen, in: Staudinger, BGB, Buch 2, Neubearbeitung 2015, § 242 Rn. 463.

aa) Grundsatz

In den Fällen gestörter Vertragsparität ist eine „erweiterte Inhaltskontrolle" nach § 242 BGB nicht geboten ist. Eine derartige Vorgehensweise wäre mit dem Grundsatz der Privatautonomie nicht vereinbar. Denn eine Inhaltskontrolle nach § 242 BGB stellt erhöhte „sozialethische Anforderungen"[914] und würde weitreichende Eingriffe in die Gestaltungsfreiheit der Sozien zulassen. Aus Gründen der Verhältnismäßigkeit sollte deshalb vorrangig auf eine Inhaltskontrolle nach § 138 BGB abgestellt werden[915], da diese Vorschrift nur die Einhaltung eines „(sozial-) ethischen Minimums"[916] schützt und deshalb den Willen der Sozien weitestgehend unberührt lässt. Der Auffassung, welche eine Inhaltskontrolle nach § 242 BGB wegen der flexibleren Rechtsfolge bevorzugt, lässt sich zudem entgegnen, dass im Bereich des § 138 BGB mittlerweile auf eine strikte Anwendung der Nichtigkeitsfolge verzichtet wird und sich stattdessen eine Tendenz zur Aufrechterhaltung des Rechtsgeschäfts unter modifizierten Bedingungen erkennen lässt[917].

bb) Ausnahme

Wenn es sich jedoch um eine vorformulierte sozietätsvertragliche Versorgungsregelung handelt, könnte ausnahmsweise eine „erweiterte Inhaltskontrolle" nach § 242 BGB in Erwägung gezogen werden. Denn auch Sozietätsverträge sind gem. § 310 Abs. 4 S. 1 BGB von der AGB-Kontrolle gem. §§ 305 ff. BGB ausgenommen. Entscheidend ist, ob der Vertragsmechanismus des Sozietätsvertrages typischerweise einen angemessenen Interessenausgleich zulässt. Nur wenn dies zu verneinen ist, d.h. wenn der Vertragsmechanismus keine hinreichende „Richtigkeitsgewähr" bietet und die (neu eintretenden) Sozien deshalb durch eine „erweiterte Inhaltskontrolle" nach § 242 BGB geschützt werden müssen, wird § 138 BGB durch § 242 BGB verdrängt[918]. Letzteres wird immer wieder bei sog. Publikumsgesellschaften (Gesellschaften, deren Gesellschaftsanteile breit gestreut sind) diskutiert, weil dort – ähnlich wie bei Allgemeinen Geschäftsbedingungen und Formularverträgen – für eine Vielzahl gleichgelagerter Fälle die zukünftigen

---

914 Looschelders/Olzen, in: Staudinger, BGB, Buch 2, Neubearbeitung 2015, § 242 Rn. 365.

915 Looschelders/Olzen, in: Staudinger, BGB, Buch 2, Neubearbeitung 2015, § 242 Rn. 464.

916 Mansel, in: Jauernig, BGB, 15. Auflage, § 138 Rn. 6; Dörner, in: Handkommentar BGB, 8. Auflage, § 138 Rn. 3.

917 Vgl. oben unter § 10 IV.

918 Vgl. Looschelders/Olzen, in: Staudinger, BGB, Buch 2, Neubearbeitung 2015, § 242 Rn. 466 und 477.

Rechtsbeziehungen einseitig vorweg bestimmt werden und deshalb der Privatautonomie Grenzen gesetzt sind[919]. Deshalb soll ein besonderer Minderheitenschutz geboten sein[920]. Eine vorformulierte Klausel ist nach der ständigen Rechtsprechung unwirksam, wenn sie „ohne ausreichenden sachlichen Grund einseitig die Belange der Gründer-Gesellschafter" bzw. bestimmter Gesellschafter verfolgt und „unangemessen und unbillig" die berechtigten Interessen der Anlagegesellschafter beeinträchtigt"[921].

Diese Grundsätze sind nicht nur auf Publikumsgesellschaften beschränkt, sondern gelten entsprechend für Beteiligungen an anderen Gesellschaften, welche sich an einen weiten Gesellschafterkreis wenden[922]. Freiberufler-Sozietäten in der Rechtsform einer GbR sind regelmäßig durch einen überschaubaren Gesellschafterkreis geprägt. Die Sozien stehen zumeist in engen persönlichen und/oder geschäftlichen Beziehungen zueinander und handeln die Vertragsbedingungen infolgedessen miteinander aus[923]. Dieser Mechanismus bildet die Gewähr dafür, dass die Interessen aller Beteiligten berücksichtigt und in einen angemessenen Ausgleich gebracht werden. Dies gilt vornehmlich auch im Zusammenhang mit besonders weitreichenden Vertragsbedingungen, zu denen wegen der Gefahr hoher finanzieller Belastungen auch Versorgungsregelungen zählen. In der Regel besteht deshalb gerade nicht die Gefahr, dass Sozietätsverträge (sowie die darin enthaltenen Versorgungsregelungen) ohne sachlichen Grund einseitig die Interessen der Gründungssozien verfolgen und die Interessen der neu eintretenden Jungsozien beeinträchtigen. Im Gegenteil, meist werden den Jungsozien als „Kompensation" für die mit der Versorgungshaftung verbundenen Nachteile vermögenswerte Vorteile gewährt (Gewinnbeteiligung ohne Zahlung eines Eintrittsgeldes, Abfindung, Mandantenmitnahme etc.), welche einen angemessenen Interessenausgleich schaffen. Deshalb kann man davon ausgehen,

---

919 BGHZ 64, 238, 241.

920 Vgl. Roth/Schubert, in: Münchener Kommentar zum Bürgerlichen Gesetzbuch, Band 2, 6. Auflage, § 242 Rn. 473.

921 BGH NJW 1982, 2303; 1988, 1903, 1905 (jeweils Publikums-KG).

922 BGH NJW 1999, 3552; 2000, 1028 (jeweils für Satzung von Vereinen mit überragender Machtstellung im wirtschaftlichen oder sozialen Bereich); 2001, 1270, 1271 (vorformulierter Vertrag für stille Gesellschafter).

923 Dies gilt jedoch nicht für große Sozietäten, z. B. Großkanzleien, da die Jungsozien hier wenig Einfluss auf den Inhalt der einzelnen Sozietätsvertragsklauseln haben. Diese Ausnahme wird in dieser Arbeit jedoch nicht näher untersucht, da große Sozietäten in der Regel nicht in der Rechtsform einer GbR organisiert sind (vielmehr Partnerschaftsgesellschaft, LLP etc.).

dass die privatautonome Regelung von Sozietätsverträgen eine größere „Richtigkeitsgewähr“ bietet als eine nachträgliche richterliche Kontrolle nach § 242 BGB.

Im Übrigen kann diese Frage nicht nur bei vorformulierten, sondern auch bei beidseitig gestellten sozietätsvertraglichen Regelungen relevant werden. Entscheidend für die Inhaltskontrolle nach § 242 BGB ist nämlich, dass zwischen den beteiligten Parteien ein „strukturelles Ungleichgewicht in der Verhandlungsstärke“ vorliegt, welches die Richtigkeitsgewähr gefährdet[924].

III. Zwischenergebnis

Die Vorschrift des § 242 BGB spielt für die Beurteilung von sozietätsvertraglichen Versorgungsregelungen eine eher untergeordnete Rolle.

Die erste, unmittelbar aus dem Wortlaut folgende Funktion des § 242 BGB dient allein der näheren Bestimmung der Art und Weise der Erbringung der Versorgungsleistungen und ist deshalb für den Gegenstand der vorliegenden Untersuchung, der sich auf den rechtlichen Bestand von Versorgungsregelungen beschränkt, irrelevant.

Die zweite, für Versorgungsregelungen durchaus relevante Funktion des § 242 BGB besteht in der Modifizierung subjektiver Rechte unter dem Gesichtspunkt von Treu und Glauben. Letztlich geht es um die Frage, ob die Geltendmachung eines an sich wirksamen Versorgungsanspruchs aufgrund der besonderen Umstände des Einzelfalls wegen unzulässiger Rechtsausübung entfällt, bzw. ob umgekehrt ein versorgungsverpflichteter Jungsozius nach Treu und Glauben daran gehindert ist, sich auf die Unwirksamkeit einer Versorgungsregelung zu berufen. Eine solche Abweichung von den gesetzlichen Vorstellungen ist nur in besonderen Ausnahmefällen gerechtfertigt, insbesondere dann, wenn der an sich „berechtigte“ Sozius eine so schwerwiegende Verletzung eigener vertraglicher Pflichten begangen hat, dass der Gegenpartei die gesetzlich vorgesehene Rechtsfolge (Erbringung der Versorgungsleistung bzw. Verzicht auf die Versorgungsleistung) nicht zugemutet werden kann (z.B. bei Existenzbedrohung).

Entgegen einer teilweise vertretenen Auffassung ist eine durch eine Versorgungsregelung verursachte Äquivalenzstörung nicht einer – und hierbei handelt es sich um die dritte Funktion des § 242 BGB – „erweiterten Inhaltskontrolle“ nach Treu und Glauben zu unterziehen. Eine solche kommt allenfalls dann in Betracht, wenn es sich um eine Gesellschaft handelt, welche sich an einen breiten Gesellschafterkreis richtet. Vor allem dann, wenn die Gesellschaftsverträge

924 Roth/Schubert, in: Münchener Kommentar zum Bürgerlichen Gesetzbuch, Band 2, 6. Auflage, § 242 Rn. 472.

von Publikumsgesellschaften vorformulierte Vertragsbedingungen beinhalten, besteht typischerweise ein strukturelles Ungleichgewicht in der Verhandlungsstärke, sodass eine privatautonome Regelung in der Regel zulasten eines neu eintretenden Gesellschafters ausfällt. Allerdings bestehen Freiberufler-Sozietäten in der Rechtsform einer GbR typischerweise aus einem überschaubaren Gesellschafterkreis, sodass die eben beschriebene Gefahrenlage nicht gegeben ist und es deshalb keiner nachträglichen richterlichen Kontrolle von Versorgungsregelungen nach § 242 BGB bedarf. Vielmehr stellen die §§ 138, 723 Abs. 3 BGB die geeigneteren Instrumente dar, um die inhaltliche Richtigkeit von Versorgungsregelungen zu überprüfen.

Hieraus folgt, dass sich die Funktion des § 242 BGB bei der Beurteilung sozietätsvertraglicher Versorgungsregelungen auf die Verhinderung unzulässiger Rechtsausübung beschränkt. Anders als die §§ 138, 723 Abs. 3 BGB stellt § 242 BGB keine Außenschranke für die Wirksamkeit von Versorgungsregelungen dar.

6. Teil: Schlussteil

§ 14 Zusammenfassung des Prüfungsmaßstabs für sozietätsvertragliche Versorgungsregelungen

I.

Sozietätsvertragliche Versorgungsregelungen, welche eine fortbestehende Versorgungshaftung der Jungsozien trotz Kündigung vorsehen, können unter verschiedenen Aspekten rechtliche Bedenken aufwerfen.

Zum einen könnten sich Jungsozien von der Ausübung ihres Kündigungsrechts abgehalten sehen, weil sie im Falle der Kündigung die Erbringung der Versorgungsleistungen sicherstellen müssten, ohne an den Gewinnen der Sozietät beteiligt zu sein. Diese „faktische" Kündigungsbeschränkung kollidiert mit der persönlichen und wirtschaftlichen Freiheit eines jeden Gesellschafters. Vor diesem Hintergrund müssen sich Versorgungsregelungen eine Inhaltskontrolle nach § 723 Abs. 3 BGB, welcher dem Schutz vor unzulässigen Kündigungsbeschränkungen dient, sowie gem. § 138 Abs. 1 BGB, der u.a. sittenwidrige Freiheitsbeschränkungen unterbinden soll, gefallen lassen[925].

Eine fortbestehende Rentenverpflichtung der Jungsozien birgt zudem die Gefahr einer „ausufernden" Haftung. Schlimmstenfalls kommen auf die Jungsozien über Jahrzehnte hinweg Rentenzahlungen nicht nur gegenüber den Altsozien, sondern auch gegenüber deren Hinterbliebenen zu. In diesem Zusammenhang drängt sich die Frage auf, ob die Versorgungshaftung nicht außer Verhältnis zu den Rechten der Jungsozien steht. Aus diesem Grund wird man Versorgungsregelungen gem. § 138 Abs. 1 und 2 BGB auch einer inhaltlichen Äquivalenzkontrolle unterwerfen müssen.

Rechtlich bedenklich kann nicht nur die Wirksamkeit einer Versorgungsregelung sein, sondern u.a. auch die Geltendmachung des daraus resultierenden Rentenanspruchs. Deshalb unterliegen Rentenklauseln nicht nur den Außenschranken der §§ 138, 723 Abs. 3 BGB[926], sondern auch einer an den Grundsätzen

---

925 § 134 BGB scheidet als weitere rechtliche Schranke aus, da § 723 Abs. 3 BGB kein Verbotsgesetz im Sinne der Vorschrift darstellt und auch sonst keine Verbotsgesetze in Betracht kommen, gegen die Versorgungsregelungen verstoßen könnten; vgl. hierzu oben unter §§ 7 und 8.

926 Vgl. für § 138 BGB Looschelders/Olzen, in: Staudinger, BGB, Buch 2, Neubearbeitung 2015, § 242 Rn. 366.

von Treu und Glauben ausgerichteten Ausübungskontrolle gem. § 242 BGB. Eine solche Ausübungskontrolle wird insbesondere in den Fällen relevant, in denen die versorgungsberechtigten Altsozien sich ihrerseits eines Vertragsverstoßes schuldig gemacht haben.

II.

Bei der Beurteilung der Wirksamkeit einer Versorgungsregelung nach § 723 Abs. 3 BGB ist darauf abzustellen, ob die Vermögensnachteile, welche die Jungsozien im Falle einer Kündigung aufgrund der Versorgungsregelung erleiden, durch anderweitige Kompensationsmöglichkeiten ausgeglichen werden[927]. Unklar war bisweilen, welche vertraglichen Regelungen bzw. vertraglich gewährten Vorteile der Versorgungsverpflichtung gegenübergestellt werden müssen. Nicht zuletzt wurde diese Rechtsunsicherheit durch das Urteil des LG München I vom 04.03.2013[928] weiter verschärft. Darin erklärte das LG München I die Rentenklausel eines Sozietätsvertrages für nichtig, obwohl das Gericht dieselbe Versorgungsregelung des annähernd unveränderten Sozietätsvertrages noch in seiner Entscheidung vom 22.07.1998[929] für wirksam gehalten hatte. Der Grund für die unterschiedliche Beurteilung liegt nicht zuletzt darin, dass das Gericht bei der Gesamtschau auf jeweils unterschiedliche vertragliche Regelungen abstellte. Die vorliegende Untersuchung kommt zu dem Ergebnis, dass folgende vertragliche Regelungen als abwägungsrelevante Parameter in die Gesamtschau einzubeziehen sind: Eine sozietätsvertragliche Regelung über die Möglichkeit der Mandantenmitnahme, eine Abfindungsklausel, eine Regelung über die Zahlung eines Eintrittsgeldes sowie etwaige Beschränkungen der Versorgungshaftung (der Höhe nach oder zeitlich)[930]. Eine die kündigungsbeschränkende Wirkung einer Versorgungsregelung aufhebende Kompensation setzt allerdings nicht voraus, dass etwaige, aus den abwägungsrelevanten vertraglichen Regelungen folgende Vorteile exakt dem Wert der Versorgungshaftung entsprechen. Dies ist zum einen dem Umstand geschuldet, dass sich der Umfang der Versorgungshaftung zum Zeitpunkt des Vertragsschlusses wegen der vielen Unwägbarkeiten (z.B. ungewisse Lebensdauer der Altsozien) nicht bestimmen lässt. Darüber hinaus birgt die Vereinbarung einer fortbestehenden Rentenverpflichtung immer das Risiko, dass sich der Sozietätsvertrag letztlich als ein für die Jungsozien nachteiliges Rechtsgeschäft entpuppt.

---

927 Vgl. oben unter § 4 IV.

928 Zu dem Sachverhalt und den Entscheidungsgründen siehe oben unter § 4 II 2.

929 Zu dem Sachverhalt und den Entscheidungsgründen siehe oben unter § 4 II 1.

930 Vgl. oben unter § 4 IV.

Entscheidend ist vielmehr, ob die gewährten Vorteile – einzeln oder kumulativ – grundsätzlich dazu geeignet sind, den etwa entstehenden Kündigungswillen eines Jungsozius trotz der fortbestehenden Versorgungshaftung aufrechtzuerhalten, indem sie einen angemessenen Ausgleich für die Versorgungshaftung bieten.

Bei der Gewichtung des Vorteils, der durch eine etwaige Möglichkeit der Mandantenmitnahme gewährt wird, ist vor allem bei Anwaltssozietäten zu berücksichtigen, dass die Mandantenbeziehungen sich aufgrund eines Wandels der tatsächlichen Verhältnisse des Anwaltsmarktes gelockert und deshalb an Wert eingebüßt haben[931]. Hieraus folgt, dass allein die unbeschränkte Möglichkeit der Mandantenmitnahme nicht unbedingt eine ausreichende Kompensation für die mit der Versorgungshaftung verbundenen Nachteile darstellt[932].

III.

Darüber hinaus können sozietätsvertragliche Versorgungsregelungen entweder eine sittenwidrige Äquivalenzstörung (Wucher gem. § 138 Abs. 2 BGB oder „wucherähnliches Rechtsgeschäft" gem. § 138 Abs. 1 BGB) oder eine sittenwidrige Freiheitsbeschränkung (nach § 138 Abs. 1 BGB) darstellen.

Bei der Prüfung eines auffälligen Missverhältnisses nach § 138 Abs. 2 BGB ist die Versorgungsverpflichtung den hierfür gewährten Rechten der Jungsozien gegenüberzustellen. Zu Letzteren gehören u.a. eine Gewinnbeteiligung, ein Abfindungsanspruch, eine etwaige Möglichkeit der Mandantenmitnahme sowie das Fehlen eines Eintrittsgeldes[933]. Ein auffälliges Missverhältnis kann nicht anhand einer festen Wertdifferenz (z.B. 100%) zwischen den gegenseitigen Rechten und Pflichten beurteilt werden[934]. Stattdessen ist eine umfassende Würdigung der Gesamtumstände des Einzelfalls vorzunehmen, bei der die besonderen Begleitumstände, wie etwa bestehende Risikofaktoren, zu berücksichtigen sind[935]. Deshalb darf bei der Beurteilung des auffälligen Missverhältnisses nicht unberücksichtigt bleiben, dass die Jungsozien bei der Vereinbarung der Versorgungsregelung bewusst das Risiko einer langjährigen Zahlungsbindung eingehen, was zur Folge hat, dass sie größere Wertdiskrepanzen hinnehmen müssen. Hieraus folgt, dass ein auffälliges Missverhältnis nur in Ausnahmefällen bejaht werden kann, namentlich etwa dann, wenn den ausscheidenden Jungsozien keine Beteiligung am Good Will gewährt

931 Vgl. oben unter § 4 IV 1 b aa und bb.
932 Siehe § 4 IV 1 b bb.
933 Vgl. hierzu oben unter § 11 III 1 b dd aaa.
934 Zu den Gründen vgl. § 11 III 1 b cc.
935 Siehe dazu oben unter § 11 III 1 b cc ccc und ee.

wird[936]. Besondere Probleme bereitet darüber hinaus auch die Bejahung des subjektiven Elements des Wuchertatbestandes[937].

Wegen der Schwierigkeit, das subjektive Element des § 138 Abs. 2 BGB nachzuweisen, könnte es sich anbieten, Versorgungsregelungen vielmehr am Maßstab des „wucherähnlichen Rechtsgeschäfts" gem. § 138 Abs. 1 BGB zu überprüfen, weil bei Vorliegen eines „besonders groben Missverhältnisses" der Schluss auf eine verwerfliche Gesinnung (notwendiges subjektives Element des „wucherähnlichen Rechtsgeschäfts") des Übervorteilenden zulässig und geboten ist. Allerdings ist diese Vermutungsregelung bei Versorgungsregelungen aus zwei Gründen nicht anwendbar: Zum einen lässt sich ein „grobes, besonders krasses Missverhältnis" nach der ständigen Rechtsprechung nur anhand fester Wertdifferenzen feststellen, deren Bestimmung im speziellen Fall von Versorgungsregelungen nahezu unmöglich ist[938]. Zum anderen findet die *ratio* der Vermutungsregelung, nämlich dass erfahrungsgemäß außergewöhnliche Leistungen nicht ohne Not oder einen anderen, den Übervorteilten hemmenden Umstand zugestanden werden und der Übervorteilende diese Erfahrung teilt, auf Versorgungsregelungen keine Anwendung[939]. Denn Äquivalenzstörungen sind nicht etwa die Folge einer Schwächesituation der Jungsozien, sondern stellen lediglich die Realisierung des der Versorgungsvereinbarung immanenten Risikos überlanger Zahlungsbindung dar[940].

Bei der Frage, ob eine sozietätsvertragliche Versorgungsregelung eine sittenwidrige Freiheitsbeschränkung im Sinne von § 138 Abs. 1 BGB darstellt, ist maßgeblich auf das Vorliegen eines „erheblichen Missverhältnisses" der gegenseitigen Leistungen abzustellen[941]. Dieses ist im Wege einer umfassenden, einzelfallbezogenen Abwägung der Interessen des ausscheidenden Gesellschafters und der Gesellschaft zu bestimmen. Zum einen ist die Versorgungsverpflichtung mit den für den Fall des Ausscheidens gewährten Rechten der Jungsozien zu vergleichen (Möglichkeit der Mandantenmitnahme, Abfindung etc.), wobei für die Feststellung eines „erheblichen Missverhältnisses" wiederum nicht auf feste prozentuale Wertgrenzen abgestellt werden darf[942]. Darüber hinaus sind die besonderen Begleitumstände, wie z.B. der Grund des Ausscheidens des Jungsozius oder das

936 Vgl. oben unter § 11 III 1 b dd bbb.
937 Näher hierzu oben unter § 11 III 1 c.
938 Siehe § 11 III 1 b cc bbb.
939 Siehe oben unter § 11 III 2 b bb.
940 Näher hierzu oben unter § 11 III 2 b bb ccc.
941 Siehe oben unter § 12 III 2.
942 Siehe oben unter § 12 III 4.

Fehlen eines Eintrittsgeldes, bei der Abwägung zu berücksichtigen[943]. Auch hier kann in der Regel ein „erhebliches Missverhältnis" dann angenommen werden, wenn ausscheidende Jungsozien nicht am Good Will der Sozietät partizipieren.

IV.

Darüber hinaus stellt sich die Frage, ob die Grundsätze von Treu und Glauben gem. § 242 BGB der Geltendmachung eines sozietätsvertraglichen Rentenanspruchs entgegenstehen können. Diese Überlegung ist insbesondere dann anzustellen, wenn sich ein versorgungsberechtigter Altsozius selbst vertragswidrig verhalten hat. Allerdings setzt die Bejahung des *tu quoque* – Einwands gegen die Inanspruchnahme von Versorgungsleistungen einen besonders schwerwiegenden Pflichtenverstoß voraus, der zu einem ruinösen, die wirtschaftliche Existenz des Versorgungsverpflichteten gefährdenden Schaden führt[944]. Umgekehrt kann ein Jungsozius bei eigener schwerwiegender Vertragsuntreue daran gehindert sein, sich auf die Unwirksamkeit einer Versorgungsregelung zu berufen[945].

Eine „erweiterte Inhaltskontrolle" von Versorgungsregelungen nach § 242 BGB scheidet aus, weil eine Inhaltskontrolle nach § 138 BGB vorrangig ist[946].

§ 15 Einheitliche Prüfungskriterien?

Wenngleich es bei der Prüfung nach § 723 Abs. 3 BGB auf eine „Gesamtbetrachtung" ankommt, während § 138 Abs. 1 und 2 BGB auf ein „auffälliges Missverhältnis" bzw. „erhebliches Missverhältnis" abstellt, so besteht der Kern der rechtlichen Beurteilung letztlich immer darin, eine Abwägung zwischen den durch die Rentenklausel verursachten (wirtschaftlichen) Nachteilen einerseits und etwaigen Vorteilen andererseits vorzunehmen. Trotz der unterschiedlichen Schutzrichtung der §§ 138, 723 Abs. 3 BGB führt ein unzumutbares Missverhältnis zulasten der Jungsozien nach beiden Vorschriften zur Unwirksamkeit der betreffenden Versorgungsregelung.

Dem Prüfungsmaßstab nach § 723 Abs. 3 BGB und § 138 Abs. 1 und 2 BGB ist gemein, dass es jeweils nicht auf eine genaue Bestimmung der objektiven Werte der in die Gesamtschau einzubeziehenden Parameter ankommt, weil deren exakte Bezifferung rechnerisch schon gar nicht möglich ist und hierdurch dem

---

943 Vgl. näher hierzu oben unter § 12 III 4 b und c.

944 Siehe hierzu oben unter § 13 II 2 d aa bbb (2).

945 Näher hierzu oben unter § 13 II 2 d aa ccc.

946 Ausführlich hierzu – sowie zur „erweiterten Inhaltskontrolle" bei vorformulierten Versorgungsklauseln – oben unter § 13 II 3 b.

Risikocharakter von Versorgungsregelungen Rechnung getragen wird. Vielmehr kommt es darauf an, ob den Jungsozien ein Vorteil gewährt wird, der (grundsätzlich) dazu geeignet ist, die mit der Versorgungshaftung verbundenen Nachteile zu kompensieren. In die Gesamtschau ist nach beiden Vorschriften eine etwaige Möglichkeit der Mandantenmitnahme, eine Abfindung, eine Regelung über die Zahlung eines Eintrittsgeldes sowie etwaige Haftungsbeschränkungen einzubeziehen.

Allerdings weisen die Prüfungsmaßstäbe der beiden Vorschriften auch Unterschiede auf, die letztlich dazu führen können, dass eine Versorgungsregelung die Nichtigkeitsfolge der einen Vorschrift auslöst, während sie im Lichte der anderen Vorschrift rechtlich noch akzeptabel ist. Ein bedeutender Unterschied der Inhaltskontrolle nach § 138 Abs. 2 BGB zu derjenigen gem. § 723 Abs. 3 BGB besteht darin, dass nicht nur etwaige Rechte der Jungsozien, sondern auch sämtliche Begleitumstände in die Abwägung einzubeziehen sind. So führt der Umstand, dass die Rentenverpflichtung (und damit das Risiko langjähriger Versorgungshaftung) bewusst eingegangen wurde, im Rahmen der Prüfung des Wuchertatbestandes nach § 138 Abs. 2 BGB dazu, dass den Jungsozien größere Wertdiskrepanzen zugemutet werden können, während dieser Umstand im Rahmen von § 723 Abs. 3 BGB völlig unberücksicht bleibt. Hieraus folgt, dass die §§ 138 Abs. 2, 723 Abs. 3 BGB jeweils einen unterschiedlichen, die Unwirksamkeit einer Versorgungsregelung herbeiführenden Grad der Äquivalenzstörung voraussetzen (können). Anders als eine unzulässige Kündigungsbeschränkung nach § 723 Abs. 3 BGB, die allein auf das (objektive) Fehlen hinreichender Kompensationsmöglichkeiten abstellt, setzt Wucher nach § 138 Abs. 2 BGB zudem das Vorliegen eines subjektiven Elements, namentlich die Ausbeutung einer Schwächesituation des betreffenden Jungsozius, voraus. Insgesamt stellt § 138 Abs. 2 BGB damit strengere Anforderungen an die Unwirksamkeit einer Versorgungsregelung als § 723 Abs. 3 BGB.

Auch an die Qualifizierung einer Versorgungsregelung als „wucherähnliches Rechtsgeschäft“ im Sinne von § 138 Abs. 1 BGB sind höhere Anforderungen zu stellen als an die Feststellung einer unzulässigen Kündigungsbeschränkung im Sinne von § 723 Abs. 3 BGB, da – neben einem auffälligen Missverhältnis – seitens der Altsozien das Vorliegen einer verwerflichen Gesinnung vorausgesetzt wird.

Bei der Prüfung, ob eine Versorgungsregelung eine sittenwidrige Freiheitsbeschränkung nach § 138 Abs. 1 BGB beinhaltet, ist indessen zu differenzieren. Denn unter diesem rechtlichen Aspekt lässt § 138 Abs. 1 BGB eine Unterscheidung nach dem Grund des Ausscheidens zu. Wenn eine fortbestehende Versorgungshaftung für den Fall einer ordentlichen Kündigung vorgesehen ist, können den Jungsozien größere Vermögensnachteile zugemutet werden, als dies im Rahmen des § 723 Abs. 3 BGB zulässig wäre[947]. Wenn die Versorgungshaftung für den Fall einer außerordentlichen Kündigung fortbestehen soll, können umgekehrt bereits geringere Vermögensnachteile, welche nach § 723 Abs. 3 BGB zulässig wären, zur Annahme der Unwirksamkeit nach § 138 Abs. 1 BGB führen.

947 Vgl. näher hierzu oben unter § 12 III 4 b.

Literaturverzeichnis

Bamberger, Heinz Georg / Roth, Herbert: Kommentar zum Bürgerlichen Gesetzbuch, Band 1, §§ 1–610 und CISG, 3. Auflage, München 2012.

Bauer, Jobst-Hubertus / Krieger, Steffen: Allgemeines Gleichbehandlungsgesetz, 4. Auflage, München 2015.

Baumbach, Adolf / Hopt, Klaus: Handelsgesetzbuch, 36. Auflage, München 2014.

Becker, Michael: Der unfaire Vertrag – Verfassungsrechtlicher Rahmen in privatrechtlicher Ausfüllung, Tübingen 2003.

Butters, Beate: Modifizierte Teilnichtigkeit sittenwidriger nachvertraglicher Wettbewerbsverbote – BGH NJW 1997, 3089, in: Juristische Schulung (JuS) 2001, 324 ff.

Brox, Hans / Walker, Wolf-Dietrich: Allgemeiner Teil des BGB
37. Auflage, München 2013
38. Auflage, München 2014

–: Allgemeines Schuldrecht, 38. Auflage, München 2014.

Büttner, Hermann: Flexible Grenzen der Durchsetzbarkeit von Abfindungsbeschränkungen in Personengesellschaftsverträgen, in: Festschrift für Rudolf Nirk zum 70. Geburtstag (FS Nirk), 1992, 119 ff.

Brückner, Volker: Die Kontrolle von Abfindungsklauseln in Personengesellschafts- und GmbH-Verträgen, Berlin 1995.

Dauner-Lieb, Barbara: Abfindungsklauseln bei Personengesellschaften, in: Zeitschrift für das gesamte Handelsrecht und Wirtschaftsrecht (ZHR) 158, 271 ff.

Dauner-Lieb, Barbara / Langen, Werner: BGB, Schuldrecht, Band 2/1: §§ 241–610, 2. Auflage, Baden-Baden 2012.

Eickelmann, Sarah: Zur Anwendbarkeit der Vermutung der verwerflichen Gesinnung bei Kaufverträgen im Rahmen einer Onlineauktion, in: Juristische Ausbildung (JURA) 2011, 451 ff.

Erman, Walter: Bürgerliches Gesetzbuch, Band I
10. Auflage, Köln 2000
11. Auflage, Köln 2004
13. Auflage, Köln 2011
14. Auflage, Köln 2014

–: Einige Fragen zur gesellschaftsvertraglichen Beschränkung der Abfindung des willentlich aus einer Personenhandelsgesellschaft ausscheidenden Gesellschafters, in: Festschrift für Harry Westermann zum 65. Geburtstag (FS Westermann), 1974, 75 ff.

Ernst, Jürgen u.a.: Richtlinien zur Bewertung von Anwaltskanzleien, Aktuelle 5. Fassung des Berichts, in: BRAK-Mitteilungen 2009, 268 ff.

Flume, Werner: Allgemeiner Teil des Bürgerlichen Rechts,
Band I, 1. Teil: Die Personengesellschaft, Berlin / Heidelberg 1977,
Band II, Das Rechtsgeschäft, 4. Auflage, Berlin / Heidelberg 1992.

–: Die Abfindung nach der Buchwertklausel für den Gesellschafter minderen Rechts einer Personengesellschaft, in: Neue Juristische Wochenschrift (NJW) 1979, 902 ff.

Gernhuber, Joachim: Testierfreiheit, Sittenordnung und Familie, in: Zeitschrift für das gesamte Familienrecht (FamRZ) 1960, 326 ff.

Gersch, Hartmut: Die Grenzen zeitlicher Beschränkungen des ordentlichen Kündigungsrechts bei Personengesellschaften, in: Betriebs-Berater (BB)1977, 871 ff.

Goette, Wulff: Anmerkung zu BGH, Urteil v. 8.05.2000 – II ZR 308/98, in: Deutsches Steuerrecht (DStR) 2000, 1023 f.

–: Die aktuelle gesellschaftsrechtliche Rechtsprechung des BGH, in: Gesellschaftsrecht in der Diskussion 2010 (2011), Jahrestagung der Gesellschaftsrechtlichen Vereinigung (VGR), Band 16, 1 ff.

Gummert, Hans /Weipert, Lutz: Münchener Handbuch des Gesellschaftsrechts, Band 1: BGB-Gesellschaft, Offene Handelsgesellschaft, PartG, EWIV
3. Auflage, München 2009
4. Auflage, München 2014.

Gramke, Kai / Pfeiffer, Iris u.a: Der Rechtsdienstleistungsmarkt 2030, Eine Zukunftsstudie für die deutsche Anwaltschaft im Auftrag des Deutschen Anwaltvereins (DAV), 2013, http://anwaltverein.de/downloads/DAV-Zukunfts studie-Langversion.pdf (abgerufen am 5. Februar 2015).

Grunewald, Barbara: Gesellschaftsrecht, 9. Auflage, Tübingen 2014.

–: Die Auslegung von Gesellschaftsverträgen und Satzungen, in: Zeitschrift für Unternehmens- und Gesellschaftsrecht (ZGR) 1995, 68 ff.

Hartung, Markus / Weberstaedt, Jakob: Marktentwicklung bei großen wirtschaftsberatenden Kanzleien, in: Anwaltsblatt (AnwBl.) 2011, 607 ff.

Henssler, Martin / Streck, Michael: Handbuch Sozietätsrecht, 2. Auflage, Köln 2011.

Heckelmann, Dieter: Abfindungsklauseln in Gesellschaftsverträgen, München 1973.

Hirtz, Bernd: Rechtliche Auswirkungen der Partnerwahl, in: Anwaltsblatt (AnwBl.) 2008, 82 ff.

–: Die Abfindung des Gesellschafters einer Personengesellschaft nach der Ausschließung ohne wichtigen Grund, in: Betriebs-Berater (BB) 1981, 761 ff.

Hohendorf, Andreas: Das Individualwucherstrafrecht nach dem ersten Gesetz zur Bekämpfung der Wirtschaftskriminalität von 1976, Berlin 1982.

Huber, Ulrich: Der Ausschluß des Personengesellschafters ohne wichtigen Grund, in: Zeitschrift für Unternehmens- und Gesellschaftsrecht (ZGR) 1980, 177 ff.

Hülsmann, Christoph: Gesellschafterabfindung und Unternehmensbewertung nach der Ertragswertmethode im Lichte der Rechtsprechung, in: Zeitschrift für Wirtschaftsrecht (ZIP) 2001, 450 ff.

Hüttemann, Rainer: Leistungsstörungen bei Personengesellschaften, Köln 1998.

Hromadka, Wolfgang: Alter 65: Befristung oder Bedingung?, in: Neue Juristische Wochenschrift (NJW) 1994, 911 ff.

Jauernig, Othmar: Bürgerliches Gesetzbuch
12. Auflage, München 2007
15. Auflage, München 2014

Joost, Detlev / Strohn, Lutz: Handelsgesetzbuch, Band 1: §§ 1–342e, 3. Auflage, München 2014.

Knöchlein, Gerhard: Abfindungsvereinbarungen bei Personalhandelsgesellschaften, in: Deutsche Notar-Zeitschrift (DNotZ) 1960, 452 ff.

Kohte, Wolfhard: Die Rechtsfolgen der Mietpreisüberhöhung, in: Neue Juristische Wochenschrift (NJW) 1981, 2803 ff.

Kort, Michael: Die neuere Entwicklung im Recht der Abfindungsklauseln, in: Deutsches Steuerrecht (DStR) 1995, 1961 ff.

Kraus, Stefan / Kunz, Jürgen u.a: Sozietätsrecht (Handbuch für rechts-, steuer- und wirtschaftsberatende Gesellschaften), 2. Auflage, München 2006.

Leipold, Dieter: BGB I: Einführung und Allgemeiner Teil, 7. Auflage, Tübingen 2013.

Lindacher, Walter: Grundsätzliches zu § 138 BGB, in: Archiv für die civilistische Praxis (AcP) 173, 124 ff.

Lutter, Marcus: Anwendbarkeit der Altersbestimmungen des AGG auf Organpersonen, in: Betriebs-Berater (BB) 2007, 725.

Mangoldt, Hermann / Klein, Friedrich / Starck, Christian: Kommentar zum Grundgesetz, Band 1: Präambel, Artikel 1 bis 19, 6. Auflage, München 2010.

Mecklenbrauck, Dirk: Abfindungsbeschränkungen in Gesellschaftsverträgen, in: Betriebs-Berater (BB) 2000, 2001 ff.

Medicus, Dieter: Allgemeiner Teil des BGB, 10. Auflage, Heidelberg / München u.a. 2010.

–: Über die Rückwirkung von Rechtsprechung, in: Neue Juristische Wochenschrift (NJW) 1995, 2577 ff.

Mentz, Alexander: Eigenkapitalausweis nach ED IAS 32 und der Abfindungsanspruch des Gesellschafters einer Personenhandelsgesellschaft in: Deutsches Steuerrecht (DStR) 2007, 453 ff.

Mimic, Graziella: Recht unbequem, Titelstory in: FACTS Test- und Wirtschaftsmagazin, S. 16–21, Ausgabe April 2012, http://www.factsverlag.de/fileadmin/user_upload/leseprobe/04_2012/016_021_FAC_0412_AKT_Titel_Anwalts markt_low.pdf (abgerufen am 31. Januar 2015).

Müller, Welf / Winkeljohann, Norbert: Beck'sches Handbuch der GmbH, 4. Auflage, München 2009.

Müller-Glöge, Rudi / Preis, Ulrich / Schmidt, Ingrid: Erfurter Kommentar zum Arbeitsrecht, 14. Auflage, München 2014.

Offermann-Burckart, Susanne: Für die Ewigkeit gemacht? – Sozietätsverträge im Visier der Rechtsprechung, in: Neue Juristische Wochenschrift (NJW) 2014, 434 ff.

–: Anwaltliches Gesellschaftsrecht – besondere Fragen der Anwalts-GbR, in: Anwaltsblatt (AnwBl.) 2013, 697 ff.

Palandt, Otto: Bürgerliches Gesetzbuch
68. Auflage, München 2009
72. Auflage, München 2013
73. Auflage, München 2014
74. Auflage, München 2015
75. Auflage, München 2016

Prütting, Hanns / Wegen, Gerhard / Weinreich, Gerd: BGB Kommentar, 4. Auflage, Köln 2009.

Rasner, Henning: Abfindungsklauseln in OHG- und KG-Verträgen, in: Neue Juristische Wochenschrift (NJW) 1983, 2905 ff.

Reuter, Dieter: Privatrechtliche Schranken der Perpetuierung von Unternehmen, Frankfurt am Main 1972.

Roth, Herbert: Geltungserhaltende Reduktion im Privatrecht, in: Juristen-Zeitung (JZ) 1989, 411 ff.

Römermann, Volker: Entwicklungen und Tendenzen bei Anwaltsgesellschaften – Eine vergleichende Studie zu EWIV, Sozietät und Kapitalgesellschaft, Köln 1995.

–: Anmerkung zu OLG München, Urteil v. 18.02.1999 –19 U 5020/98, in: Neue Zeitschrift für Gesellschaftsrecht (NZG) 1999, 822 ff.

–: Anmerkung zu BGH, Urteil v. 18.09.2006 – II ZR 137/04, in: Neue Juristische Wochenschrift (NJW) 2007, 297 ff.

–: Auflösung und Abspaltung bei Anwaltssozietäten, in: Neue Juristische Wochenschrift (NJW) 2007, 2209 ff.

Sandrock, Otto: Subjektive und objektive Gestaltungskräfte bei der Teilnichtigkeit von Rechtsgeschäften, in: Achiv für die civilistische Praxis (AcP) 159, 481 ff.

Sasse, Stefan / Häcker, Franziska: Niedriglohn oder Lohnwucher? – Eine Übersicht über die aktuelle Rechtsprechung zur Sittenwidrigkeit von Entgeltvereinbarungen, in: Der Arbeits-Rechtsberater (ArbRB) 2012, 350 ff.

Säcker, Franz Jürgen / Rixecker, Roland: Münchener Kommentar zum Bürgerlichen Gesetzbuch, Band 1: §§ 1–240
1. Halbband, 5. Auflage, München 2006
6. Auflage, München 2012

Säcker, Franz Jürgen / Rixecker, Roland / Oetker, Hartmut: Münchener Kommentar zum Bürgerlichen Gesetzbuch,
Band 1: §§ 1–240
6. Auflage, München 2012
7. Auflage, München 2015
Band 2: §§ 241–432, 6. Auflage, München 2012
Band 5: §§ 705–853
5. Auflage, München 2009
6. Auflage, München 2013

Saenger, Ingo: Gesellschaftsrecht, 2. Auflage, München 2013.

Schilling, Wolfgang: Zur Abfindung bei der Ausschließung ohne wichtigen Grund aus einer Personengesellschaft – Besprechung der Entscheidung des BGH vom 29.5.1978, in: Zeitschrift für Unternehmens- und Gesellschaftsrecht (ZGR) 1979, 419 ff.

Schmidt, Karsten: Gesellschaftsrecht, 4. Auflage, Köln u.a 2002.

–: Münchener Kommentar zum Handelsgesetzbuch, Band 2: §§ 105–160, 2. Auflage, München 2006.

Schöfer, Florian: Ausschluss- und Abfindungsregelungen gegenüber Gesellschaftern minderen Rechts am Beispiel des Managermodells, Frankfurt am Main 2010.

Schulze, Reiner u.a.: Bürgerliches Gesetzbuch, Handkommentar, 7. Auflage, Baden-Baden 2012, 8. Auflage, Baden-Baden 2014.

Schwerdtfeger, Armin: Fachanwaltskommentar Gesellschaftsrecht, 2. Auflage, Köln 2010.

Sigle, Walter: Gedanken zur Wirksamkeit von Abfindungsklauseln in Gesellschaftsverträgen, in: Zeitschrift für Unternehmens- und Gesellschaftsrecht (ZGR) 1999, 659 ff.

Soergel, Hans Theodor: Bürgerliches Gesetzbuch

Band 2, Allgemeiner Teil 2: §§ 104–240, 13. Auflage, Stuttgart 1999

Band 5/2, Schuldrecht 3/2: §§ 320–327, 13. Auflage, Stuttgart 2005

Band 5/3, Schuldrecht 3/3: §§ 328–432, 13. Auflage, Stuttgart 2010

Band 11/1, Schuldrecht 9/1: §§ 705–758, 13. Auflage, Stuttgart 2011

Staub, Hermann: Handelsgesetzbuch-Großkommentar, Band 3: §§ 105–160, 5. Auflage, Berlin 2009.

Staudinger, Julius u.a.: Kommentar zum Bürgerlichen Gesetzbuch mit Einführungsgesetz und Nebengesetzen

Buch 1: §§ 134–138; Anh zu § 138: ProstG, Neubearbeitung 2011, Berlin 2011

Buch 2, Recht der Schuldverhältnisse, Einleitung zum Schuldrecht; §§ 241–243 (Treu und Glauben), Neubearbeitung 2015, Berlin 2015

Buch 2: §§ 315–326 (Leistungsstörungsrecht 2), Neubearbeitung 2009, Berlin 2009

Buch 2: §§ 397–432, Neubearbeitung 2012, Berlin 2012

Buch 2: §§ 705–740, Dreizehnte Bearbeitung 2003, Berlin 2003

Sudhoff, Heinrich: Die Berechnung des Auseinandersetzungsguthabens bei Personengesellschaften, in: Zeitschrift für Unternehmens- und Gesellschaftsrecht (ZGR) 1972, 157 ff.

Teichmann, Arndt: Venire contra factum proprium – Ein Teilaspekt rechtsmißbräuchlichen Handelns, in: Juristische Arbeitsblätter (JA) 1985, 497 ff.

Ulmer, Peter: Wirksamkeitsschranken gesellschaftsvertraglicher Abfindungsklauseln, in: Neue Juristische Wochenschrift (NJW) 1979, 81 ff.

–: Teilunwirksamkeit von teilweise unangemessenen AGB-Klauseln? – Zum Verhältnis von geltungserhaltender Reduktion und ergänzender Vertragsauslegung, in: Neue Juristische Wochenschrift (NJW) 1981, 2025 ff.

Ulmer, Peter / Schäfer, Carsten: Die rechtliche Beurteilung vertraglicher Abfindungsbeschränkungen bei nachträglich eintretendem grobem Missverhältnis, in: Zeitschrift für Unternehmens- und Gesellschaftsrecht (ZGR) 1995, 134 ff.

Wandt, Alexander: Das Innenrecht der (teil-)rechtsfähigen BGB-Gesellschaft, Berlin 2008.

Weber, Klaus-Dieter: Buchwertabfindungsklauseln in Gesellschaftsverträgen von Personengesellschaften, Tübingen 1987.

Westermann, Harm Peter: Rechtsfolgen des Ausscheidens aus einer Freiberufler-Sozietät, in: Anwaltsblatt (AnwBl.) 2007, 103 ff.

Wiedemann, Herbert: Gesellschaftsrecht, Band I – Grundlagen, München 1980.

Wolf, Manfred / Neuner, Jörg: Allgemeiner Teil des Bürgerlichen Rechts, 10. Auflage, München 2012.

Wolff, Reinmar: Die Auseinandersetzung von Freiberuflergesellschaften und ihre prozessuale Bewältigung, in: Neue JuristischeWochenschrift (NJW) 2009, 1302 ff.